Michael Spang

Wenn sie ein Mann wäre

Leben und Werk der Anna Maria van Schurman

Michael Spang

Wenn sie ein Mann wäre

Leben und Werk der Anna Maria van Schurman
1607–1678

Felix qui quod amat defendere fortiter audet.
Ovid, Amores 2,5,9

Für V.

Die Publikation wurde gefördert durch den
Wilhelm-Weischedel-Fonds der Wissenschaftlichen Buchgesellschaft.

Die Deutsche Nationalbibliothek verzeichnet diese Publikation
in der Deutschen Nationalbibliografie;
detaillierte bibliografische Daten sind im Internet über
http://dnb.d-nb.de abrufbar.

Das Werk ist in allen seinen Teilen urheberrechtlich geschützt.
Jede Verwertung ist ohne Zustimmung des Verlags unzulässig.
Das gilt insbesondere für Vervielfältigungen,
Übersetzungen, Mikroverfilmungen und die Einspeicherung in
und Verarbeitung durch elektronische Systeme.

© 2009 by WBG (Wissenschaftliche Buchgesellschaft), Darmstadt
Die Herausgabe dieses Werks wurde durch
die Vereinsmitglieder der WBG ermöglicht.
Umschlagmotiv: Anna Maria van Schurman, Kupferstich
von Jonas Snyderhoff (um 1613–1686) nach einem Gemälde
von Jan Lievens (1607–1674). Foto: akg-images
Umschlaggestaltung: Finken & Bumiller, Stuttgart
Gedruckt auf säurefreiem und alterungsbeständigem Papier
Printed in Germany

Besuchen Sie uns im Internet: www.wbg-wissenverbindet.de

ISBN 978-3-534-21630-7

Inhaltsverzeichnis

Einleitung	7
Ein so inniges Gefühl von Liebe zu Christus Kindheit: 1607–1615	15
O Utrecht, liebe Stadt, wie könnt' ich dich vergessen Frühe Berühmtheit: 1615–1631	32
Das Alpha der Frauen Studienjahre an der Universität: 1631–1639	57
Also steht unsere These Frauenbildung, Frauennetzwerke: 1639–1645	85
Meine Liebe ist gekreuzigt Religiöse Neubesinnung: 1645–1660	132
Ein außerordentlicher Verkünder des göttlichen Worts Anschluss an Jean de Labadie: 1660–1669	158
Erwählung des besten Teils In der Gemeinschaft Labadies: 1669–1678	183
Zeittafel	217
Literatur	
Werke, Werkausgaben, Übersetzungen	220
Zu Leben und Werk van Schurmans	221
Sonstiges	224
Personenregister	228
Anmerkungen	232

Anna Maria van Schurman, Selbstporträt als Verschleierte,
wohl um 1633 entstanden
(Franeker, Museum Martena)

Einleitung

Das ovale Medaillon misst kaum mehr als fünf Zentimeter. Vom Gesicht der mit einem dünnen Schleier verhüllten Frau, die darauf in gedeckten Ölfarben porträtiert ist, bleibt dem Betrachter nur ein kleiner Ausschnitt zu erkennen, kaum mehr als die Stirn, die dunklen Augen, der obere Teil der Nase und ein paar fein gekräuselte Locken, die, nicht ohne eine gewisse Koketterie, rechts und links der Stirn herabhängen. Am rechten Bildrand ist der bordeauxfarbene Ärmel des Kleides zu sehen, an dessen Ende eine kunstvolle Manschette, aus der die linke Hand der Frau herausragt. Mit ihren gespreizten Fingern öffnet die Verhüllte den luftigen, weißen, mit einem unauffälligen Zickzackmuster umrandeten Schleier nur eben soweit, dass der scheue Blick des Augenpaars den Betrachter trifft. Wer ist die junge Frau, die sich auf dieser verführerischen Miniatur mehr verbirgt als zeigt?

Als die etwa 26-jährige Anna Maria van Schurman um das Jahr 1633 sich selbst als diese geheimnisvoll verschleierte Gestalt porträtierte, war sie, obwohl noch sehr jung, schon eine Prominente. In den gelehrten Zirkeln, in den literarischen Salons, in Künstlerkreisen sprach man über sie, Literaten verfassten Lobgedichte auf sie, und wenn sie durch die gepflegten Straßen ihrer niederländischen Heimatstadt Utrecht ging, tuschelten ihre Mitbürger wohl auch bisweilen halb ehrfurchtsvoll, halb neidisch hinter ihrem Rücken. Wie ein Lauffeuer hatte sich mehrere Jahre zuvor die Kunde von ihr, dem hochbegabten Wunderkind, verbreitet. Erstaunlich waren, schon im Kindesalter, ihre verschiedenen Talente, beeindruckend die Dichtungen, meisterhaft die Kunstwerke, mit denen sie bereits seit längerem die Aufmerksamkeit der besseren Gesellschaft auf sich zog.

Was veranlasste diese junge Künstlerin dazu, ein Selbstporträt zu malen, das ihre Gestalt, ihre Individualität hinter einem Schleier verschwinden lässt? Was kommt in dieser Miniatur, einer überaus kunstfertigen Selbstpräsentation und zugleich einem scheuen Rückzug vor dem interessierten Blick des Betrachters, zum Ausdruck? Die Künstlerin hat sich in ihrem Werk selbst zum Gegenstand gemacht, aber sie bildet sich in keiner dechiffrierbaren Pose, mit keiner zuordenbaren Identität ab. Sie ist keine Dichterin, sie ist keine Malerin oder Kupferstecherin, schon gar keine Gelehrte, und auch der soziale Rang bleibt weitgehend im Unklaren. Vielleicht spiegelt dieses kleine Bildnis eine Unentschiedenheit wider, die als charakteristisch für die gesamte Biographie van Schurmans gelten könnte, für einen Lebenslauf, bei dem Einheitlichkeit oder Kontinuität – zumindest in der äußerlichen biographischen Rekonstruktion – bisweilen schwer herstellbar ist. Immer wieder gab es Wendepunkte im Leben der Anna Maria van Schurman, Phasen, in denen sie ihren bisherigen Lebensschwerpunkt verschob, eine mehr oder minder radikale Wende machte.

Vielzählig sind dadurch auch die Identitäten, die sie ihrem Selbstbild geben konnte. Zunächst war sie die Tochter aus gutem Hause, von frühester Kindheit an gefördert durch ihren Vater, der schon die außerordentliche Begabung der Dreijährigen erkannte. Der Vater führte sie auch in die bessere Gesellschaft von Utrecht ein, der Stadt, in der sie die meiste Zeit ihres Lebens verbringen sollte und die sie, wenngleich in Köln am Rhein während der Flucht ihrer Eltern vor den Wirrnissen der Konfessionskriege geboren, als ihre geliebte Heimatstadt empfand. Doch ihre intellektuelle Selbständigkeit, ihr ungestümer Lerneifer ließen sie schnell aus dem Leben als „Tochter" herauswachsen.

Bald war sie auch die gefeierte Künstlerin, die mit ihren Gemälden und Scherenschnitten, ihren Gravuren und Plastiken die niederländische Kunstwelt im an Bombast nicht gerade armen „Goldenen Zeitalter" des 17. Jahrhunderts beeindruckte. Mit scheinbarer Leichtigkeit errang sie stupende Fertigkeiten in den verschiedensten künstlerischen Techniken, ihre Dichtungen waren anmutige Kennzeichen ihres Esprits. Ihre lyrischen Werke, die ersten zwar schon in sehr jungen Jahren entstanden, aber ganz ohne die Künsteleien allzu früher Reife, öffneten ihr den Zugang zu den obersten Rängen der zeitgenössischen Literatenkreise. Selbst große Namen waren sich nicht zu schade, ihr ehrerbietig die Reverenz zu erweisen.

Doch ihre eigentliche Erfüllung fand sie in der Wissenschaft. Ein unermüdliches, mit unfassbarer Hingabe betriebenes Studium – freilich nur durch privaten Unterricht, ein formales Universitätsstudium musste ihr als Frau verwehrt bleiben – machte sie dann zur Gebildeten, zur „gelehrten Dame", die mehr als zehn alte und moderne Sprachen beherrschte, die mit den großen Köpfen der europäischen Wissenschaft Kontakte pflegte und sich auch in zeitgenössische Debatten in der Theologie, in der Philosophie, in der Musik einschalten konnte. Van Schurman war eine Institution, ein Markenzeichen, ein Aushängeschild für die kleine und junge niederländische Republik, die solche außergewöhnlichen Karrieren ermöglichte.

Aus dem Anspruch, Bildung erwerben und Wissenschaft ernsthaft betreiben zu können, erwuchs ihr eine weitere Identität: Anna Maria van Schurman, die Feministin *avant la lettre*, veröffentlichte eine wissenschaftlich ambitionierte Streitschrift, in der sie leidenschaftlich dafür kämpfte, auch Frauen den Zugang zur höheren Bildung zu öffnen. In Briefen und Gedichten solidarisierte sie sich mit all den anderen Frauen ihrer Zeit, die sich mit ähnlich unmissverständlichen Thesen und unverblümten Forderungen an die Öffentlichkeit wagten, die mutig für ihr Geschlecht einforderten, was man für Männer schon seit Jahrhunderten als billig ansah.

Doch das Leben in dieser exponierten Stellung, als Gebildete, als intellektuelle Instanz, gar als vielgerühmtes „Wunder von Utrecht", ließ van Schurman letztlich unerfüllt, war kein Richtungspunkt, dessen Erreichen sie befriedigte, kein Ziel, das sie sich überhaupt je gesetzt hatte. Wiederum änderte sie die Ausrichtung ihres Lebens. Auf dem Höhepunkt ihrer Berühmtheit zog sie sich geflissentlich aus der Öffentlichkeit zurück, verließ zeitweise auch die turbulente Großstadt Utrecht, widmete sich bewusst den Aufgaben des Hauses und der Familie. Das Praktizieren ihrer Religion war schon immer ein Fundament ihres Tuns gewesen, nun aber unterzog sie ihren Lebenswandel einer religiösen Kritik, hielt in der Zurückgezogenheit Einkehr und besann sich auf das, was sie für die Kernpunkte praktizierten christlichen Glaubens ansah. Die Lyrik, die sie nun wieder vermehrt betrieb, widmete sich vornehmlich religiösen Themen. Zur offiziellen Kirchenpolitik ging sie auf Distanz. Dieser Rückzug mündete in eine Suchbewegung, in eine religiös geleitete Bestandsaufnahme, in der Anna Maria van Schurman alles auf den Prüfstand stellte, was ihr bisheriges Leben geprägt und ausgezeichnet hatte.

Durch Vermittlung ihres Bruders Johan Godschalk kam sie in diesem von Selbstreflexion geprägten Lebensabschnitt in Kontakt mit Jean de Labadie, einer charismatischen religiösen Führerfigur, die den letzten Teil von van Schurmans Leben ganz wesentlich bestimmen sollte. Johan Godschalk hatte Labadie auf einer Studienreise in Genf kennengelernt. Van Schurman vermittelte den zum Calvinismus konvertierten Jesuiten Labadie als Prediger an die französischsprachige wallonische Calvinisten-Gemeinde in Middelburg, suchte den engen persönlichen und theologischen Austausch mit ihm. Begeistert griff sie seine Ideen von einer Reform der Kirche auf, und als sich Labadie, ein kompromissloser, streitlustiger Kämpfer und standhafter Verteidiger seiner Überzeugungen, schließlich von der orthodoxen calvinistischen Kirchenführung ausgegrenzt sah und eine Sekte gründete, gab Anna Maria van Schurman als über Sechzigjährige ihr beschauliches, zurückgezogenes und ruhiges Leben auf und schloss sich der Hausgemeinde Labadies in Amsterdam an. Ihre alten Freunde, die ehrenhaften Gelehrten, die gefeierten Dichter, die renommierten Wissenschaftler, sie alle waren konsterniert und schockiert, versuchten sie mit gutem Zureden, mit Ermahnungen und mit Polemiken wieder „auf die rechte Bahn" zu bringen. Doch van Schurman ließ sich nicht von ihrem Weg, vom beschwerlichen Exil mit der Gemeinde Labadies abbringen. Immer wieder wurden die Labadisten vertrieben, von Amsterdam über Herford führte ihr Weg nach Altona, schließlich ins friesische Wieuwerd, wo van Schurman im Alter von 71 Jahren sterben und ihre letzte Ruhestätte finden sollte.

In diesen Jahren an der Seite Jean de Labadies entfaltete sie wieder eine rege Produktivität, knüpfte Kontakte, führte Briefwechsel, tauschte sich aus mit Theologen, Wissenschaftlern, Literaten. Und es mag kein Zufall sein, dass van Schurman gerade in dieser Zeit wiederum ein eigentümliches, überraschendes Selbstporträt schafft, nun mit literarischen Mitteln, eine Autobiographie, in der sie ihren Lebenslauf und ihre Überzeugungen, ihre religiösen Prinzipien und ihre Ideale ausführlich darlegt und begründet. Ganz im Gegensatz zu dem Medaillon legt van Schurman hier den Schleier ab, benennt präzise und ausführlich die Wendepunkte ihres Lebens, die sie, nunmehr bejahrte Frau, als die entscheidenden ansieht, betrachtet mit viel Selbstkritik ihre früheren Karrieren, revidiert ihre Ansichten, entwirft ein Bild von sich selbst, das nun „Gültigkeit" haben soll. Dieser autobiographischen Schrift gab sie den Namen „Eukleria", zu deutsch also „die gute Wahl", denn darin bekennt sie sich öffentlich zu einer Entscheidung für eine letztgültige Haltung, für ein Selbstbild, für eine religiös justierte Lebenseinstellung, nach der sie vielleicht ein Leben lang gesucht hatte.

Kann man also die frühe Porträtminiatur als Ausdruck einer ungelösten Frage nach Identität deuten, als Spiegelung einer Unsicherheit und Unentschiedenheit über den eigenen Lebensentwurf, die sich erst durch die religiöse Heimat auflöste, die van Schurman in der Gemeinschaft um Jean de Labadie fand? Durch ihre Autobiographie legt van Schurman eine solche Leseweise zumindest nahe.

Als van Schurman das kleine Medaillon schuf, stand sie am Anfang ihrer Berühmtheit, am Beginn einer Popularität, die immer auch zwiespältig war. Bildende Kunst, Dichtung, Wissenschaft – in allen Bereichen schien die junge Frau Außerordentliches leisten zu können. Ihre vielseitige Begabung musste verblüffen. Binnen weniger Jahre wurde sie zu einer europäischen Attraktion. „In Utrecht gewesen zu sein, ohne Fräulein van Schurman besucht zu haben", ging später eine Redensart, „ist, wie in Paris gewesen zu sein, ohne den König gesehen zu haben."[1] Ihr Leben hatte wenig gemein mit dem Dasein der meisten Frauen ihrer Zeit. Doch als Künstlerin, als Gelehrte stand sie trotz aller Anerkennung und all dem Rummel um sie immer auch im Abseits, nicht nur, weil sie Außergewöhnliches zustandebrachte, sondern weil sie es *als Frau* tat. Und auch als Frau stand sie außerhalb der Gemeinschaft ihrer

Geschlechtsgenossinnen, hatte sie doch mit ihrem Ruf die Grenzen des Üblichen überschritten. Andere Frauen mussten sie ebenso als die besondere, die unübliche Frau wahrnehmen. Als Malerin, Dichterin, Gebildete – immer war sie das Wunderkind, das Ausnahmetalent, die Hochbegabte, immer stach sie hervor, weil sie all das verkörperte, obwohl sie eine Frau war, und immer stach sie als Frau hervor, weil sie sich in klassischen Männerdomänen bewegte und so gar nicht den Rollenbildern folgte, die ihre Zeit den Frauen auferlegte. Es gab nicht viele Frauen, die durch intellektuelle oder künstlerische Werke von sich reden machen konnten. Eine Frau wie van Schurman mit ihren vielfältigen Begabungen musste auffallen. Das ebenso engagierte wie in seiner Argumentation ausgefeilte Plädoyer für Frauenbildung, das van Schurman 1641 im Verlag Elzevier in Leiden, einem der führenden Verlagshäuser ganz Europas, veröffentlichte, war auch aus dem Bemühen entstanden, diesen Nimbus der ungewöhnlichen, über allen anderen stehenden Frau abzulegen: Ihr Frauenleben sollte das Vorbild für viele Frauenleben abgeben.

Anna Maria van Schurman hat auch und gerade ihre Identität als Frau zum Thema ihrer Arbeit gemacht. Das Selbstporträt als Verschleierte ist ein früher Ausdruck dieser Suche nach einem weiblichen Ich. Van Schurman inszeniert sich auf dem kleinen Medaillon nicht als Intellektuelle, nicht als Künstlerin, nicht als Poetin, sondern sie zeigt sich als nicht mehr und nicht weniger denn eine junge Frau. Doch obwohl es sich um ein Selbstbildnis handelt, ist Individuelles oder Persönliches kaum zu erkennen. Der Schleier nimmt dem weiblichen Gesicht alle charakteristischen Züge. In der ikonographischen Tradition war die verhüllte Frau eine Allegorie der römischen Göttin Pudicitia, Symbol weiblicher Schamhaftigkeit und Sittsamkeit. Bescheidene Zurückhaltung galt jener Zeit als weibliches Tugendideal, ein Ideal, das auch bei van Schurman einen hohen Rang einnahm. In ihren Briefen bediente sie sich reichlich der üblichen Ergebenheits- und Bescheidenheitstopoi, sie ließ sich nicht gerne auf eine Bühne stellen, und die Veröffentlichung ihrer Schriften war oft nur nach hartnäckiger Überredungsarbeit ihrer gelehrten Freunde möglich. Die verschleierte Frau bringt so durchaus einen ihrer ganz eige-

Einleitung

nen Wesenszüge zum Ausdruck, die maßvolle Selbstbescheidenheit.

Ganz offensichtlich lässt sich die Malerin des Selbstporträts auf ein Spiel mit traditionellen Frauenbildern ein. Doch steckt in dieser Selbstdarstellung nicht auch eine leise Provokation? Ist das antike Sinnbild der Bescheidenheit angemessen als Verkörperung einer Berühmtheit wie van Schurman, einer Frau, die gerade das gemeinhin für Frauen abgesteckte Terrain verlässt und später in ihren Korrespondenzen mit gebildeten Männern und Frauen die Ausgrenzung der Frau aus vielen Bereichen des öffentlichen Lebens sogar noch energisch debattiert? Das Medaillon selbst gibt dem Betrachter den Hinweis auf eine zweite Deutungsebene, die sich über die klassische allegorische Ikonographie vermeintlich weiblicher Schamhaftigkeit legt: Gut zwei Drittel des gesamten Bildnisses werden von den Faltenwürfen des Schleiers eingenommen. Eine markante Sichtlinie sticht dennoch hervor, die den Blick des Betrachters scheinbar lenken will: die schräg durch das Bild verlaufende Haltung der linken Hand. Die Finger sind gespreizt und öffnen einen Sehschlitz, Zeige- und Mittelfinger deuten so auf die Schläfe des halb verhüllten Kopfes. Ist es ein Zufall, dass Anna Maria van Schurman sich in der Porträtminiatur mit einer auf den Kopf, den Sitz des Intellekts weisenden Geste abbildet, als wolle sie deutlich machen, dass sich, was eine Frau ausmacht, nicht hinter einem Schleier, sondern hinter ihrer Stirn verbirgt?

Ein Porträt Anna Maria van Schurmans – auch dieses Buch ist der Versuch, ein solches Porträt zu zeichnen. Und wie jedes Porträt rückt es die dargestellte Person in ein bestimmtes, ausgewähltes Licht, zeigt, wie van Schurmans Medaillon, weit weniger als es versteckt. Ein Porträt wird eine Persönlichkeit nie vollständig darstellen – wie könnte es auch? –, denn es zeigt nicht einen Gegenstand, sondern ist Bild eines Gegenstandes, eine Konstruktion, die sich an Plausibilitäten und Wahrscheinlichkeiten zu orientieren hat. Jede Biographie ist Hypothese, ist eine Wirklichkeit von vielen und notwendig subjektiv. Eine solche Wirklichkeit tritt uns durch die Kluft der Jahrhunderte nur vermittelt gegenüber, in van Schurmans Gedichten, den gedruckten und ungedruckten

Schriften und Briefen, in Äußerungen von Freunden und Zeitgenossen, in Schilderungen Dritter. Die authentischen Quellen lagern vielfach, entdeckt oder noch unentdeckt, in Archiven und Bibliotheken in ganz Europa und sind bislang nur in kleinen Auszügen ediert. Jüngere Forschungsarbeiten gibt es nur wenige, und die älteren Studien tradieren unbelegt vieles, was sich bei genauer Betrachtung der Quellen als falsch herausstellt oder sich überhaupt einer Verifikation entzieht. Ein Biograph muss wie ein Porträtmaler eine Auswahl treffen und weiß zugleich genau, dass er in dieser Auswahl aus der immensen Fülle des Materials zwangsläufig eine Stilisierung vornimmt. Wenn dieses Buch den Anstoß zu Detailstudien über die faszinierende Gestalt Anna Maria van Schurmans und über ihre Schriften gibt, war meine Mühe nicht umsonst.

Herzlich zu danken habe ich Prof. Dr. Dr. h. c. Hanna-Barbara Gerl-Falkovitz (Dresden), die durch kundigen Rat und unermüdliche Unterstützung, mehr noch durch ihre mitreißende und emphatische Art meine wissenschaftliche Arbeit unschätzbar gefördert hat. Danielle Bonewit (München) und Dr. Pascal Delhom (Hamburg/Flensburg) standen mir bei Schwierigkeiten mit den Feinheiten des Niederländischen und des Französischen zur Seite. Robert Langer (Ohorn/Dresden) hat das Manuskript sorgfältig gegengelesen und kritisiert. Auch ihnen gilt dafür mein Dank.

Ellwangen, im Mai 2009   Michael Spang

Ein so inniges Gefühl von Liebe zu Christus
Kindheit: 1607–1615

Autobiographische Kindheitserinnerungen: Märtyrertum und Liebe zu Christus. Exil der Großeltern. Geburt in Köln. Calvinisten-Gemeinden im Untergrund. Rückzug nach Schloss Dreiborn. „Lernen ohne Zwang": die spielerische Pädagogik des Vaters.

Als sich die alternde Anna Maria van Schurman um das Jahr 1673, schon weit in ihren Sechzigern, wenige Jahre vor ihrem Tod, daran macht, ihre Autobiographie niederzuschreiben, kommt sie von Kindheitserinnerungen nicht los. Sie ist auf der Flucht. Nur wenige Jahre zuvor hatte sie sich Jean de Labadie angeschlossen, einem Sektengründer, der, zuerst Katholik, dann Calvinist, sich über Jahre hinweg mit keiner Kirchenobrigkeit arrangieren konnte. Schließlich hatte er eine kleine Gemeinschaft Getreuer um sich versammelt und eine Sekte gegründet, streng an seinen theologischen Maßstäben ausgerichtet. Nach außen schottet sich die Gruppe ab. Als Labadist blieb man lieber unter seinesgleichen. Um der urchristlichen Gemeinde folgen zu können, musste van Schurman vieles aufgegeben: ihre gesellschaftliche Stellung, arriviert und wohlhabend, viele ihrer Freundschaften, und nicht zuletzt ihre Ruhe. Denn die Labadisten werden selten irgendwo für längere Zeit geduldet, müssen immer wieder bei anderen Gönnern Zuflucht suchen. Man traut der seltsamen Gruppe religiöser Eiferer nicht so recht, will auch nicht ganz die Radikalität ihrer Glaubensgrundsätze, die Vehemenz ihrer Kirchenkritik verstehen. Man atmet auf, wenn sich die seltsame Christengemeinde wieder aufmacht. Im dänischen Altona, wo van Schurman große Teile ihrer Autobiographie verfasst, ist die Sekte zunächst einmal sicher, zumindest scheinen sich die Nachbarn hier an den Zugewanderten nicht sonderlich zu stören. Gefahr droht aber von anderswoher. Zwischen Dänemark und Schweden kündigt sich ein Krieg an. Die Stadt könnte Kampfgebiet werden. Die Ruhe ist brüchig.

Van Schurman schreibt ihre Erinnerungen nieder, und in Gedanken kehrt sie zurück in ihre Kindheit. Sie durchlebt noch einmal die intensivsten Stunden ihrer ersten Lebensjahre. Ihr wird bewusst, *dass ich schon von meinen frühesten Jahren an einige Funken echter Frömmigkeit im Innersten meines Herzens empfunden habe, und es war unschwer zu beobachten, dass diese mein ganzes folgendes Leben hindurch von Zeit zu Zeit aufsprühten und in sichtbare Flämmchen ausbrachen.*[1] Sie erinnert sich, wie sie im Alter *von kaum vier Jahren, als ich mich mit meinem Kindermädchen, die einige Kräuter sammeln sollte, am Ufer eines kleinen Baches hingesetzt hatte und auf Verlangen des Kindermädchens die Antwort auf die erste Frage des Heidelberger Katechismus aus dem Gedächtnis aufsagte, bei den Worten „dass ich nicht mein, sondern meines treuesten Heilandes Jesu Christi Eigen sei" von einer so großen und süßen Freude und einem so innigen Gefühl von Liebe zu Christus durchdrungen wurde, dass alle meine folgenden Jahre die lebendige Erinnerung an diesen Augenblick niemals auszutilgen vermochten.*[2]

An die sechzig Jahre liegt diese Episode nun zurück, und noch immer sind van Schurman die idyllischen Details gegenwärtig, die Rast am plätschernden Bach, die gesammelten Kräuter, das überwältigende, intensive Liebesgefühl, das sie nie wieder vergessen sollte. Die Beschaulichkeit der Natur spiegelt sich in der Anmut, mit der die kindliche Liebe zu Christus geschildert wird. Doch die Szene hat auch etwas Unwirkliches, fast Unglaubwürdiges. Ein christliches Erweckungserlebnis bei einer Vierjährigen? Ist dergleichen vorstellbar? Hat vielleicht das Gedächtnis in der melancholischen Erinnerung mit allzu kräftigen Tönen gemalt, was tatsächlich vielleicht doch eine eher belanglose Begebenheit war?

Van Schurman ruft sich in ihrer Autobiographie noch eine weitere eindringliche Erinnerung aus ihren Kindertagen zurück. Abermals ist von einer innigen, überwältigenden religiösen Empfindung des Kindes die Rede: *Ich entsinne mich, dass mich mit ungefähr elf Jahren, als ich zum ersten Mal über die Geschichte der Märtyrer las, beim Anblick des Vorbilds so vieler treuer Diener Christi und Zeugen seiner*

Wahrheit ein so brennendes Verlangen nach dem Märtyrertum packte, dass ich mir heftig wünschte, für einen so ruhmreichen Tod auch ein noch so angenehmes Leben einzutauschen.[3] Diese Begebenheit hat nichts mehr von der kindlichen Unverstelltheit, der gefühlvollen Wärme, mit der zuvor die Religiosität der Vierjährigen beschrieben wurde. Die blutrünstigen Details der Märtyrergeschichten sind sattsam bekannt, der Ideenreichtum, mit dem Tyrannen und Diktatoren aller Zeiten die raffiniertesten Foltermethoden ersannen. Vermag man sich vorzustellen, dass die Schilderungen dieser Grausamkeiten in einem jungen Mädchen das *brennende Verlangen* hervorrufen können, es den zu Tode Gequälten gleichzutun, sich für den Glauben qualvoll zu opfern? Warum beginnt van Schurman mit diesen beiden Motiven, der überwältigenden Liebe und der Todessehnsucht, die Erinnerungen an ihre Kindheit? Die innige *Liebe zu Christus* als Kompass ihres Lebens? Der Anschluss an Jean de Labadie, das Aufgeben ihres *noch so angenehmen Lebens*, als märtyrerhaftes Bekenntnis? Sind dies wirklich die beiden Begebenheiten, die exemplarisch für ihre frühen Lebensjahre stehen können?

Welche Absicht van Schurman mit der Veröffentlichung ihrer Autobiografie verfolgt, gibt sie unumwunden zu: Sie will vor all ihren Kritikern und den Kirchenoberen, vor all den gebildeten Freunden und Briefpartnern, die auf den Anschluss der 62-Jährigen an die Labadisten-Gemeinde mit kopfschüttelndem Unverständnis und nicht selten mit schierer Bestürzung reagiert hatten, erklären und begründen, warum sie dennoch glaubt, die richtige Wahl getroffen zu haben. Mit dem griechischen Wort „Eukleria", „die richtige Entscheidung" also, betitelt sie daher auch die autobiographischen Aufzeichnungen. Sie will mit diesem Buch *all denen, die Wahrheit und Billigkeit lieben, die Gründe, warum ich meinen Lebenswandel in so bedeutsamer Weise verändert habe, kurz und aufrichtig darlegen.*[4] Was liegt näher als die Vermutung, dass van Schurman mit diesen beiden Kindheitsepisoden in ihre Lebenserinnerungen, nachträglich und allzu leicht durchschaubar, einen roten Faden einwebt? Die frühreife religiöse Neigung des Kindes als markante Pose, als Konstrukt einer Kontinuität, als Inszenierung für die interessierte Öffentlichkeit, an die sich die Autobiographie richtet? Als sich van Schurman daran machte, die „Eukleria" zu verfassen, konnte sie ganz offensichtlich der Verlockung nicht widerstehen, ihre Lebensgeschichte mit dieser Klammer zusammenzuheften, ihrer Biographie den Anschein einer inneren Folgerichtigkeit zu geben, die schon in den ersten Kindheitserinnerungen vorgezeichnet ist. Die Empfindungen und Überzeugungen des heranwachsenden Mädchens spiegeln sich in der Entscheidung der reifen Frau für ein Leben in der christlichen Gemeinschaft um Jean de Labadie.

Doch die Aufrichtigkeit der Erinnerungen ist dadurch nicht in Frage gestellt, die eindrückliche Szenerie nicht entwertet. Die Lebensbeschreibung mag literarisch stilisiert, in den Dienst der apologetischen Autobiographie gestellt sein, aber zugleich spricht vieles dafür, dass diese beiden Begebenheiten aus der Kindheit, leitmotivisch an den Anfang ihrer Schilderung gestellt, authentische Lebensumstände aufgreifen. Eine kompromisslose und zugleich intellektuell reflektierte christliche Lebenseinstellung, eine Entsagung gegenüber dem „Weltlichen", das aufrechte Einstehen für den Glauben im Alltag, auch wenn dadurch das eigene Leben aufs Spiel gesetzt wird – das war sicher eine der eindrücklichsten Erfahrungen schon des jungen Mädchens.

Eine solche religiöse Orientierung kommt nicht von ungefähr. Die Geschichte der Familie van Schurman ist geprägt von den Wirrnissen, die das Zeitalter der Religionskriege mit sich brachte. Die Spur der niederländischen Vorfahren des Vaters verliert sich im Dunkeln, aber es scheint, als ob die Antwerpener van Schurmans als Kaufleute durch Überseehandel zu einigem Wohlstand gekommen waren. Reiche Händler gab es hier nicht wenige. Die Niederlande waren im 16. Jahrhundert ein begütertes Land. Das im Süden am Meer gelegene Antwerpen wurde durch seinen Seehafen zu einem blühenden Zentrum, wirtschaftlich wie kulturell. Doch Anna Marias Großvater aus der väterlichen Linie, wie ihr Vater ein Frederik van Schurman, hatte Antwerpen zusammen mit seiner adligen Frau als Glaubensflüchtling verlassen müssen. Die Enkelin hat ihm nicht mehr begegnen können, er starb schon 1593, noch bevor sich ihre Eltern kennenlernten. Aber die Geschichte dieser Flucht des Großvaters wurde in der Familie immer wieder erzählt, und die Kindheitserinnerungen, die Anna Maria van Schurman in der „Eukleria" berichtet, beleben viel von der Atmosphäre und dem historischen Kolorit, das sich in der familiären Vorgeschichte der van Schurmans findet.

Die Niederlande, in denen der Großvater Frederik van Schurman lebte, waren einer der am dichtesten bevölkerten Landstriche Europas und mit ihrer blühenden Wirtschaft für die Mächtigen in der europäischen Politik des 16. Jahrhunderts ein begehrtes Objekt. Das Gebiet gehörte zum Besitz des österreichischen Hauses Habsburg. Im Jahr 1500 kam in Gent der spätere habsburgische Kaiser Karl V. zur Welt. Karl übernahm schon in jungen Jahren die Regierung über die Niederlande. Der Herrscher war, nicht zuletzt weil er im Lande geboren war, im Volk sehr beliebt, auch wenn eine zusätzliche Deichsteuer, die der Kaiser für die Schutzvorrichtungen gegen die allgegenwärtige Bedrohung der Überflutung erhob, für einige Unruhe sorgte. Mächtigere Wogen noch als die Nordsee schlug aber im Europa des Kaisers Karl die lutherische Reformation. Doch auch sie konnte dem harmonischen Verhältnis zwischen dem strikt katholischen Kaiser und den Niederländern nichts anhaben. Zwar wurde die reformierte Lehre des Genfer Theologen Johannes Calvin gerade in der Oberschicht des Landes mit sehr großem Interesse aufgenommen, doch von einer Eskalation der Glaubensrivalitäten war man zunächst weit entfernt. Gesetze, die die Reinheit des Glaubens sicherstellen sollten, wurden zwar erlassen, aber in der Praxis weitgehend mit Gleichmut ignoriert.

Im Oktober 1555 übergab Kaiser Karl die Regierung über die Niederlande an seinen Sohn, den spanischen König Philipp II. Als eher ernster, ein wenig steifer Charakter war Philipp bei der genussfreudigen und weltoffenen Seefahrernation weit weniger geschätzt als sein Vater. Besonders der Adel, der schon gegenüber Karl V. eifrig darauf geachtet hatte, seinen Einfluss im Land zu erhalten, ging zunehmend auf Distanz. Binnen weniger Jahre nach der Machtübernahme radikalisierten sich die Fronten: Eine Reform der Bistümer, die die spanische Krone anstrebte, brachte die niederländischen Katholiken in Opposition zu dem neuen Herrscher. Die großenteils calvinistischen Adligen nutzten geschickt die brodelnde Stimmung im Volk und forderten vehement eine Liberalisierung der Religionspolitik. Klare Forderungen lagen auf dem Tisch, die Zeichen standen auf Sturm. Philipp II. und seine Halbschwester Margarethe von Parma, die er zur Generalstatthalterin über die niederländischen Provinzen ernannt hatte, verschärften als Reaktion darauf ihren Kurs. Die Staatsmacht ging von nun an konsequenter gegen die Protestanten vor und scheute auch nicht vor brutalen Strafmaßnahmen zurück. Die Gefängnisse füllten sich, Hinrichtungen wurden als Machtdemonstration und eindringliche Mahnung öffentlich inszeniert.

Eines der Opfer dieser Verfolgungen war der ehemalige Mönch Christopher Fabritius. Im südniederländischen Brügge geboren, war er in jungen Jahren dem Karmeliterorden beigetreten. Doch als über Dreißigjähriger legte er die Ordenstunika wieder ab und trat zum Calvinismus über. Um der Verfolgung in seiner Heimat zu entgehen, hielt er sich 1561 einige Zeit in London auf, kehrte dann wieder in die Niederlande zurück, wo er im darauffolgenden Jahr in der calvinistischen Gemeinde Antwerpens als Untergetauchter für seine Glaubensgenossen Seelsorgearbeit leistete. Doch er wurde denunziert, am 1. Juli 1564 verhaftet und nach langen Verhören schließlich am 4. Oktober des selben Jahres auf dem Scheiterhaufen öffentlich hingerichtet. Frederik van Schurman, heißt es in einer zeitgenössischen Biographie über Anna Marias Großvater, „ein Mann von großem Herkommen und Vermögen, [...] ging in eben der Nacht, als man den Märtyrer Christopher Fabritius [...] in Antwerpen verbrannte, von da weg und ließ, um Christi Jesu und seiner Wahrheit Willen, alle seine Angelegenheiten und Vorteile dieser Welt allda im Stich".[5]

Eine Flucht im Schatten der flackernden Flammen eines grausamen Märtyrertodes, wohl unter Lebensgefahr und in aller Eile organisiert – das ist der eindringliche Auftakt, mit dem das Exil der Familie van Schurman seinen Anfang nimmt. Der Schatten religiöser Verfolgung liegt von Anfang an über der Familiengeschichte der van Schurmans. Die Kindheitserinnerungen, die die Enkelin des Flüchtenden gut hundert Jahre danach in ihrer Autobiographie aufzeichnet, reflektieren, vielleicht unbewusst, auch dieses Ereignis. Frederik van Schurman und seine Frau, die aus dem niederländischen Adel stammende Clara van Lemens, fühlten sich den Calvinisten zugehörig, möglicherweise waren ihre religiösen Überzeugungen auch in der Stadt bekannt. In jedem Fall waren sie in Lebensgefahr, eine Flucht war unvermeidlich. Denn Antwerpen sollte auch in den kommenden Jahren nicht zur Ruhe kommen. Zwei Jahre nach Frederik van Schurmans Flucht, im August 1566, kam es zu einem ersten Gewaltexzess: Radikale Calvinisten stürmten die katholischen Gotteshäuser des ganzen Landes, rissen die Gemälde von den Wänden, zerstörten Altäre und Kirchenfenster, verschleppten die wertvollen Statuen und die kostbaren liturgischen Geräte. Die wuchtige Kathedrale von Antwerpen, eines der prächtigsten Gotteshäuser des damaligen Mitteleuropa, wurde fast vollständig geplündert. Über mehrere Tage hinweg wurden Hunderte von Kirchen im ganzen Land demoliert und unschätzbar wertvolle Kunstwerke verschleppt.

Die Eskalation zieht unvermeidlich politische Folgen nach sich. Philipp II. hat nun keine Alternative mehr, er muss handeln. Er beordert einen seiner verdientesten Offiziere, den bewährten Haudegen Fernando Álvarez de Toledo, Herzog von Alba, ins Land, um für Ordnung zu sorgen. Mit seiner schlagkräftigen spanischen Infanterie dringt Alba 1568 in die Niederlande ein und beseitigt innerhalb kurzer Zeit den militärischen Widerstand der revoltierenden Niederländer. Die aufständischen Grafen Egmont und Hoorne lässt er hinrichten. Ein blutiger Krieg überzieht in den kommenden Jahren das ganze Land. Erst achtzig Jahre später wird er, im Westfälischen Frieden von 1648, sein offizielles Ende finden. Schauplätze der Auseinandersetzungen sind besonders die reichen Städte des niederländischen Südens.

1576 kommt es zu einer Begebenheit, die sich tief in das volkstümliche Nationalbewusstsein der Niederländer eingraben wird. Wieder ist Antwerpen Kriegsbühne. Ein spanisches Söldnerheer überfällt die Handelsstadt und wütet mehrere Tage lang mit Vergewaltigungen und Folterungen unter der Bevölkerung. Rund 8000 Einwohner werden umgebracht. Deutsche Truppen, zum Schutz der Stadt herbeordert, können gegen die Übermacht der Spanier nicht viel ausrichten. Ein zeitgenössischer Bericht schildert Antwerpen als einen „Schauplatz des Schreckens […], die

Leichen von Männern und Pferden in gewaltigen Haufen [...], die Straßen vom Gemisch ihres Blutes gefärbt [...]. Viele der Deutschen lagen da mit verstümmelten oder nicht mehr vorhandenen Beinen oder Köpfen oder Armen".[6]

Frederik van Schurman hatte seine Heimatstadt im richtigen Moment verlassen. Doch zunächst will er nirgendwo so recht Fuß fassen. Nach Stationen in Frankfurt am Main und Hamburg ließ er sich schließlich mit seiner Familie 1593 in Köln nieder. Das Exil hatte ihn erschöpft, er starb noch im selben Jahr. Seine Familie freilich konnte sich in der rheinischen Stadt zunächst sicher fühlen. Mit ihrem Exilantenschicksal war sie hier auch nicht allein. Etwa 150 andere Familien aus den begüterten Handelsstädten des niederländischen Südens, wie die van Schurmans zumeist Kaufmannsfamilien, hatten in dieser Zeit auf der Flucht vor dem erbarmungslosen Religionskrieg in ihrer Heimat Asyl in Köln gesucht. Das Leben in der Domstadt, einer der eindrucksvollsten Metropolen des damaligen Mitteleuropa, bot einige Annehmlichkeiten. Mit den Einwohnern der blühenden Handelsstadt am Rhein verband die niederländischen Kaufleute eine lang zurückreichende geschäftliche Partnerschaft. Man hoffte auf die deutschen Kollegen. Und man wurde zunächst auch nicht enttäuscht.

Seit die Niederlande etwa ab 1564 in den grausamen Konfessionskrieg abgeglitten waren, drängten mehr und mehr Glaubensflüchtlinge in die Stadt und organisierten sich allmählich in drei calvinistisch-reformierten Gemeinden, einer französischen, einer niederländischen und einer deutschen. Der Gründung dieser Gemeinden wurden zunächst offiziell keine Steine in den Weg gelegt. Erfreut indes war das katholische Köln über die Konfessionsflüchtlinge schon von Anfang an nicht. Innerhalb der Stadtmauern durften die zugereisten Nichtkatholiken ihre Toten nicht bestatten, aber man gestand den Calvinisten und Lutheranern zu, vor den Toren der Stadt einen Friedhof einzurichten. Das Nebeneinander der verschiedenen christlichen Konfessionen führte auch zu Rissen im Machtfundament der Stadt. Im Dezember 1582 konvertierte Gebhard Truchsess von Waldburg, Kurfürst und Erzbischof in Köln, zum Calvinismus, ohne von seinen Ämtern zurückzutreten – ein klarer Verstoß gegen den Augsburger

Religionsfrieden von 1555, der das Miteinander von Katholiken und Protestanten im Deutschen Reich gütlich regeln sollte. Der Grund für diesen Übertritt war zwar profan: Gebhard hatte sich in die protestantische Gräfin Agnes von Mansfeld verliebt und gedachte zu heiraten. Doch die politischen Folgen dieser Konversion waren weitreichend und schwer zu kalkulieren. Papst und Kaiser intervenierten energisch gegen diesen Schritt, ließen Gebhard absetzen und Ernst von Bayern, einen linientreuen Katholiken, zum neuen Erzbischof wählen. Schon nach wenigen Monaten im Amt führte Ernst in seinem Erzbistum den Gregorianischen Kalender ein. Ein symbolischer Ergebenheitsakt gegenüber Rom: Nun wurde auch in Köln die Zeit „katholisch" gemessen.

Fünf Jahre lang tobte im Rheinland die Auseinandersetzung zwischen Anhängern des konvertierten Gebhard und den katholischen Kräften, der Kölnische Krieg. Und fast spiegelbildlich zu den religiösen Auseinandersetzungen in den Niederlanden, vor denen die Antwerpener Familie van Schurman flüchtete, findet sich in den Turbulenzen dieses Kölnischen Krieges das Schicksal der Vorfahren Anna Maria van Schurmans in der mütterlichen Linie. Die deutschen Großeltern, Angehörige der rheinischen Adelsfamilie von Harff, hatten 1586 Zuflucht in Köln gesucht. Ihre Heimatstadt Neuss, knapp 40 Kilometer von Köln rheinabwärts gelegen, hatten sie Hals über Kopf verlassen, um der Plünderung und Zerstörung durch die Truppen Gebhards zuvorzukommen. Ein Großteil des Familienvermögens blieb in Neuss zurück und war unwiederbringlich verloren. Anna Marias Großvater, auch er ein tief religiöser, auf Gott vertrauender Mann, soll den Verlust mit den Worten kommentiert haben: „Das sind nur vergängliche Güter, das Beste behalte ich doch, denn die Flamme kann nicht das Wort in meinem Herzen verbrennen!"[7]

Ernst von Bayern, der neue Erzbischof zu Köln, verschärfte auch die Glaubenspolitik in seinem Erzstift. Kölner Bürgerrecht wurde nur noch an Katholiken verliehen, Andersgläubige ließ er vom politischen Mitwirkungsrecht ausschließen. Einzelhandel oder den Kauf von Grundstücken untersagte der Magistrat ihnen ebenfalls. Die protestantischen Gemeinden wurden in den Untergrund gedrängt. Öffentliche Gottesdienste durften sie ohnehin nicht abhalten. Gleichwohl vergrößerte sich die Zahl der Calvinisten ständig: 1592, zu der Zeit also, als die van Schurmans in Köln ankamen, gehörten der geheimen niederländischen Gemeinde etwa dreihundert Erwachsene an, zwanzig Jahre später waren es mehr als doppelt so viele. Gut jeder dreißigste Einwohner war Calvinist. Die Untergrundgemeinden kamen nach geheimen Absprachen zu ihren Gottesdiensten in immer wieder anderen Privathäusern zusammen; Wachposten, die bei Gefahr Alarm geben sollten, wurden vor und im Haus postiert. Zeitweise empfahl die Gemeindeleitung, nicht mehr als zwanzig Personen zu den vertraulichen Treffen zu laden. Bisweilen fuhren die Gemeinden auch mit einem Schiff auf den Rhein hinaus, wo sie unbeobachtet waren. Später richteten die Niederländer sogar eigens eine „Schiffergemeinde" ein.

Das Leben im Untergrund hatte eine disziplinierende Wirkung auf die Gläubigen: Wurden Gemeindemitglieder etwa dabei beobachtet, wie sie katholischen Beerdigungen beiwohnten, oder machten sie sich anderer Vergehen gegen die internen Vorschriften schuldig, wurden sie nicht mehr über geheime Gottesdienste informiert. Zu groß war das Risiko, die scheinbar oder tatsächlich Abtrünnigen könnten, wenn sie von der städtischen Obrigkeit unter Druck gesetzt würden, Namen oder Treffpunkte der Gemeinde verraten. Wer sich der geheimen Calvinisten-Gemeinde aktiv anschloss, lief Gefahr, verfolgt und bestraft zu werden. Aus bloßer Gewohnheit religiös zu sein, aus sozialer Konvention den Gottesdienst zu besuchen, das konnte es nicht geben. Viele Nichtkatholiken, die es sich leisten konnten, verließen in dieser gereizten Atmosphäre die Stadt und siedelten in das Städtchen Mülheim um, das in Sichtweite am anderen Rheinufer lag. Dort wurde allen Neuankömmlingen volle Religionsfreiheit zugesichert. Die Kölner beobachteten mit Argwohn den rasanten Aufschwung der rechtsrheinischen Siedlung, die sich allmählich nicht nur zu einer konfessionellen, sondern auch zu einer wirtschaftlichen Konkurrentin entwickelte.

In der geheimen calvinistischen Gemeinde in Köln, der die Familien von Harff und van Schurman angehörten, haben sich Anna Maria van Schurmans Eltern, Frederik van Schurman und

Kindheit und Jugend: 1607–1615

Eva von Harff, vermutlich kennen gelernt. Hier heirateten sie, hier wurden ihre Kinder getauft. Religion war für die junge Familie von Anbeginn an etwas Existenzielles. Wegen ihres Glaubens wurde sie von ihren Nachbarn beargwöhnt, musste ständig mit Bespitzelung und Verrat rechnen. Dennoch dachte Frederik van Schurman wohl, auch auf lange Sicht in Köln eine Heimat für sich und seine Familie gefunden zu haben. Er erwarb ein Haus im sogenannten Griechenmarktviertel am damaligen südlichen Stadtrand von Köln, das Haus, in dem Anna Maria van Schurman ihre ersten Lebensjahre verbrachte. Bis ins 18. Jahrhundert wurde das Haus in den Archivalien noch unter dem Namen „auf'm Kronenbüchel" geführt. Das renovierungswütige 19. Jahrhundert ersetzte das Haus durch einen Neubau. Heute steht etwa an dieser Stelle das Gebäude Großer Griechenmarkt 4.

Vermutlich in diesem Haus wurde am 5. November 1607 Anna Maria van Schurman geboren. Ihre Familie war vergleichsweise wohlhabend. Man führte ein gediegenes Leben, um das tägliche Auskommen musste man sich keine allzu großen Sorgen machen, auch wenn für Nichtkatholiken im katholischen Köln die Lage sicher schwierig war. Auf den Tag genau fünf Jahre vor der Geburt der Tochter hatten ihre Eltern die Ehe geschlossen. Anna Maria war das dritte Kind der Eheleute. Ihre beiden Brüder, die Söhne Hendrik Frederik und Johan Godschalk, waren 1603 und 1605 zur Welt gekommen. Drei Jahre nach der Tochter wurde ein weiterer Sohn geboren, dem die Eltern den Namen Willem gaben und der schon 1615 als Fünfjähriger sterben sollte.

Es ist freilich fast unmöglich zu rekonstruieren, in welcher Weise die familiäre und gesellschaftliche Atmosphäre das Empfinden der kleinen Anna Maria in Köln, wo sie nur ihre drei ersten Lebensjahre verbrachte, beeinflussten. Die existenzielle Bedrängtheit, in der sich die Konfessionsflüchtlinge hier befanden, wird sie wohl gespürt haben. Und natürlich hatte auch der Katholizismus eine große Nähe zum Ideal des Märtyrertums, wie es in van Schurmans frühen Erinnerungen gespiegelt wird. Der Legende nach soll die Christin Ursula im 4. Jahrhundert zusammen mit zahlreichen weiblichen Begleiterinnen von heidnischen Hunnen, die Köln belagerten, ermordet worden sein. Die Kirche St. Ursula in der Kölner Altstadt war eines der eindrucksvollsten romanischen Bauwerke des frühneuzeitlichen Köln. Matthäus Merian schildert in seiner zeitgenössischen Stadtbeschreibung fasziniert, dass von den angeblich „elftausend Jungfrauen", die mit Ursula den Tod fanden, in der Ursulakirche „etliche tausend Köpfe mit Seidengezeug überzogen und also in der Kirche auf beiden Seiten gar ordentlich in die Höhe in unterschiedliche Kästlein gesetzt" seien.[8] Derlei Legenden und die mit ihnen einhergehende Reliquienverehrung prägen stark das religiöse Leben, und man kann sich daher durchaus vorstellen, dass die ersten bewussten Eindrücke, die auf die kleine Anna Maria van Schurman einströmten – die öffentliche Zurschaustellung von Gebeinen der für ihren Glauben gestorbenen Heiligen, die zwangsläufig subversive, konspirative und stets gefährdete Religiosität der Eltern und die sich einander so ähnelnden Fluchtgeschichten ihrer Großeltern –, eine empfundene Nähe zum Märtyrertum mit sich brachten, die zu einer Grundstimmung ihres Lebens wurde und die van Schurman in ihrer Autobiographie auch nicht ganz fälschlich in ihre früheste Kindheit zurückprojizierte. Glaube erfuhr sie gerade in ihren ersten Lebensjahren stets auch als Opposition, Glaube musste immer wieder gegen harte Widerstände erkämpft werden. Wenn Anna Maria van Schurman am Ende ihres Lebens in der „Eukleria" schreibt, in ihrem *gesamten Lebenslauf* habe sie *ein aufrichtiges und ungeheucheltes Verlangen nach einem wahrhaft frommen Lebenswandel gehabt, ganz nach der Erfahrung, wie ich sie damals* [in meiner Kindheit] *machte*,[9] so trifft das sicher auch ein Gefühl, eine intuitive Empfindung, die zu den ersten bewussten Wahrnehmungen des Kindes gehörte: die Alternativlosigkeit der Religion, die Unumgänglichkeit des mitunter auch lebensgefährlichen Streitens für die eigenen Glaubensüberzeugungen.

Das ruhige Leben in Köln, auf das Frederik van Schurman gehofft hatte, war ihm und seiner Familie nicht vergönnt. Nichtkatholiken wurden zu Beginn des 17. Jahrhunderts in der rheinischen Metropole mehr und mehr drangsaliert. 1608 etwa beschwerte sich ein niederländischer Calvinist, ein Mitglied der Kölner Fassbinder-Zunft, dass der Rat der Stadt den Bürgern nicht genügend Mitwirkung an den politischen Entscheidungen ermögliche. Unter den 600 Fassbindern, die sich in der Zunft organisiert hatten, waren nur etwa 80 Nichtkatholiken. Der Kritiker konnte sich also zunächst nicht sicher sein, dass auch seine Zunftgenossen ihm beistehen würden, doch auch die Katholiken unterstützten die Eingabe. Nach und nach schlossen sich auch andere Zünfte dem Protest an, die Situation drohte zu eskalieren. Die Unruhen zogen sich über Monate hin, ohne dass der Rat der Stadt zu schlichten vermochte. Da sah sich die Obrigkeit gezwungen, eine Trumpfkarte zu spielen: Sie stellte den Vorstoß des Niederländers dar als heimtückisch getarnte revolutionäre Umtriebe der Calvinisten mit dem Ziel, in der Stadt auch über die Katholiken die Oberhand zu gewinnen. Das Gift wirkte. Skeptisch geworden, zogen die Zünfte ihre Unterstützung für den Vorschlag allmählich wieder zurück. Der Aufrührer wurde aus der Stadt verbannt und mit ihm zahlreiche seiner Glaubensgenossen. Rund vierzehnhundert Stadthäuser standen in Köln nach den Ausweisungen von 1610 leer.

Die immer wieder aufkommenden Verfolgungswellen der Protestanten in Köln waren eine gewaltige Gefahr für die van Schurmans. Wie der alte Frederik van Schurman in Antwerpen dreißig Jahre zuvor musste nun auch der junge Frederik akzeptieren, dass die Stadt, in der er sesshaft zu werden versucht hatte, für ihn und seine Familie nicht mehr sicher war. Verwandtschaftliche Beziehungen halfen. Das idyllisch in der rauhen und kontrastreichen Landschaft der Eifel gelegene Schloss Dreiborn bei Schleiden, seit 1585 im Besitz des Geschlechts von Harff, bot sich als Rückzugsort an. Hier auf dem Land, rund 70 Kilometer südwestlich von Köln, und unter dem Schutz der herrschenden Adelsfamilie konnten die van Schurmans auf ein ruhigeres Leben hoffen. Um 1610 richteten sie sich hier ein.

Die Abreise aus Köln wird für die Tochter wohl kaum ein Trauma gewesen sein. Mochte sie auch die Repressalien, die der Familie drohten, die angespannte Stimmung, die in der Luft liegende Feindseligkeit intuitiv gespürt haben – als Dreijährige wird sie den Verlust der gewohnten Umgebung schnell verschmerzt haben. Doch sie sollte Köln noch einmal wiedersehen. 1653 kehrte Anna Maria van Schurman als 45-Jährige wieder für einige

Monate in ihre Geburtsstadt zurück. Die Lage für Nichtkatholiken hatte sich in der Zwischenzeit insgesamt sogar noch verschärft. In einem Gedicht, das sie bei diesem Aufenthalt in Köln verfasste, beschreibt sie, wie sie mit ihrem Bruder und zwei betagten Tanten den reformierten Gottesdienst auf dem beschwerlichen Weg mit dem Schiff am anderen Rheinufer, vermutlich in Mülheim, besuchen musste: *Der vielen Kirchen hier steh'n alle uns entgegen. / Wir müssen über'n Rhein, durch Wind, durch Schnee, durch Regen, / und wenig an der Zahl gehen mit uns gegen den Strom.* Das Ziel dieser Pilgerfahrt liege *nicht weit von dieser Stadt, / Wohin uns Gottes Volk weist über'n Rhein den Pfad.*[10] Doch Groll gegen Köln oder die Kölner hat van Schurman auch als Erwachsene nicht empfunden. Im Gegenteil: Das Gedicht, das sie schreibt, ist ein Vergleich zwischen ihrer neuen Heimat Utrecht und der Stadt ihrer Geburt. Die Verse sind freilich von Heimweh getragen, doch insgesamt findet sie freundliche Worte für die Stadt am Rhein.

Etwa fünf Jahre lang, ungefähr bis 1615, lebte die Familie van Schurman auf dem Landsitz des Geschlechtes von Harff in Dreiborn. Für die intellektuelle und emotionale Entwicklung der Kinder und besonders der Tochter waren dies sehr prägende Jahre. Die Eltern trugen nicht nur nach Kräften dazu bei, die Religiosität ihrer Kinder zu stärken. Eine solide Schulausbildung war ihnen ebenso wichtig wie die Gottesfurcht. In ihren Erinnerungen schreibt van Schurman über die Zeit in Dreiborn, sie könne *nicht umhin, meinen Eltern mit einer gewissen kindlichen Dankbarkeit das aufrichtige Zeugnis auszustellen, dass sie ihre Kinder nicht nur in die Wissenschaften, sondern auch in die Frömmigkeit, soweit sie selbst mit dieser vertraut waren, heranzuführen versuchten. Dies taten sie so ernsthaft und eifrig, dass sie, als wir auf dem Land [auf Schloss Dreiborn] wohnten, uns von Kindheit an durch einen vorzüglichen Hauslehrer unterrichten ließen – und dies mit so großem Erfolg, dass ich als ein Kind im Alter von erst drei Jahren (wie mir später von anderen berichtet wurde) schon vollständig Deutsch lesen und einen Teil des Katechismus auswendig aufsagen konnte. Dass dazu meine besondere Gelehrigkeit oder vielmehr eine von Gott, dem Urheber der Natur, in mir veranlagte Gelehrigkeit auch beigetragen haben, muss ich freilich zugeben.*[11] Wissenschaft und Religion als die Maßvorgaben – so wird es das ganze Leben hindurch bei Anna Maria van Schurman

Kindheit und Jugend: 1607–1615

bleiben. Wissenschaft und Gottesdienst fallen in eins, laufen auf ein und denselben Fluchtpunkt zu. Alle Wissenschaft ist letztlich Fundament der Theologie, zeigt die Größe Gottes und seines Wirkens. Van Schurman wird später viele Sprachen lernen, vor allem diejenigen alten Sprachen des Nahen Ostens – das Hebräische, das Aramäische, das Syrische, das Äthiopische –, die ihr ein tieferes Eindringen in die ursprünglichen Texte der Bibel ermöglichen. Und selbst wenn sie Naturkunde betreiben oder mit astronomischen Interesse in die Sterne blicken wird – stets wird dieses Streben nach Einsicht für sie auch Gottesdienst sein, wird Weisheit immer von Gott gegebene Weisheit sein.

Der häusliche Unterricht ist eine bewusste Wahl der Eltern. Vermutlich in die Zeit nach dem Umzug nach Utrecht fällt der kurzzeitige Versuch, die siebenjährige Tochter außer Haus auf einer französischen Schule unterrichten zu lassen. Diese oft von geflohenen Hugenotten gegründeten Einrichtungen spezialisierten sich mitunter auf die Ausbildung gesellschaftlich höherstehender Mädchen; das Französische galt als die internationale Sprache der Diplomatie und der Gebildeten. Doch der Versuch wird nach wenigen Wochen wieder abgebrochen, vielleicht wegen des oft schlechten Niveaus dieser Schulen. Die Eltern *hielten es für besser, mich zuhause von den Lehrern in der Arithmetik und im Schreiben, an Musikinstrumenten und im Singen zusammen mit meinen Brüdern unterrichten zu lassen.* Die außerordentliche Lernbegierde des Mädchens ist allerdings durch diesen eingeschränkten Fächerkanon noch längst nicht gestillt. *Verschiedene künstlerische Techniken* lassen die Eltern ihr zeigen. Und die Tochter lernt ganz ohne Zwang, *mein Naturell trieb mich schon von selbst dazu.*[12] Als bildende Künstlerin wird sie später überragendes Talent zeigen. Damit wäre der traditionelle Bildungshorizont von Töchtern aus guter Familie bereits erreicht, und eine weitergehende Bildung ihrer Tochter scheint zunächst auch nicht die Absicht der Eltern gewesen zu sein. Doch es kommt – ebenfalls schon zu der Zeit, als die Familie in Utrecht wohnt – zu einem Ereignis, das den Eltern die Augen für die Ausnahmebegabung ihrer Tochter öffnet, ein Ereignis, das *den Beginn meiner Beschäftigung mit den Wissenschaften markiert, auch wenn es ein recht geringfügiger Anlass war. Als ich nämlich ungefähr elf*

Jahre alt war (im Jahr 1618 nach der jungfräulichen Geburt [Christi]*), geschah es, dass meine Brüder (von denen der eine ungefähr zwei, der andere ungefähr vier Jahre älter war als ich) unter der Leitung meines Vaters Übungen im Lateinischen und ich im Französischen machten. Aus einem Zufall heraus oder eher durch göttliche Vorsehung geschah es nun, dass ich ihnen immer wieder etwas, was sie gerade nicht wussten, zuflüsterte. Mein Vater gelangte dadurch zu der Meinung, dass auch ich durchaus mit Erfolg in diesen Wissenschaften und im gemeinsamen Unterricht unterwiesen werden könnte. Und als er mich dazu kräftig ermunterte und sah, wie ich (sicher allein aus dem Begehren, ihm zu gefallen und gehorsam zu sein) lebhaft Folge leistete, führte er mich von diesem Zeitpunkt an in die Wissenschaften ein.*[13]

Diese Episode zeigt zweierlei: Anna Maria van Schurman verfügte über verblüffende intellektuelle Fähigkeiten. Die Lateinlektionen, mit denen ihre Brüder sich abmühten, lernte sie *en passant*. Sprachbegabung, argumentativer Scharfsinn, auch dichterische Fähigkeiten scheinen ihr einfach in den Schoß gefallen zu sein. Die Begebenheit zeigt aber auch: Ohne die Wachsamkeit, die Offenheit des Vaters hätte es die berühmte „gelehrte Dame" Anna Maria van Schurman wohl nie gegeben. Vieles spricht dafür, dass ihre Beziehung zum Vater sehr eng gewesen sein muss. Von der Mutter ist selbst in den autobiographischen Aufzeichnungen auffallend wenig zu finden. Der Vater war van Schurmans erster Förderer, ihr wichtigster Mentor. Und der Vater war, vielleicht wichtiger noch, ein einfühlsamer Pädagoge. Um dem Mädchen das trockene Pauken der Grammatik zu ersparen, führt er sie gleich durch Lektüre von Originaltexten in die lateinische Sprache ein. Dass das tröpfchenweise Lateinlernen der Brüder bei Anna Maria unnötig ist, scheint ihm offensichtlich zu sein. *Ein Adler fängt keine Mücken*, zitiert van Schurman seine Überzeugung. Zusammen lesen sie den römischen Stoiker Seneca, einen Autor, *der ihm ganz wunderbar gefiel*. Zeitlebens wird van Schurman Seneca schätzen. Doch damit *die Süße des heidnischen Autors der christlichen Frömmigkeit nicht schadet*, lässt er darauf immer wieder *die Lektüre der Heiligen Schrift gleichsam als Ausgleich* folgen.[14] Ungezwungen und *ganz spielerisch* war die Art, wie der Vater lehrte, *die wichtigsten Grundlagen lehrte er mich beim Spazierengehen im Garten oder anderswo, so dass ich den Ekel vor den bittern Wurzeln des Wissens leicht hinunterschlu-*

cken konnte. Später liest er mit ihr die bekannten lateinischen und griechischen Dichter der Antike – nicht ohne zugleich vor den „schädlichen" Autoren zu warnen –, Homer und Vergil, die ihr der Vater besonders ans Herz legte, avancieren zu ihren Lieblingsautoren.

Die fünf Jahre auf Schloss Dreiborn in der Eifel scheinen für Anna Maria van Schurman eine glückliche Zeit gewesen zu sein. Viel Energie und viel Zeit investierten die Eltern in die Erziehung und Bildung ihrer Kinder. Vielleicht hofften sie, wieder nach Köln zurückkehren zu können, sobald sich die Wogen der religiösen Kontroversen geglättet hätten. Ihr Haus „auf'm Kronenbüchel" in Köln jedenfalls hielten sie noch mindestens bis in die 1630er Jahre hinein in ihrem Besitz.

1615 verließ die Familie das von Harffsche Anwesen in der Eifel und siedelte nach Utrecht über. Die niederländische Stadt wurde nun endlich zu einer wirklichen Heimat für die Familie, zu einem Ort, an dem sie sich gesellschaftlich entfalten konnte. Hier sollte Anna Maria van Schurman den größten Teil ihres Lebens verbringen, und hier fand auch ihre kaum zu bändigende intellektuelle Neugierde, ihr enzyklopädisches wissenschaftliches Interesse ein fruchtbares und förderndes Umfeld.

O Utrecht, liebe Stadt, wie könnt' ich dich vergessen
Frühe Berühmtheit: 1615–1631

Neue Freiheit in Utrecht. Das „Goldene Zeitalter". Zum Studium nach Franeker. Schockierender Tod des Vaters. „Gekreuzigte Liebe" und Ehelosigkeit. Zuflucht in die Kunst. „Nichtige Spielereien" als Dichterin. „Auf den Flügeln des Ruhms": Cats, Huygens, Heinsius, Barlaeus. Auf dem Parkett der Salons: Applaus und Ablehnung.

Im Jahr 1579 hatten sich sieben niederländische Nordprovinzen in der Union von Utrecht zur Republik der Vereinigten Niederlande zusammengeschlossen und sich von der Herrschaft der spanischen Krone losgesagt. Es war fast ein kleines Wunder: Das kleine Küstenvolk sollte es in den folgenden Jahrzehnten durch Beharrlichkeit und taktisches Geschick schaffen, der militärischen Übermacht der Spanier zu trotzen. Es dauerte zwar noch bis 1609, bis ein befristeter Waffenstillstand vereinbart wurde, erst 1648 erkannte der spanische König das Land offiziell an. Aber das republikanische Staatengebilde als ein Bund selbständiger Provinzen mit einer zentralen politischen Institution, den Generalstaaten mit Sitz in Den Haag, schuf die politische, wirtschaftliche und kulturelle Basis für ein Phänomen, das man das „Goldene Zeitalter" der Niederlande nennt. Grundlage der unfassbaren Blüte, die dem kleinen Land im 17. Jahrhundert erwuchs, war abermals nichts weniger als ein Wunder, ein Wirtschaftswunder. Das Land selbst bot, abgesehen von der Milchproduktion, wenig natürlichen Reichtum; schon immer mussten die Niederländer daher in der Verarbeitung und im Handelsverkehr ihr Auskommen finden. Für den Seehandel lag das Land geographisch sehr günstig, der rasante ökonomische Aufschwung im Europa der frühen Neuzeit tat ein Übriges. Die findigen niederländischen Händler gründeten 1602 eine Ostindienkompanie, mit der sie auch im Fernhandel eine wichtige Rolle spielten.

Die finanzielle Prosperität der Einwohner setzte Energien frei, die in allen Bereiche des sozialen Lebens ihre Wirkung zeigten. Die Malerei, die Musik, das Theater, das Verlagswesen, überall stößt man auf eine überbordende Produktivität. Zeitgenössische Besucher sprechen immer wieder von der „Süße der Freiheit", die gerade Ausländer in die liberalen Niederlande lockte. Viele große Denker, die wegen ihrer religiösen oder philosophischen Anschauungen ausgegrenzt oder gar verfolgt wurden, ließen sich hier vorübergehend nieder: René Descartes (1596–1650) aus Frankreich, Jan Amos Comenius (1592–1670) aus Böhmen oder John Locke (1632–1704) aus England. Der Calvinismus, eine der wichtigsten Triebfedern beim Befreiungskampf gegen die Spanier, kam nie in den eigentlichen Rang einer Staatskirche, andere Religionen wurden allgemein geduldet. Die katholische Minderheit im Land war durchaus stark, sogar die Jesuiten, eine der treibenden Kräfte innerhalb der katholischen Gegenreformation, unterhielten beispielsweise in Utrecht mehrere Pfarreien, während sie in der Provinz Holland offiziell verboten waren. Um 1650 konnte man in Den Haag neben den calvinistischen Gotteshäusern eine Kirche für die calvinistische Glaubensrichtung der Remonstranten, eine lutherische, drei katholische Kirchen und drei Synagogen finden. Die städtischen Zentren der Republik wie Leiden, Rotterdam oder Haarlem sind getaucht in eine Atmosphäre weltläufiger Hochkultur; das jüdische Milieu Amsterdams brachte gar in dieser Zeit einen so bedeutsamen Denker wie Baruch de Spinoza (1632–1677) hervor.

So dürfte auch die neue Heimatstadt Utrecht auf die achtjährige Anna Maria van Schurman, gewöhnt an das eher abgeschiedene Leben auf Schloss Dreiborn in der Eifel, beeindruckend und überwältigend gewirkt haben. Als Römersiedlung an einem Rheinübergang gegründet, hatte sich Utrecht ab dem 12. Jahrhundert schnell zu einer Metropole entwickelt. Die Stadt wurde zum Bischofssitz, im 16. Jahrhundert zu einem Erzbistum ernannt. Lage und Architektur imponierten den Reisenden. „Die Stadt Utrecht", schreibt Valerius Andreas (1588–1655) in seiner „Topographie Belgiens" von 1643, „an einem alten Arm des Rheines gelegen, der sich früher durch die Stadt Leiden in den Ärmelkanal ergoss, liegt heute eine Meile vom eigentlichen Rhein entfernt; dieses Bett des Rheines (er spaltet sich in viele Arme auf) wird Lecca genannt und auch durch hier aufgeschüttete Dämme gelenkt; weil dadurch die Anlieferung für die verschiedensten Dinge, besonders für Nahrungsmittel, sehr einfach ist, ist die Stadt sehr wohlhabend, beherbergt bedeutende Männer und viele Kleinodien, ist reich an Einwohnern und Bauwerken." Große Wohnbauten findet man in den niederländischen Städten nur selten. Entlang der Kanäle, die viele Städte durchziehen, reihen sich die schmalen, oft aufwendig verzierten Fassaden der kleinen Häuser aneinander. „Man ist erstaunt", fährt Andreas in seiner Beschreibung Utrechts fort, „weil man allerorten auf Keller und unterirdische Gewölbe stößt, durch die man einen leichten Zugang zum Wasser findet, und dadurch ist der Transport direkt bis in die Häuser überaus einfach." Man lebt mondän, es fehlt an nichts. Im wirtschaftlichen Aufschwung wird den Bürgern die mittelalterliche Enge der Stadt bald zur Last; man sucht nach großzügigeren Möglichkeiten der Repräsentation. 1637 wird eine fast siebenhundert Meter lange Prachtpromenade angelegt, auf der die Bürger, im Schatten einer Reihe wuchtiger Lindenbäume, lustwandeln können.

Dominant sind im Stadtbild von Utrecht, wie in zahlreichen anderen niederländischen Metropolen dieser Zeit, die vielen gotischen Kirchen. „Am meisten", schreibt Andreas weiter, werde Utrecht „verziert durch die sakralen Bauten", die „einzigartig, großartig und durch ihre hoch aufragenden Türme auch weithin sichtbar" sind.[1] Im Schatten eines dieser Türme, des mächtigen Glockenturms des dem Hl. Martin geweihten Doms, lässt sich die Familie van Schurman nach ihrer Ankunft in Utrecht zunächst nieder. Sie beziehen eine Wohnung in einem Haus am westlichen Domplatz, das dem Buchhändler Jan Coornhard gehört. Der gotische Dom mit seinem markanten Turm wird schnell zu einem Bezugspunkt Anna Maria van Schurmans. In Gedichten beschreibt sie ihn als *dem Rang nach den sieben Weltwundern gleich*[2], auf

Porträts, die sie als gelehrte Frau abbilden, ist er bisweilen im Hintergrund zu sehen, und auch die Universität, mit der sie später enge Beziehungen knüpfte, nutzte Gebäude des Doms für ihre Belange.

Die ersten Jahre hier werden geprägt gewesen sein von dem Bemühen der Familie, sich in der Stadt zu etablieren, den Kindern mit Hilfe von Hauslehrern und durch eigene Unterweisung einen regelmäßigen Unterricht zu ermöglichen und womöglich auch die Unruhe der Flucht durch das Einleben in der städtischen und kirchlichen Gemeinschaft aufzuwiegen. In dieser ersten Zeit in Utrecht fällt dem Vater auch die besondere Begabung seiner Tochter auf. Die Stadt bietet für die Förderung einer solchen Begabung ideale Möglichkeiten. Fähige Hauslehrer finden sich hier leicht, die urbane Atmosphäre wirkt stimulierend.

In den ersten Jahren in den Niederlanden blieb Utrecht aber nur einer der Wohnsitze. In einer zeitgenössischen, lediglich in einer Handschrift überlieferten französischen Biographie van Schurmans, verfasst von Guillaume de la Rivière, findet sich ein Hinweis darauf, dass Frederik van Schurman um 1621 zeitweise in Rijswijk, einer kleinen Stadt unweit von Den Haag, rund 60 Kilometer westlich von Utrecht, gewohnt habe. Über die Tätigkeiten Frederik van Schurmans ist nur sehr wenig bekannt, die finanziellen Möglichkeiten der Familie scheinen aber alles andere als beengt gewesen zu sein. Ob Frederik van Schurman aus beruflichen Gründen diesen Umzug machte, ist nicht klar, ebenso ob seine Familie mit ihm den Wohnsitz wechselte. Den Haag war das Machtzentrum der niederländischen Republik. Hier residierte und „herrschte" der Statthalter Moritz von Nassau, höchster Beamter, militärischer Oberbefehlshaber und Vermittler zwischen den Provinzen. Auch wenn seine politischen Kompetenzen beschränkt waren, der Statthalter stellte ein Symbol für die Einheit des Staates dar. Über gute Kontakte verfügte Frederik van Schurman jedenfalls. Der flämische Maler Ambrosius Bosschaert, berühmt für seine farbenprächtigen, blumenreichen Stillleben, habe, wie de la Rivière berichtet, das Bild einer „Blumenvase, das er für den Kellermeister Seiner Hoheit gemacht hatte, zu liefern", sei dann aber „im Hause des Herrn Schurman, Vater von Anna

Maria van Schurman," plötzlich erkrankt „und da auch gestorben".³ Bosschaerts Tod in Den Haag fällt in das Jahr 1621.

Auch in Rhenen, einer kleinen Stadt 40 Kilometer, südwestlich von Utrecht, lebte die Familie zeitweise. In der dortigen Cunerakirche erwarben die van Schurmans ein Familiengrab. Der Bruder Hendrik Frederik, 1632 gestorben, und die Mutter Eva von Harff wurden hier bestattet. Möglicherweise besaß die Familie in Rhenen ein Sommerhaus. Belegt ist ein Aufenthalt in Rhenen im Sommer 1623. Den Eintrag in das Stammbuch des Waffenmeisters Gerard Thibaut, vier wunderschön kalligraphierte lateinische Zeilen, unterzeichnete das damals erst fünfzehnjährige Mädchen mit den Worten: *Dies habe ich, Anna Maria van Schurman, am 25. August 1623 in Rhenen geschrieben.*⁴

Nur wenige Wochen nach diesem Eintrag stand ein weiterer Umzug an, den nun die ganze Familie antrat. Der älteste Sohn, Johan Godschalk, sollte ein Medizinstudium an der Universität im gut 160 Kilometer entfernten Franeker in Friesland aufnehmen. Geplant war wohl ein längerer Aufenthalt, Eltern und Geschwister verließen zusammen mit dem angehenden Studenten Utrecht. In Franeker bezog die Familie das „Martenahuis", ein 1498 von dem Adligen Hessel van Martena erbautes Stadtschloss; das Gebäude, heute ein Museum, beherbergt eine der größten Sammlungen mit Werken und Dokumenten Anna Maria van Schurmans.

Erst wenige Jahrzehnte zuvor, 1585, war die Universität in Franeker gegründet worden, doch sie genoss, insbesondere wegen ihrer theologischen Fakultät, schon einen ausgezeichneten Ruf. Die gesamte Universität war streng nach theologischen Maßstäben ausgerichtet. Professor konnte nur werden, wer das Glaubensbekenntnis der Niederländischen Reformierten Kirche unterzeichnete und gelobte, dieser Lehre treu zu bleiben, eine auch im Vergleich zu anderen Universitäten des Landes strenge Maßgabe. Doch es war nicht nur das Studieninteresse des Sohnes, das die Familie nach Franeker führte. Auch der Vater wollte an Vorlesungen teilnehmen. Ein Jahr zuvor war dort der Engländer William Ames (1576–1633) zum Theologieprofessor berufen worden. Ames war in Cambridge Schüler vom William Perkins

(1558–1602) gewesen, eines Begründers des Puritanismus. Die Puritaner interpretierten die calvinistische Theologie radikal, predigten eine sittenstrenge, auf unmittelbarer spiritueller Erfahrung beruhende Religion. Jegliche Weltlichkeit – Musik, Tanz, Feste –, alle genussvollen Belange des Leiblichen wurden abgelehnt. Und es war gerade diese Auslegung des calvinistischen Glaubens, die auf Frederik van Schurman eine Faszination ausgeübt haben muss, eine Faszination, die er auch auf die Tochter übertrug. Noch im August 1670, in den Auseinandersetzungen um Anna Maria van Schurmans Anschluss an die Gemeinde Labadies, erwähnt sie William Ames in einem Brief an den Utrechter Kirchenrat, um sich zu rechtfertigen.

Frederik van Schurman kam mit großen Hoffnungen nach Franeker. Am 30. Oktober 1623 schrieben sich Vater und Sohn in die Matrikel der Universität ein. Die Familie knüpfte Kontakte zu den Akademikern an der Universität, auch der Bürgermeister von Franeker, Willem Staackman, wird ein guter Freund. Er ist hingerissen von der Begabung Anna Marias, preist sie in einem Gedicht als „zarte Blume", die schon in so jungen Jahren „im höchsten Glanz erstrahlt".[5] Noch jahrelang stand er mit ihr in engem brieflichen Austausch. Doch der Aufenthalt in Franeker sollte anders kommen, als die Familie es sich vorgestellt hatte. Nur wenige Tage nach der Ankunft, wenige Tage nach dem sechzehnten Geburtstag seiner Tochter, stirbt der Vater Frederik van Schurman völlig überraschend am 15. November 1623 im Alter von 59 Jahren. Im Chor der Martinskirche in Franeker wird er bestattet.

Das Ereignis markiert einen entscheidenden Wendepunkt im Leben Anna Marias. Der Vater war die prägende Gestalt ihrer frühen Bildung, ihr Förderer, ihr Lehrer. In einem Brief wird sie später ihren *im Reich der Seligen lebenden Vater* als *Urheber und Lenker meines Lebensentwurfs* bezeichnen.[6] Den unerwarteten Verlust des Vaters kann sie nur schwer verkraften. Ihre Schaffenskraft, ihr Lerneifer ist zunächst außer Kraft gesetzt. Auf einen Schlag scheint zur Disposition zu stehen, wohin ihr Lebensweg gehen soll. Selbstzweifel befallen sie und lähmen ihre Energie. In einem wenig später entstandenen französischen Gedicht beschreibt sie ihre seelische Verfassung in dieser Zeit: *Nachdem der Tod meines verehrten Vaters meinen Sinn mit bitterem Schmerz getränkt hatte, waren meine Hoffnung, meine Kraft, meine Beharrlichkeit, ja auch meine Inspiration und meine Kunst in Lethargie gefangen. Ich kam mir vor wie ein Schiff, das schwankend und abgetrieben, ohne Ladung und ohne Steuermann auf dem weiten Meer umherschaukelt.* Doch diese Niedergeschlagenheit wird nicht allzu lange andauern. Binnen weniger Monate wird van Schurman wieder neuen Lebensmut, eine neue Orientierung finden. Grund dafür ist ihre beginnende Popularität, die Reverenz, die ihr, dem mit ihren literarischen und künstlerischen Werken brillierenden jungen Mädchen, von berühmten Dichtern und Literaten erwiesen wird. In ihrem Gedicht erzählt dies mit Hilfe einer Allegorie: *Am Mittag im Schlafe,* schreibt van Schurman, *erschien mir eine Frau, die imstande zu sein schien, direkt in meine Seele zu schlüpfen.* Diese Frau habe sie im Traum an: „*Wen Du hier vor Dir siehst, ist die Philosophie, Lenkerin Deiner Moral, Leiterin Deines Lebens.*" Frau Philosophie verspricht van Schurman, sie von ihrem erbarmungswürdigen Zustand zu erlösen, und zeigt ihr ein Buch, in dem ein Autor, der ungenannt bleibt – es handelt sich vermutlich um den berühmten Volksdichter Jacob Cats –, sie in den höchsten Tönen gelobt hatte. „*Die Vernunft*", fährt die Philosophie fort, „*sei deine Führerin, sie verwandle künftig Deine bittere Zartheit in eine zarte Erinnerung.*" Das öffnet van Schurman die Augen, gibt ihr wieder ein Lebensziel, sie spürt neue Energie. *Auf den Schwingen Eurer Verse,* spricht sie den Dichter an, *tragt Ihr mich zum Himmel.*[7]

Den Schock über den frühen Tod des Vaters konnte Anna Maria van Schurman demnach letztlich recht schnell überwinden. Vielleicht suchte sie einen Ausgleich für den fehlenden Mentor gerade darin, dass sie ihre Kreativität nun umso intensiver auslebte, sich in die Arbeit an ihren Gedichten und ihren Kunstwerken vertiefte. Sie suchte auch mehr und mehr selbständig den persönlichen Kontakt zu anderen Dichtern und Intellektuellen – eine Öffnung gegenüber dem kulturellen Leben in den Niederlanden, die van Schurman vielleicht nicht angegangen wäre, wenn sie noch unter der fürsorglichen Betreuung des Vaters gestanden hätte. In den folgenden Jahren sollte sie nicht zuletzt auch gerade durch eigene Initative Beziehungen zu bedeutenden Persönlichkeiten wie Jacob Cats, Daniel Heinsius, Constantijn Huygens oder später André Rivet knüpfen.

Noch in einer zweiten Hinsicht war aber der Tod des Vaters prägend für den weiteren Lebensgang der Sechzehnjährigen. Frederik van Schurman war gegenüber der asketischen, der „Weltlichkeit" abgewandten, strengen, religiös ausgerichteten Lebenshaltung der Puritaner sehr aufgeschlossen. Das Interesse an der Theologie von William Ames hatte ihn nach Franeker geführt, und auch die Erziehung seiner Kinder war stark gezeichnet von einer puritanischen Lebenseinstellung. Bei den lateinischen Autoren, die er mit seiner Tochter las, achtete er darauf, wie es in der „Eukleria" heißt, keine auszuwählen, die *den Geist von der Keuschheit und jungfäulichen Reinheit abzulenken vermochten*. Durch die insbesondere vom Vater geförderte Beschäftigung mit Wissenschaft und Kunst sei van Schurman, wie sie selbst sagt, *von kindlichen Spielen und anderen müßigen Zeitvertreiben weggeführt und abgehalten worden*; sie sei sogar *vor den müßiggängerischen, weltlichen Geselligkeiten, die mich in meinen späteren Jahren erwarteten, ziemlich gut geschützt worden, teils durch die sorgfältige Unterweisung in den Pflichten der Frömmigkeit durch meinen Vater (wobei ich auch die Sorge meiner lieben Mutter erwähnen muss), teils durch seine häufigen Ermahnungen, mit denen er mich von der Ansteckung durch Modisches und voem Umgang mit weltlichen Menschen abschreckte*. Dieses Ideal, das Bemühen, sich von allem „Weltlichen" zu enthalten, blieb das Vermächtnis des Vaters: *Und damit ich mich nicht unvorsichtigerweise in den Fallstricken dieser Welt verfinge, ermahnte er mich eindringlich – immer wieder und besonders heftig kurz vor seinem Tod –, dass ich mich vor der unentrinnbaren und verderblichen Fessel einer weltlichen Ehe (wie es sie jetzt allenthalben gibt) hüten möge. Diesen väterlichen Rat habe ich später niemals vergessen, als die Welt mich in dieser Art durch mancherlei Mittel eifrig an sich zu binden versuchte.*[8]

Zeit ihres Lebens blieb Anna Maria van Schurman ehelos. Den eindringlichen Ratschlag des Vaters scheint sie verinnerlicht zu haben. „In Erinnerung bleibst Du mir" („Memorable are you me")[9] schrieb sie über eine Porträtminiatur, die sie zwischen 1623 und 1625 anfertigte und die vermutlich ihren Vater zeigt. Der Rückzug aus der „Welt" – wenn es eine Zielrichtung, ein durchgängiges Motiv im Lebens van Schurmans gibt, dann ist es darin zu finden. Im Rampenlicht der Öffentlichkeit stand sie niemals gerne, und als sie sich nach dem Tod der Mutter aus dem gesellschaftlichen Leben zurückzuziehen begann, öffnete sie sich auch einem spirituellen, von mystischen Elementen geprägten Christentum, dessen vollendete Form sie in Jean de Labadies Theologie gefunden zu haben glaubte.

Van Schurman wählte sich ein Lebensmotto, das ganz an der Ermahnung des Vaters ausgerichtet ist: „Meine Liebe ist gekreuzigt" – ein Zitat aus den Briefen des Ignatius von Antiochien, eines christlichen Märtyrers aus dem zweiten Jahrhundert. Die Briefe des Ignatius lernte sie wahrscheinlich um 1635 in der Bibliothek ihres Utrechter theologischen Lehrers Gisbert Voetius kennen, der zwei jüngere Ausgaben dieser Texte besaß. Ab 1636 greift van Schurman dieses Motto immer wieder in Stammbucheinträgen und Gedichten auf. Es wird zu ihrem persönlichen Stempel. Was kommt in diesem Wahlspruch zum Ausdruck? Zum einen betont er ihren Entschluss zur zölibatären Lebensweise. Das Objekt meiner Liebe ist am Kreuz gestorben, ist Christus, der Gekreuzigte. Auf ihn richtet sich meine eheliche Liebe, er ist mein Bräutigam. In einem Echo-Gedicht – einer beliebten literarischen Form, bei der am Zeilenende immer wieder Wortassonanzen verwendet werden –, dem van Schurman den Titel *Auf meinen Wahlspruch „Meine Liebe ist gekreuzigt"* gab, bekennt sie klar dieses Streben nach einer mystischen Ehe mit Christus: *Wer könnte Christus nicht mit glühender Liebe verehren? / Das sagen alle Gläubigen wie ein Echo: Er liebt. / Er allein liebt uns, nährt seine Lieblinge mit Blut. / Und er besiegte den Tod, indem er starb – und auferstand. / Ihn ahme nach, kluges Mädchen von keuschem Geist! / Erstrahle in diesem Bräutigam – und glaube nicht an dich selbst! Glaube!*[10]

Hinzu kommt eine Neigung zum Märtyrertum. Eines ihrer oft bekundeten Vorbilder in dieser Hinsicht war die englische Adlige Jane Grey (1537–1554), die 1553 für wenige Tage als Protestantin den englischen Thron für sich beanspruchte, dann aber, nachdem sie sich geweigert hatte, den katholischen Glauben anzunehmen, erst sechzehnjährig hingerichtet wurde. Mit diesem Schicksal, mit diesem Lebensbild verband van Schurman viel: Jane Grey besaß eine gute Bildung, sie stand wider alle Anfechtungen für ihren

Glauben ein, und – nicht zuletzt – war sie eine Frau. In einem Brief an André Rivet schreibt van Schurman: *Ein Beispiel, das ich immer vor Augen hatte, war die unvergleichliche Königin Jane Grey; keine Nation, kein Zeitalter wird (wenn es mir von allen gestattet ist, dies zu sagen) eine vergleichbare Gestalt hervorbringen.* Jane Grey, die Märtyrerin, ist auch deswegen ein Muster für van Schurman, weil für sie Bildung nie Selbstzweck war, sondern – auch in einer Wendung der Weltabgewandtheit – immer eine Ausrichtung auf die Religion besaß. Bei ihrer Befragung im Gefängnis, schreibt van Schurman weiter, habe Jane Grey geäußert, *sie halte all die besonderen Gaben, die ihr Gott außerdem geschenkt habe, ihre adlige Abstammung, ihre schöne Gestalt, ihre blühende Jugend, mit denen sie sich ansonsten in dieser Welt Ruhm und Zuneigung hätte erwerben können, für unbedeutend. Im Brustton der Überzeugung habe sie stattdessen gesagt, nichts sei ihr in ihrem Leben so wichtig gewesen, als dass sie die drei Sprachen, die man als diejnigen der Gebildeten bezeichnet, gelernt habe. Denn wenn Genuss und Freude, die uns aus dieser Sache in diesem Leben erwachsen können, als wahres Glück bezeichnet werden können, dann bekenne sie, dass sie dieses in der Beschäftigung mit der Literatur, besonders mit der Heiligen Schrift empfunden habe. [...] Diesen Schwanengesang, vorgetragen nicht unter dem Dach einer Schule, sondern im letzten Akt eines ruhmvollen Martyriums – wer könnte das nicht gleichsam als ein Orakel ansehen?*[11]

Das Ideal der „gekreuzigten Liebe" heißt also auch die Nachfolge Christi in der Aufgabe aller Ansprüche an das Weltliche, das diesseitige Leben. Märtyrer zu sein, Blutzeuge für den Glauben zu werden, das erschien Anna Maria van Schurman für erstrebenswert, und dieses Motiv durchzieht ihr Leben von der Kindheit bis in ihre späte Phase. In ihrer Autobiographie schwärmt sie von der Zeit des frühen Christentums, als der Kirchenvater *Cyprian diejenigen trösten musste, die zur Zeit der Pest eines natürlichen Todes starben und glaubten, auf diese Weise nicht die Märtyrerkrone erlangen zu können.*[12] An anderer Stelle sagt sie, nichts sei ihr *das ganze Leben hindurch inakzeptabler erschienen als die Auffassung des Erasmus von Rotterdam,* der geäußert habe, *er strebe nicht nach der Ehre des Märtyrertums (das die Grenze seines Ehrgeizes übersteige) und beneide auch keinen anderen darum.*[13] In den Jahren nach dem Tod des Vaters festigt sich eine Haltung in van Schurman, die gegen alles „Weltliche", gegen die

„Lust" gerichtet ist und die ihr ganzes Leben hindurch prägend werden wird.

Die Abwendung von den weltlichen Freuden, die Orientierung der Liebe allein hin auf die Sphäre des Religiösen – diese Konsequenz zog van Schurman aus dem Tod des Vaters. Es mag daher überraschen, dass parallel zu dieser Wende hin zum puritanischen Ideal der Weltentsagung bei ihr in diesen Jahren auch eine Entwicklung einsetzte, die dieser Tendenz diametral entgegengesetzt zu sein scheint: Sie beschäftigt sich in den folgenden Jahren mit schier unglaublichem Eifer mit der bildenden Kunst. In einer Vielzahl von Kunsttechniken erwarb sie sich mit viel Fleiß und unbändiger Energie eine Könnerschaft, der auch Fachleute Anerkennung zollten. Erstaunlich ist, dass in diesen künstlerischen Schöpfungen religiöse Motive allenfalls am Rande eine Rolle spielen. Das gilt für die gesamte Malerei im Goldenen Zeitalter: Der Calvinismus neigte dazu, die Verwendung bildlicher Darstellungen im Kultus als Götzendienst zu verurteilen. Die im 17. Jahrhundert in den Niederlanden aufblühende Malerei kann sich nur wenig auf kirchliche Auftraggeber stützen. Doch das aufstrebende, mehr und mehr in Luxus schwelgende Bürgertum, von den international tätigen Großhändlern bis zum kleinen Ladenbesitzer, liebte es, den eigenen Reichtum und das ansehnliche Vermögen durch Kunstwerke zur Schau zu stellen. Auch das Utrechter Haus der Familie van Schurman wird aller Wahrscheinlichkeit nach eine Reihe wertvoller Gemälde und anderer Kunstgegenstände beherbergt haben. Ein Zeitgenosse aus Utrecht berichtet, er habe „bei den van Schurmans zwei Frauen gesehen, gemalt von Lucas Cranach, fast in Lebensgröße, ohne Kleider und ganz nackt, von denen eine die Gerechtigkeit, die andere die Liebe darstellen sollte".[14] An Inspirationen für künstlerische Arbeiten dürfte es in der häuslichen Umgebung demnach nicht gefehlt haben.

Es hat den Anschein, als ob sich Anna Maria van Schurman in der Kunst eine parallele Welt schuf, einen Bezirk, der ihr, auf Umwegen und fern des streng religiösen Lebensentwurfs, eben doch einen Zugang zur „Welt" eröffnete. Vielleicht war es gerade der Tod des Vaters, der diese schöpferischen Kräfte in ihr freisetzte. Diesen neuen Bezirk des Künstlerischen schuf sie sich, wenn man ihrer eigenen Darstellung trauen darf, abermals ganz allein und ohne fremde Unterstützung; nicht nur ihre ersten Lateinkenntnisse erwarb sie sich eher zufällig und mühelos, auch in der Kunst war sie zunächst Autodidaktin. Der Grundstein für die künstlerischen Arbeiten wurde schon früh gelegt. In der „Eukleria" erzählt van Schurman davon, dass sie, *kaum war ich ein Mädchen von sechs Jahren und ohne irgendein Vorbild dafür zu haben, mit einer Schere aus dem Papier, das mir in die Hände fiel, Umrisse und Figuren so geschickt ausschnitt, so dass ich auch unter meinen erwachsenen Freundinnen keine hätte finden können, die mir derlei mit ähnlichem Erfolg hätte nachmachen können. Vier Jahre später erlernte ich zum Erstaunen aller in nur drei Stunden auch die Kunst des Stickens, nachdem ich mich wenige Wochen mit dem Zeichnen von Blumen mit einem Bleistift beschäftigt hatte – ganz zu schweigen von jenen edleren Kunsttechniken, die ich nach dem Tod meines Vaters, ganz ohne Lehrer und für mich allein, mit verschiedenen Materialien ausübte.*[15] Van Schurman schnitzt in Holz, in Elfenbein und in Wachs, sie zeichnet, macht Gouachen und Pastellbilder, sie verfertigt Radierungen und Kupferstiche, erstellt Bordüren und Kalligraphien, bringt kunstvolle Gravierungen auf Gläsern an. Sie konzentriert sich dabei vielfach auf künstlerische Techniken, die in kleinen Formen, in Miniaturen erstellt werden. Mit anderen Künstlern zu konkurrieren, gar eine professionelle Künstlerin zu werden, liegt ihr aber fern.

Häufig porträtiert sie die Mitglieder ihrer Familie, auch zahlreiche Selbstbildnisse entstehen in dieser Zeit. Insgesamt lassen sich über fünfzig kleinformatige Porträts von der Hand van Schurmans nachweisen, nicht alle davon sind freilich erhalten. Auf das Experimentieren mit den Techniken wird sie viel Zeit verwendet haben. Die Arbeit an einem Selbstporträt in Wachs nahm nach eigenen Angaben dreißig Tage in Anspruch, *weil ich in dieser Kunst, die ich von niemandem lernen konnte, vieles selbst erfinden musste.*[16] Für ihre Schnitzereien in Buchsbaumholz, das wegen seiner Härte für solche Arbeiten gerne verwendet wurde, benutzte sie anfänglich *ein ganz normales Messer – ich hatte weder ein besseres Werkzeug noch verfügte ich über die Hilfe oder den Ratschlag eines Lehrers.*[17] Ob van Schurman sich tatsächlich so weitgehend ohne fremde Anleitung und ganz für sich die Kunst erarbeitete, wie sie es in ihrer Autobiographie beschreibt, ist zweifelhaft. Die wohl um die 1670er Jahre entstandenen biographischen Aufzeichnungen von der Hand Guillaume de la Rivières, in denen vor allem die Entwicklung der Künstlerin Anna Maria van Schurman im Zentrum steht, betonen, dass noch ihr Vater ihr künstlerisches Talent in der ersten Zeit in Utrecht, also etwa zwischen 1615 und 1620, erkannt und auch durch Unterricht gefördert habe: „Als sie acht Jahre alt war, brachte ihr die Mutter das Nähen bei und auch andere Dinge, für die junge Mädchen eine Neigung haben. Zur gleichen Zeit widmete sie sich dem Ausschneiden von verschiedenartigen Figuren aus Papier, die ihr so realistisch gelangen, dass sie allseits bewundert wurden. Das war für ihren Vater Grund genug, sie zu Magdalena van de Passe zu schicken, der einzigen Tochter eines berühmten Kupferstechers, die selbst hervorragende Stiche anfertigte."[18]

Zwischen den Familien van de Passe und van Schurman gab es enge Beziehungen. Aus Furcht vor religiöser Verfolgung war Crispin van de Passe (1564–1637) Ende des 16. Jahrhunderts ebenfalls nach Köln geflohen, wo im Jahr 1600 seine Tochter Magdalena zur Welt kam. Und wie die van Schurmans war er mit seiner Familie 1610 vor der Protestantenverfolgung in Köln wieder in die Niederlande geflüchtet. Seit etwa 1613 lebte er in Utrecht. Als Drucker, Verleger und Kupferstecher machte er sich schnell einen Namen. Mit seinem 1614 erschienenen „Hortus floridus" machte Crispin van de Passe die Tulpe, deren Hauptexporteur die Niederlande waren, zu der Modeblume des 17. Jahrhunderts. Von den Kontakten zwischen den beiden Familien zeugt auch ein von Crispin van de Passe in den 1630er Jahren gefertigtes Porträt Anna Maria van Schurmans, das sich heute im Rijksmuseum in Amsterdam befindet.

Der Unterricht bei einer unverheirateten jungen Frau wird dem Vater für seine Tochter passend erschienen sein, und durch die Parallelität ihrer Lebensläufe kann zwischen den beiden jungen Frauen, die sich vielleicht schon aus ihrer Kölner Zeit kannten, auch eine enge Beziehung aufgekommen sein. Es ist allerdings eher unwahrscheinlich, dass Frederik van Schurman seine Tochter schon im Alter von acht Jahren, wie dies die Schilderung von Guillaume de la Rivière nahelegt, zu Magdalena van de Passe in den Unterricht gegeben hat. Die Kupferstecherin selbst wäre damals erst etwa fünfzehn Jahre alt gewesen. Ein enger künstlerischer Austausch ist eher wahrscheinlich für die Jahre nach dem Tod des Vaters, etwa von 1625 bis 1634, dem Jahr, in dem Magdalena van de Passe heiratete und das elterliche Haus verließ. Zu Lebzeiten des Vaters wird der Kontakt eher locker gewesen sein. In einem auf 1633 datierten Kupferstich porträtierte sich Anna Maria van Schurman selbst, und wie die beigefügte lateinische Bildunterschrift nahelegt, war dies tatsächlich ihr erster, selbst erstellter Stich: *Nicht Hochmut und auch nicht die Schönheit meiner Gestalt veranlassten mich, mein Gesicht in das unvergängliche Kupfer zu ritzen, sondern falls mein ungelenker Stichel hier noch nichts Besonderes hervorzubringen vermochte, hätte ich bei meinem ersten Versuch auch nichts Größeres riskiert.*[19] Später, als kein enger Kontakt mit Crispin oder Magdalena van de Passe mehr möglich war, schuf van Schurman weiterhin verschiedentlich Stiche, und daher ist anzunehmen, dass sie in ihrem Haus nahe der Kathedrale in Utrecht selbst hinreichend technische Ausrüstung besaß, um Kupferstiche herzustellen.

Auch mit dem Utrechter Künstler Gerard van Honthorst (1592–1656) war die Familie van Schurman bekannt. Honthorst bewohnte ein Haus an der Nordseite des Doms, nur wenige Schritte von der Wohnung der van Schurmans entfernt. Honthorst hatte in Rom studiert und war stark beeinflusst von der Ölmalerei Caravaggios mit ihren starken Licht- und Schatteneffekten. Sein Ruf war international, er war einer der künstlerischen Größen in Utrecht. Als Hofmaler der Statthalter der Niederlande erhielt er auch immer wieder repräsentative Aufträge. Den Angaben in der „Eukleria" zufolge hatte Anna Maria ihren Bruder Johan Godschalk einmal in einem Buchsbaumrelief porträtiert, und dieses geschnitzte Porträt zeigte er *dem überaus berühmten Maler Honthorst, der es allen Ernstes auf über tausend Gulden schätzte.*[20] Das zeugt von einer großen Wertschätzung des Meisters für van Schurmans Arbeit: Preise in dieser Höhe erzielten auch arrivierte Maler nur für großformatige Ölgemälde. Honthorst bildete eine Reihe von Schülerinnen in der Malerei aus. Darunter war auch Elisabeth von der Pfalz (1618–1680), die Tochter des „Winterkönigs" Friedrich V. von Böhmen, der sich im Exil in den Niederlanden aufhielt. Friedrich war als Kurfürst von der Pfalz einer der führenden Kräfte innerhalb der protestantischen Union, die er mit einer Heirat mit Elisabeth Stuart, der Tochter des englischen Königs Jakob I., zu festigen suchte. Im August 1619 wurde er zum König von Böhmen gewählt. Als er die Krone annahm, erregte er den Widerstand des Kaisers, und auch die protestantischen Fürsten entzogen Friedrich ihre Unterstützung. Im Sommer 1620 wurde er in der Schlacht am Weißen Berg geschlagen und flüchtete in die Niederlande. Wegen seiner nur einen Winter andauernden Herrschaft als böhmischer König gab man ihm den Beinamen „Winterkönig". Seit 1621 lebte Friedrich, angewiesen auf die Gastfreundschaft der Niederländer und gelegentliche Zahlungen des englischen Hofes, mit seiner Familie in Den Haag. Gerard van Honthorst fertigte ein großformatiges Gemälde von ihm an, das ihn im Schmuck der kurfürstlichen und königlichen Würde zeigt. 1632, noch vor Fertigstellung des Gemäldes, starb Friedrich während eines Aufenthaltes in Deutschland an der Pest.

Die älteste Tochter des Winterkönigs, Elisabeth, war zeitlebens eine der engsten Freundinnen Anna Maria van Schurmans. Auf welchem Weg die beiden Frauen erstmals in Kontakt kamen, ist nicht festzustellen. Dass eine Verbindung über den Maler Honthorst zustandekam, ist indes nicht unwahrscheinlich. Die Familie van Schurman war mit ihm bekannt, und Elisabeth wurde von ihm in der Malerei unterrichtet. Dass auch van Schurman bei Honthorst eine künstlerische Ausbildung erhielt, lässt sich allerdings nicht belegen. Möglicherweise kannten sich Elisabeth und Anna Maria auch von gemeinsamen Aufenthalten in Rhenen. Die Familie van Schurman hielt sich häufig in der kleinen Stadt auf, in der sie auch ein Familiengrab besaß, und der Winterkönig hatte sich 1629 in Rhenen eine Residenz erbauen lassen.

Die jungen Frauen, beide früh vaterlos geworden und beide mit großem Interesse an Philosophie und Theologie, an Kunst und Wissenschaft, hatten also zahlreiche Gelegenheiten, Freundschaft zu knüpfen. In den 1640er Jahren beschäftigte sich van Schurman mehr und mehr mit den Wissenschaften und mit dem Erlernen weiterer Sprachen, für die Arbeiten an Bildern oder Stichen wird immer weniger Zeit übrig geblieben sein. Doch auch wenn Anna Maria van Schurmans künstlerische Produktivität in dieser Zeit merklich nachließ, blieben Kunstwerke stets ein wichtiger Teil ihres Lebens. Selbst als sie mit der Hausgemeinde Labadies immer wieder ihren Wohnsitz wechseln musste, nahm sie ihre Kunstwerke mit auf die Reise. Doch mit der bildenden Kunst allein war ihre Kreativität noch lange nicht erschöpft.

Berühmt wurde die junge van Schurman nicht so sehr durch ihre Kunstwerke, sondern vor allem durch ihre literarischen Arbeiten, die sie freilich – wie ihre Kunstwerke auch – nicht an die Öffentlichkeit trug, sondern nur im Kreis der Freunde der Familie kursieren ließ. Den Stein ins Rollen brachte der berühmte niederländische Staatsmann und Dichter Jacob Cats (1577–1660). Van Schurman selbst hatte um 1621, also im Alter von vierzehn Jahren, nach einem Treffen mit ihm eine Korrespondenz begonnen. Jacob Cats oder „Vater Cats", wie er von seinen Landsleuten genannt wurde, war ein gerade im einfachen Volk vielgelesener Autor, eine kulturelle Ikone, eine literarische Instanz. Seine moralisierenden, meist mit Emblemen angereicherten Schriften griffen Sujets des Alltagslebens auf, waren fern jeglicher gekünstelter Verstiegenheit und in dieser schlichten, fast unpoetischen Realitätsnähe populär im besten Sinne. Das umfangreiche Werk von Jacob Cats passte sich in die bürgerliche, religiös grundierte Atmosphäre des Goldenen Zeitalters ein, seine Ratschläge zur Lebensführung, zur Ehrlichkeit, zu den familiären Bräuchen wurden nicht selten zu Sprichwörtern. Cats bekleidete mehrere hohe politische Ämter, und vielleicht kam er in der Hauptstadt Den Haag mit Frederik van Schurman in Kontakt. Jedenfalls ergab sich ein Treffen zwischen Anna Maria van Schurman und Cats. Als Reaktion bedankt sich das junge Mädchen in einem Brief für das Entgegenkommen des Dichters. Sie schulde es, schreibt sie darin, seiner warmen Menschlichkeit, *dass Sie, ohne auf Ihr Ansehen und Ihre Berühmtheit zu achten, so freundlich waren, nicht nur sich mit mir so freundschaftlich zu treffen, mit mir eingehend zu sprechen und eifrig nach meinen Studien – oder besser gesagt: meinen nichtigen Spielereien – zu fragen, sondern auch mir zu prophezeihen, dass ich dadurch noch zu einer gewissen Berühmtheit gelangen werde.*[21] Jacob Cats muss gespürt haben, dass er es hier mit einem außergewöhnlichen jungen Mädchen zu tun hatte, und van Schurman zögerte nicht, ihre Fähigkeiten auch unter Beweis zu stellen. Sie schickte dem Dichter ein lateinisches Gedicht, verfasst im klassischen Versmaß des elegischen Distichons. Unter Verwendung von Bildern aus der Natur und der Mythologie machte sie darin, geschult an Klassikern des Altertums wie Vergil oder Horaz, ihre eigenen ersten, noch unsicheren und schwankenden und vermeintlich überheblichen Gehversuche in der Poesie zum Thema – und pointierterweise machte sie gerade dies in einer für eine Vierzehnjährige verblüffenden Meisterschaft: Die junge Poetin versucht die Vögel in ihrem fröhlichen Gesang nachzuahmen, doch sie droht zu scheitern, wie Ikarus und Phaeton, klassische mythologische Figuren, die auch zu fliegen versuchten. Diese reizvolle Metaphorik bildet das Gerüst des Gedichts: *Wie der Schwan angeblich seinen sonst seltenen Gesang anstimmt, / wenn der sanfte Westwind sein weißes Gefieder streift, / und wie ein Vogel unzählige Lieder aus seiner Kehle hervorzwitschert, / wenn er fröhlich die Strahlen der aufgehenden Sonne erblickt, / so hat Ihr Brief das Blut in meinen Adern mit neuem Leben erfüllt / und die aufmunternden Worte ließen mein Herz schneller schlagen. / Leider nun folgt mein Gedicht nicht den nötigen Regeln, / sondern drängt spontan aus meinem Innersten heraus. / Schon werde ich mit Ikarus' Schwingen durch unbekannte Lüfte getragen / wage es, mich auf meine schwachen Kräfte zu verlassen. / Schon komme ich mir vor wie Phaeton, der, erbleicht vor Schreck, abstürzt, / während ich versuche, bei meinem Dichten nicht von der Bahn abzukommen.* Am Ende münden die warmherzigen Verse in eine Verneigung vor dem Gönner: *An dieser Stelle angelangt erschrecke ich vor meinem stümperhaften Werk, / meine Stimme bleibt mir im Hals stecken, / und als letzten Satz krächze ich leise heraus: Lebe wohl, ehrwürdiger Herr, Deinem Vaterland und der Dichtkunst zum Nutzen.*[22]

1625 veröffentlicht Cats, der arrivierte und im Volk viel gelesene Poet, in seinem Werk „Houwelyck" („Hochzeit") einige schmeichelnde Verse über die damals achtzehnjährige Anna Maria van Schurman, die „durch die Federn einiger Gelehrter ohne

Zweifel auf den Flügeln des Ruhms zu einer neuen und außergewöhnlichen Zierde unseres Jahrhunderts werden wird". Cats predigt zwar die Unterordnung der Frau unter den Mann in der Ehe, doch die unverheiratete van Schurman kann er hier getrost ausnehmen. „Zu dieser Zahl muss nicht gerechnet werden, o Schurman, Du Juwel, erst jüngst erstrahlt", schreibt er überschwänglich, und in Anspielung auf die Städte Köln, Utrecht und Rhenen, in denen van Schurman bisher gelebt hatte, fährt er fort: „Von Deiner gelehrten Jugend und Deiner auserlesenen Sprache können die Städte am Rhein und auch ich Zeugnis geben."

Jacob Cats' Hymne auf „das Wunder für die Männer", das „durch die Welt gehen wird", erregte das Interesse seiner Landsleute.[23] Nun war van Schurman eine Berühmtheit: Mit einem Schlag machte dieses Gedicht die außerordentlichen Fähigkeiten der jungen Frau zum allgemeinen Gesprächsthema. Und von allen Seiten kamen Anfragen, wollte man mehr wissen über die so wundersam gelehrte Frau. Knapp zwei Jahre nach der Veröffentlichung des Gedichts von Cats, im März 1627, macht der Utrechter Anwalt Arend van Buchell (1565-1641), vielseitig kulturell interessiert, auch eng befreundet mit der Kupferstecherfamilie van de Passe, die Bekanntschaft Anna Maria van Schurmans. Er wird sie bewundern, ihr Briefe schreiben. Gegenüber dem Leidener Schriftsteller Caspar Barlaeus (1584-1648), Professor für lateinische Redekunst an der Universität Amsterdam, schwärmt van Buchell in einem Brief „von ihrer Begabung, ihrer Bildung und ihren wissenschaftlichen Arbeiten".[24] Auch Anna Marias Bruder Johan Godschalk schreibt an Barlaeus. Er bekundet seine Bewunderung für die literarischen Werke des bekannten Dichters, schickt ihm selbst einen kleinen literarischen Gruß mit und vergisst auch nicht, zu erwähnen: „Ich habe auch eine einzige Schwester, die selbst auch dichtet, vielleicht haben Sie ja von ihr, die anderweitig recht bekannt ist, schon einmal gehört. Sie bestand darauf, dass ich an Sie auch einen Gruß von ihr übermittle. Von ihrer Begabung, ihren Arbeiten und ihren Fortschritten werde ich Ihnen ein andermal schreiben."[25]

Als Barlaeus persönlich nach Utrecht kommt, arrangiert van Buchell ein Treffen mit der jungen Gelehrten. Barlaeus ist tief beeindruckt. Auch der Dichter und Staatsmann Constantijn Huygens, Diplomat am Hofe des niederländischen Statthalters Frederik Hendrik in Den Haag und später langjähriger enger Freund von van Schurman, ist brennend interessiert an Informationen aus erster Hand über die Gebildete und Künstlerin aus Utrecht, von der man so wundersame Dinge hört. Barlaeus, der mit Huygens gute Briefkontakte pflegt, schildert ihm die junge Frau als nicht weniger denn eine Sensation: „In Utrecht gibt es ein ganz außergewöhnliches Mädchen", schreibt er, ein wahres Wunder an Fähigkeiten und Talenten: „Sie malt, sie schreibt, sie verfasst Gedichte, und sie kann Griechisch lesen und verstehen."[26]

Van Schurman wird später immer wieder betonen, der „weltliche" Ruhm sei ihr mehr oder minder gegen ihren Willen, gegen die ihr angeborene und für eine Frau auch angemessene Bescheidenheit zugefallen, ja gewissermaßen von außen aufgedrängt worden. Das ist in vielerlei Hinsicht sicher zutreffend, doch gerade in den frühen Jahren, als ihre Begabungen gleichsam eruptiv aus ihr herausbrachen, hielt sie durchaus nicht hinter dem Berg mit ihren tatsächlich beeindruckend geschliffenen literarischen Arbeiten. Die Korrespondenz mit Jacob Cats hatte sie selbst initiiert, und ganz ähnlich knüpfte sie schon zu Beginn der 1620er Jahre und damit noch zu Lebzeiten des Vaters, Kontakte auch zu anderen bedeutenden Männern. Im September 1623, wenige Wochen vor dem Umzug nach Franeker und dem Tod des Vaters, schrieb sie einen Brief an Daniel Heinsius (1580–1655). Heinsius, berühmt als neulateinischer Dichter, Professor für lateinische Literatur und Bibliothekar an der weltweit renommierten Leidener Universität, und das fünfzehnjährige, wenngleich talentierte Mädchen aus Utrecht – eine so selbstbewusste Kontaktaufnahme ging sicher über die Grenzen der gesellschaftlichen Etikette. Und vielleicht noch überraschender: Selbst aus den obersten Rängen der literarischen Welt wurde ihr Bewunderung entgegengebracht. Der Dichter Jacob Revius (1586–1658), gut befreundet mit Daniel Heinsius, veröffentlichte 1630 in einer Gedichtsammlung ein Lob auf die Dichterin van Schurman, die seiner Meinung nach „ihren Ursprung in einem klaren, glatten Diamanten" haben muss.[27] Fast zahllos sind die schwelgenden Lobgedichte, die auf van Schurman schon in ihrer frühen Jugend verfasst wurden, und es sollten in den späteren Jahrzehnten, als Nachrichten von ihr über die Grenzen der niederländischen Republik hinaus ganz Europa erfassten, noch unzählige mehr werden. Ein Teil davon wurde in die Ausgabe ihrer „Opuscula", aufgenommen, einer Sammlung von Schriften, Briefen und Gedichten van Schurmans, die erstmals 1648 veröffentlicht wurden. Der Austausch von Gedichten und auch von Porträtbildern gehörte natürlich zu den gängigen Umgangsformen der „Gelehrtenrepublik", zu den Höflichkeitsregeln unter den Intellektuellen jener Zeit; die topischen, bisweilen üppig schwärmerischen und oft auch metaphorisch überladenen Bewunderungsfloskeln sollten daher auch nicht überbewertet werden. Doch auch unter Ausblendung des zeitgenössisch Üblichen ist unübersehbar, dass die junge Anna Maria van Schurman tatsächlich Aufsehen erregte, ehrliche Bewunderung, aufrichtige Hochachtung hervorzurufen vermochte. Die berühmtesten holländischen Gelehrten gerieten bei ihr ins Schwärmen, und man darf annehmen, dass ihr die Aufmerksamkeit, die ihr schon fast von Kindheit an zufiel, auch schmeichelte. All dies, die freundlichen Grußadressen und die bewundernden Gedichte, die interessierten Anfragen und die anerkennenden Briefe, waren der jungen Anna Maria van Schurman ohne Frage eine willkommene Wertschätzung ihrer Arbeiten. Sie wird ihren Gefallen an ihrem öffentlichen Ruf, ihrem Status als Ausnahmebegabung gehabt und sich über die ihr immer häufiger verehrten Komplimente gefreut haben.

Gleichzeitig muss ihr aber stets auch sehr wohl bewusst gewesen sein – und dies ist ein biographisch äußerst bedeutsamer Kontrapunkt –, dass ihr diese große Aufmerksamkeit nicht nur wegen ihrer meisterhaften Miniaturen und Stiche, ihrer kunstvollen Gedichte und später ihrer wissenschaftlichen Studien geschenkt wurde, sondern auch deshalb, weil sie eine Frau war – eine Frau, von der eigentlich derlei nicht zu erwarten war. Sie musste die Erfahrung machen, dass die Bewunderung, die ihr von allem möglichen Seiten zuströmte, sie beflügeln konnte, ja ihr die Bekanntschaft mit all den anderen großen Persönlichkeiten letztlich erst möglich machte. Aber sie fühlte auch, dass diese Form der verklärenden Begeisterung sie letztendlich – auf ganz ritterliche und höfliche Weise freilich – von einem Umgang auf Augenhöhe mit anderen Intellektuellen ausschloss. Was sie war und galt, war und galt sie als Frau.

Als weibliche Dichterin und Literatin war sie freilich nicht weithin allein. Auch andere junge Frauen taten sich als Künstlerinnen hervor. Das gesellschaftliche Klima war für diese Entwicklung günstig. In der ersten Hälfte des 17. Jahrhunderts bildeten sich in der Oberschicht der Niederlande literarische Kreise heraus, eine Art Salonkultur, private, aus dem selbstbewussten vermögenden Bürgertum initiierte literarische Zirkel. Im Gegensatz zu den Malern, die trotz der großen Beliebtheit ihrer Kunst nach der gesellschaftlichen Stellung betrachtet Handwerker blieben, die sich in Gilden organisierten, die von ihrer Kunst ihr Einkommen bestreiten und nicht selten in kärglichen Verhältnissen leben mussten – Frans Hals lebte im Alter von Almosen, Jan Vermeer starb hochverschuldet, Rembrandt war in seinen letzten Lebensjahren zahlungsunfähig –, war die Dichtung vornehmlich ein Zeitvertreib für die bessere Gesellschaft. Professionelle Literaten waren die Ausnahme. Die berühmten niederländischen Dichter dieser Tage gehörten der Oberschicht an und betätigten sich als Dichter nur im Nebenberuf: Jacob Cats war als Ratspensionär einer der einflussreichsten Politiker im Land, Constantijn Huygens war Diplomat und Sekretär der Statthalter in Den Haag, Daniel Heinsius und Barlaeus waren Universitätsprofessoren, Pieter Hooft war Richter, Jacob Revius Pfarrer und Theologe. So bildeten sich in den aristokratischen und großbürgerlichen Kreisen allmählich Gelehrtenzirkel heraus, Dichterkreise und Debattierclubs, in denen die Mitglieder ihre Werke zum Besten gaben und gelehrte Gespräche führten. Vorbild war vor allem die französische Bewegung der „Preziösen", die vom Komödiendichter Molière in seinen „Lächerlichen Preziösen" kräftig auf den Arm genommen wurde, schöngeistige Zirkel, die in der Blütezeit des Absolutismus in den Salons und Adelspalais der Kunstsinnigkeit und Geselligkeit der Oberschicht einen institutionellen Rahmen gaben. Und es waren – in Frankreich ebenso wie in den Niederlanden – gerade diese Salons, die den gesellschaftlichen Ort boten, an dem auch sozial höhergestellte Frauen gleichwertig mit Männern intellektuellen Austausch pflegen und ihre künstlerischen Neigungen ausleben konnten. Berühmt wurde etwa das Pariser „Hôtel de Rambouillet", ins Leben gerufen von der Marquise de Rambuoillet. Hier verkehrten nicht nur gelehrte Damen wie die Autorinnen Madeleine de Scudéry und die Marquise de Sévigné regelmäßig, sondern etwa auch der angesehene Dichter Guillaume Colletet (1589–1659), Mitglied der Académie française, der später van Schurmans briefliche Debatte mit André Rivet über die Bildungsmöglichkeiten von Frauen ins Französische übersetzte. Die literarischen Salons schufen ein Klima, in dem die Diskussion um die Stellung der Frau, die im 17. Jahrhundert erneut mit besonderer Heftigkeit geführt wurde, auf fruchtbaren Boden fiel. Die Frauen selbst trugen zu diesem Diskurs bei, waren Teil der mitunter polemisch geführten Auseinandersetzung.

Im gotischen Schloss Muiden bei Amsterdam, dem Sommerwohnsitz des Dichters Pieter Hooft, bildet sich der sogenannte „Muiderkring", der Kreis von Muiden; die Dichter Joost van den Vondel (1587–1679), Constantijn Huygens und Caspar Barlaeus tauschen sich hier aus, auch Frauen wie Maria Tesselschade Visscher oder ihre Freundin, die berühmte Sängerin Francisca Duarte (1619–1678), nehmen an den Treffen teil. Marias Vater, der vermögende Amsterdamer Kaufmann Roemer Visscher (1547–1620), begründete um 1610 in seinem Haus einen solchen Salon. Hier widmete man sich der geistreichen Konversation, erfreute sich an musikalischen Darbietungen, hörte Lesungen neuer literarischer Werke. Der lebensfrohe Roemer Visscher selbst stellte seinen scharfsinnigen Witz gelegentlich mit spitzen Satiren unter Beweis. Hochgeschätzt in diesem Kreis waren seine beiden Töchter, Anna und Maria Tesselschade (die ihren Beinamen „Texelschaden" von einem Sturm vor der friesischen Insel Texel erhielt, der dem Vater kurz vor der Geburt der Tochter gewaltige wirtschaftliche Einbußen bescherte). Er ließ die beiden Mädchen – ganz ähnlich wie Frederik van Schurman seine Töchter – früh unterrichten; sie kalligraphierten und zeichneten, schufen Plastiken und machten Musik, sie erlernten Sprachen, trieben auch Sport und dichteten. Schon in den ersten Jahren in Utrecht kam

Anna Maria van Schurman mit dem Kreis um Roemer Visscher in Kontakt. Sie war gerade einmal dreizehn Jahre alt, als dessen Tochter Anna, obwohl wesentlich älter, dennoch eine freundschaftliche Bindung zu ihr geknüpft hatte und im Jahr 1620 ein Lobgedicht auf die Tochter van Schurman verfasste: „Sei gegrüßt, du junge Blume", heißt es da, „deren Wissen ich hier rühme, / die ich achte und die ich liebe, / die mir eine Freundin ist, / die in künftiger Zeit / (so der Himmel dieses zulässt) / die Auserlesenste soll sein von den Mädchen, / die sich je mit den Wissenschaften beschäftigten." Anna äußert ihre Bewunderung dafür, dass ihre Freundin schon Latein und Griechisch beherrscht, für ihre Zeichnungen, für ihr Cembalospiel und ihren Gesang, und sie lässt das Gedicht enden mit den Zeilen: „Ehren musst Du Deinen Vater, / der Dir eine so gute Bildung ermöglichte."[28] Diese Folgerung traf ebensogut auf Frederik van Schurman wie auf Roemer Visscher zu, und dies zeigt, dass in der Oberschicht der Niederlande durchaus Frauen zu finden waren, die sich mit Unterstützung ihrer Familien Bildung erworben hatten und sich intellektuell und in ihrer literarischen Schaffenskraft mit Männern messen konnten. Caspar Barlaeus Tochter Susanna (1622–1674) machte sich als Dichterin einen Namen, und auch einer Reihe von Malerinnen – Judith Leyster, Maria van Oosterwijck, Geertruid Roogman, Rachel Ruysch – gelang es, Aufmerksamkeit auf sich zu ziehen.

Anna Maria van Schurman pflegte mit Mitgliedern dieser Zirkel briefliche und auch persönliche Kontakte, doch eine enge Bindung zu den Salons hat sie nicht gefunden. Vielleicht fühlte sie sich von der Extrovertiertheit, dem bisweilen Verstiegenen und und oft auch Kalauerhaften der dort präsentierten Dichtungen, vom Unbekümmert-Lebensfrohen und „Weltlichen" dieser preziösen Versammlungen abgestoßen. Caspar Barlaeus, ein Mann, der auf dem gesellschaftlichen Parkett mit Wortwitz und Eleganz zu brillieren verstand, empfand dies intuitiv. Er beurteilte Maria Tesselschades „geistige Fähigkeiten weit höher als die von Fräulein Schurman", deren Werke, wie er es zugespitzt formulierte, „nach Klassenzimmer riechen". Van Schurmans Arbeiten waren ihm zu ernsthaft, zu schulmäßig, sie zeugten nicht von der

„feinsinnigen Verstandeskraft", vom „übernatürlichen Ideenreichtum", der so sehr seiner eigenen Neigung entsprach.[29]

Schon wegen ihres Charakters, ihrer eher zurückgezogenen, dem Urbanen und Mondänen gegenüber zurückhaltenden Lebensweise war van Schurmans Kontakt mit diesen intellektuellen Kreisen nur locker. Hinzu kam, dass all diese talentierten Frauen wie die Töchter von Roemer Visscher, die sich mit großem Erfolg in verschiedenen künstlerischen Ausdruckweisen erprobten und damit einen Platz in der schillernden Salonkultur erobern konnten, ohnehin eine Ausnahme waren, ja als solche Ausnahme eigentlich erst zum Gesprächsthema wurden. Van Schurman spürte eine doppelte Ausgrenzung: Ihre puritanische Ernsthaftigkeit passte so wenig in die lebenssatte, kunstbeflissene Kulturwelt, die sie umgab, und als Frau war sie zudem – mit anderen Frauen – der bestaunte, aufsehenerregende Sonderfall.

Beispielhaft zeigt sich dies in einem der frühen Bewundererbriefe. Nachdem Caspar Barlaeus die junge Gelehrte auf Initative van Buchells persönlich kennen gelernt hat, entspinnt sich ein lockerer Briefwechsel. Im Juni 1629 zeigt Barlaeus sich noch immer beeindruckt von der nun schon länger zurückliegenden Begegnung. Doch was immer er anerkennt und bejubelt, er setzt es in Beziehung zum Geschlecht seiner Briefpartnerin. „Nun ist es schon eine Weile her," schreibt er, „dass ich das Vergnügen hatte, mit Ihnen über ihre Studien zu sprechen und Sie persönlich kennen zu lernen, aber noch bin ich mir nicht ganz im Klaren darüber, was mich so sehr begeistert und in Beschlag nimmt – von den vielen Dingen wohl vor allem zwei: ihre Jugend und ihr Geschlecht." Ähnlich verhält es sich mit den Werken der jungen Malerin. Barlaeus lobt sie in den höchsten Tönen, aber er legt auch hier, scheinbar beiläufig, einen diskriminierenden Maßstab an, der ihr als Frau einen Sonderstatus zuschreibt. „Ich war tatsächlich verwundert und begeistert, als ich einige kleinere, von Ihnen überaus elegant gemalte Arbeiten […] betrachten konnte, und mit dem mir eigenen Sachverstand konnte ich beurteilen, dass Sie darin die Grenzen, die Ihrem Geschlecht gesetzt sind, überschritten haben."[30] Applaus und Ablehnung lagen seit Beginn von van Schurmans Karriere eng beieinander. In den progressiven, dem Neuen gegenüber aufgeschlossenen, experimentierfreudigen und lebensfrohen Literatenzirkeln stößt die vielleicht etwas trockene, allzu ernsthafte Art des jungen Mädchens aus Utrecht auf eine Bewunderung, die bisweilen eher distanziert ausfällt, und bei einer Frau steht diese Anerkennung ohnehin unter Vorbehalt. Beides hat van Schurman beschäftigt, beides wird sie zu einem Thema ihrer Arbeit machen: Gegen die Ausgrenzung von Frauen vom Zugang zu höherer Bildung wird sie ihre „Dissertatio" verfassen, eine Streitschrift, in der sie für Frauen einen gleichrangigen Platz neben den Männern in Literatur, Wissenschaft und Kunst einfordert; ab den 1640er Jahren wird sie sich nach und nach aus dem Rampenlicht zurückziehen, wird sie eine schon von ihren Eltern vermittelte und von ihr selbst als Bedürfnis empfundene religiöse, spirituelle Lebensweise übernehmen. Wenn van Schurman in der „Eukleria" rückblickend schreibt, sie habe von Anfang an *aus angeborener Bescheidenheit und aus einem aufrichtigen Streben nach einem Leben in Verborgenheit* versucht, *die Berühmtheit wie eine große Last abzulegen*, es sei ihr aber nicht gelungen, *glücklich in dieser Verborgenheit und Stille zu bleiben*, da *die besondere Gewogenheit der berühmten Männer der damaligen Zeit – und weniger die Aura der Prominenten – mich von meinem Vorsatz abgebracht* hätten, so ist dies alles andere als eine konstruierte rückwirkende Rechtfertigung.[31] Das Empfinden schon des jungen Mädchens scheint hier durchaus treffend beschrieben zu sein. Anhaltspunkte für diesen inneren Konflikt finden sich immer wieder in ihrer Biographie. Van Schurman folgte in diesen Jahren, vielleicht fast widerwillig, einem *menschlichen Instinkt*, der sie *mehr zu menschlichen als zu rein göttlichen Dingen zog*, zu den *verschiedenen Wissenschaften und Künsten*, in denen sie *einen gewissen Genuss und eine gewisse Beruhigung, wenn nicht fand, so doch zumindest suchte*.[32] Zugleich spürte van Schurman intuitiv, dass sie darin nicht die Erfüllung finden würde, nach der sie strebte, dass dies nicht ihrem eigentlichen, vielleicht unbewussten Lebensentwurf entsprach. Was später als Bruch in der Biographie erscheint, die Abwendung von der volkstümlichen Popularität und den Zwängen der gesellschaftlichen Regeln, ist hier bereits angelegt.

Das Alpha der Frauen
Studienjahre an der Universität: 1631–1639

Vaterfiguren: André Rivet und Gisbert Voetius. Theologie und orientalische Sprachen. „Alles weiß sie": die Suche nach enzyklopädischer Bildung. Briefkontakte in die „Gelehrtenrepublik". Die „Mysten der Minerva": Gedicht auf die Utrechter Universität. Theologin von Rang. „Über die Begrenzung des Lebens". Der Dordrechter Freund Johan van Beverwijck.

Ab dem Jahr 1626 war die Witwe van Schurman nach dem Aufenthalt in Franeker mit ihren Kindern wieder zurück in Utrecht. Auch enge familiäre Beziehungen zogen sie wieder in diese Stadt: Zwei Brüder des Vaters, Johan und Samuel van Schurman, lebten ebenfalls in Utrecht. Johan hatte eine Schwester von Eva von Harff namens Agnes geheiratet, die später nach dem Tod des Mannes auch im Haushalt ihrer Schwester aufgenommen wurde. Über Clara van Schurman, eine Schwester des verstorbenen Vaters, besaß die Familie auch Beziehungen zu dem reichen Kaufmann Frederick Alewyn in Amsterdam. Drei Jahre nach ihrer Rückkehr aus Franeker kaufte Eva von Harff ein Haus in der Straße Achter de Dom (Hinter dem Dom). Dort lebte die Witwe zusammen mit ihren Kindern die nächsten acht Jahre bis zu ihrem Tod 1637. Um das finanzielle Auskommen musste sich die Familie auch nach dem Tod des Vaters keine Sorgen machen. Johan Godschalk wird in den folgenden Jahren noch mehrmals Häuser in Utrecht erwerben. Sein Medizinstudium hatte er in Franeker abgeschlossen. Später wird er gelegentlich als Arzt tituliert, doch scheint er diesen Beruf nie tatsächlich ausgeübt zu haben. Das Familienvermögen erlaubte es ihm, sich um seine wissenschaftlichen Interessen und die Pflege seiner Kontakte zu kümmern. Mit Caspar Barlaeus und Constantijn Huygens wechselte er Briefe, mit dem Theologen Franciscus Sylvius von der Universität Douai in den spanischen Niederlanden tauschte er sich über medizinisch-theologische Fragen aus, auch mit René Descartes scheint er engeren Kontakt gehabt zu haben. Ansonsten widmete er sich ausgiebig theologischen Studien, später besuchte er an der neugegründeten Utrechter Universität auch theologische Lehrveranstaltungen. Der Einfluss des Theologen Ames, dessentwegen vor allem sein Vater nach Franeker mitgegangen war, hinterließ mit seiner Mischung aus puritanischem Tatchristentum und orthodoxem Calvinismus auch bei ihm seine Spuren.

Die rund zehn Jahre nach der Rückkehr aus Franeker waren für seine Schwester Anna Maria eine Zeit, in der sie ihre Fähigkeiten ausprobierte, in der sie mit besonderer Intensität zeichnete und Stiche anfertigte, las, dichtete und ihre Beziehungen zu den Intellektuellen brieflich und im persönlichen Austausch knüpfte. Ab 1630 entstehen, vermutlich unter dem Einfluss von Magdalena van de Passe, vermehrt Kupferstiche. Una Birch bezeichnet in ihrer 1909 veröffentlichten Biographie van Schurmans diese Phase als die „lebensfrohste Zeit ihres Lebens".[1] Nun setzte der Tod des Vaters, den die Tochter zunächst als einen fast unüberwindlichen seelischen Rückschlag empfunden hatte, einen Drang zur Selbständigkeit frei, ein Bedürfnis, die eigenen Talente zu erproben.

In dieser Zeit nahm van Schurman auch durchaus am gesellschaftlichen Leben teil, obgleich sie sich gelegentlich – ihr Naturell neigte eher zur Zurückgezogenheit – dazu überwinden musste. Vermutlich empfand sie diesen Zwiespalt zwischen der Extrovertiertheit und Expressivität ihrer Arbeiten und ihrer charakterlich bedingten Zurückhaltung als eine problematische Spannung. Briefpartner müssen bisweilen lange auf eine Resonanz von ihr warten. Im März 1636 etwa entschuldigt sie sich in einem Brief an Revius für ihre lange hinausgezögerte Antwort mit einer Krankheit der Mutter – sie sollte im darauffolgenden Jahr sterben –, *die über ganze Monate hinweg durch Krankendienst meine ganze Zeit in Anspruch nahm, so dass mir die Zeit für die Pflege von Freundschaften fehlte.* Doch zugleich bekennt van Schurman nur wenige Zeilen später, dass ein Leben fernab der gesellschaftlichen Öffentlichkeit durchaus ihrem Charakter entspreche: *Schon immer gefiel mir das Zitat des Dichter: „Glaube mir: Der lebt gut, der im Verborgenen lebt." Doch ich weiß nicht wie: diese Zeiten reißen mich einfach mit sich.*[2]

Van Schurman kam sich nun, Mitte der 1630er Jahre, von ihrer Bekanntheit gleichsam überrollt vor, und sie versuchte, dieser Tendenz entgegenzuwirken. Bewusst oder unbewusst suchte sie nach Vaterfiguren, nach urteilssicheren und vertrauenswürdigen Betreuern, die ihr in ihrem Bildungslauf und ihrer persönlichen Entwicklung Hilfestellung geben konnten. Einen ersten Mentor fand sie in dem reformierten Theologen und Prediger André Rivet (1572–1651). In einer biographischen Skizze über Anna Maria van Schurman, die, auf Französisch verfasst von Pierre Yvon, einem engen Vertrauten Jean de Labadies, vermutlich auf authentischen Informationen von van Schurman selbst beruht und die in deutscher Übersetzung Anfang des 18. Jahrhunderts in der „Unparteyischen Kirchen- und Ketzerhistorie" des Pietisten Gottfried Arnold veröffentlicht wurde, ist die Rede davon, dass van Schurman schon 1621 „Rivet hatte predigen hören, und durch eine von seinen Predigten gar sehr bewegt worden" sei; von dieser Zeit an habe sie ihn „auf die ehrerbietige Art zu lieben" begonnen, „wie sie ihr ganzes Leben hindurch gegen ihn gewesen ist".[3]

Wahrscheinlich bestanden schon in den 1620er Jahren Kontakte zwischen den Familien Rivet und van Schurman. Einen sehr engen brieflichen Austausch führte van Schurman ab 1631 mit André Rivet. Als französischer Hugenotte, Theologieprofessor in Leiden und von 1632 an Erzieher des Prinzen Willem, des Sohnes des Statthaltes Frederik Hendrik in Den Haag, empfiehlt Rivet seiner Schülerin Literatur, schickt ihr auch eigene Veröffentlichungen, tauscht sich vornehmlich über religiöse Fragen mit ihr aus.

Im Laufe der Zeit bildet, auf Anregung van Schurmans, die Diskussion um die Rechtfertigung von Frauenbildung zunehmend einen Hauptgegenstand des Briefwechsels. In einem breit ausgearbeiteten Brief an Rivet vom 6. November 1637 entfaltet sie einen Großteil der Argumente, die sie später in ihrer „Dissertatio" – nun nicht mehr in der stilistisch eher literarisch geprägten

Briefform, sondern als eine eigenständige, in ihren Argumenten ausgefeilte Abhandlung – aufgreifen und ausführen wird.

Von noch größerem Einfluss auf van Schurmanns weitere intellektuelle Entwicklung ist der Theologe Gisbert Voetius (1589–1676). Als 1634 in Utrecht ein „Gymnasium illustre" gegründet wurde, eine vor allem in protestantischen Ländern häufige Bildungseinrichtung, die eine höhere Schulausbildung mit akademischen Lehrangeboten verband, berief man Voetius auf den Lehrstuhl für Theologie, den er auch zwei Jahre später beibehielt, als das „Gymnasium illustre" in den Stand einer regelrechten Universität erhoben wurde. Voetius war ein höchst einflussreicher Theologe. An der Synode von Dordrecht in den Jahren 1618 und 1619, auf der wesentliche Glaubensregeln für die reformierte Kirche vereinbart wurden, nahm er als jüngstes Mitglied teil. Schon vor seiner Berufung nach Utrecht hatte er als Pfarrer seiner Heimatstadt Heusden durch verschiedene theologische Veröffentlichungen von sich reden gemacht. Hier nun wurde er zu einer der führenden Gestalten der „Nadere reformatie", der „zweiten Reformation", einer theologischen Bewegung, die in den Niederlanden des Goldenen Zeitalters eine bemerkenswerte Wirkung entfaltete. Ihr Ziel war es, in einem zweiten reformatorischen Schritt, der sich an eine erste Phase anschloss, in der Luther und Calvin vor allem eine Reform auf der Ebene der Theologie, der Glaubensgrundsätze durchgesetzt hatten, nun auch das Leben, die gesamte gesellschaftliche Wirklichkeit von diesen theologischen Prinzipien durchdringen zu lassen. Die *praxis pietatis*, die im Alltag gelebte Frömmigkeit, sollte im Zentrum stehen. Die Lehren der Reformation sollten aus der bisweilen sterilen, akademischen Diskussion gelöst und in die Lebenswirklichkeit der Menschen, das praktische Handeln der Gläubigen übersetzt werden.

Mit ihrer religiösen Haltung, ihre Nähe zum Puritanismus und ihrem Bedürfnis nach einem tätigen, aktiven Christentum, wie es ihr schon der Vater vermittelt hatte, war van Schurman gegenüber den kirchenreformatorischen Ideen des Theologen Voetius aufgeschlossen. Auch Johan Godschalk, der in den folgenden Jahren immer wieder Ämter in der Kirchengemeinde der Domstadt übernahm, wurde ein enger Vertrauter von Voetius. In dem umfassend gebildeten Theologen fand Anna Maria van Schurman einen Lehrer, der ihren immensen Lerneifer zu kanalisieren verstand und der durch seine akademische Schulmäßigkeit ihrem Studium feste Konturen verleihen konnte. Voetius, der wegen seiner dogmatisch-orthodoxen Strenge auch den spöttischen Beinamen „Papst von Utrecht" erhielt, gab zunächst vor allem die Grundzüge seiner Theologie an seine Schülerin weiter. Der private häusliche Unterricht, den van Schurman von Voetius ab Mitte der 1630er Jahre erhielt, war im zeitgenössischen Lehrbetrieb an den Universitäten durchaus gängig. Seine umfangreiche Privatbibliothek, einige tausend Bände, stellte Voetius seiner Schülerin ebenfalls zu Verfügung, wohnte er doch nur wenige Schritte vom Haus der van Schurmans am Dom entfernt. Doch bei diesen privaten Unterweisungen beließ es ihr Lehrer nicht. Voetius ermöglichte es seiner Ausnahmeschülerin auch, an Lehrveranstaltungen der Universität teilzunehmen, ein zu dieser Zeit eigentlich unvorstellbarer Vorgang. Das Kollegiengebäude der Utrechter Hochschule war an den Dom angegliedert und damit ebenfalls in nächster Nähe zu van Schurmans Wohnung. Hier nahm sie, zusammen mit ihrem Bruder Johan Godschalk, an Disputationen und Vorlesungen von Voetius und später auch von anderen Professoren teil. Man hatte van Schurman in einem Auditorium einen hölzernen Verschlag gebaut, der mit Stoff bespannt war, damit sie von den übrigen männlichen Hörern abgeschieden war. Voetius brach damit ein Tabu – Frauen waren generell vom Universitätsbetrieb ausgeschlossen –, doch für seine hochbegabte Schülerin schien ihm eine solche Ausnahme angebracht. Die Maßnahme, nicht nur in der Stadt als spektakulär empfunden, steigerte abermals die Bekanntheit van Schurmans.

Wie weit van Schurman an den in den Disputationen geführten Debatten über wissenschaftliche Fragen durch aktive Beiträge im studentischen Plenum teilnehmen konnte, ist fraglich. Zumindest mit Voetius tauschte sie sich darüber intensiv aus. Als er 1654 den zweiten Band seiner „Ausgewählten Disputationen", schriftliche Niederlegungen seiner Universitätsdisputationen, Anna Maria van Schurman und ihrem Bruder Johan Godschalk widmete, schrieb er, die beiden hätten seinen „akademischen Aussprachen häufig und eifrig zugehört, und Sie empfanden es auch für würdig, Ihr eigenes, höchst scharfsinniges Urteil bei gegebener Gelegenheit mir mitzuteilen".[4] Jacob Cats schrieb, dass van Schurman „auch in den schwersten und subtilsten scholastischen Quaestionen" bewandert sei,[5] und der deutsche Dichter Georg Christian Lehms berichtete 1715 in seinem Frauenlexikon „Teutschlands galante Poetinnen", van Schurman habe in Utrecht „oftmals in den Auditoriis bei angestellten Disputationen die Stelle einer Opponentin vertreten".[6] Dass van Schurmans sich auf die syllogistische, nach logischen Schlussfolgerungsmustern verfahrende Methode der Disputationen sehr wohl verstand, belegt ihre „Dissertatio" über Frauenbildung, in der sie die Argumentationsschemata, wie sie in der akademischen Welt gebräuchlich waren, gekonnt anwendete.

Die Theologie war der Fluchtpunkt der Studien, die van Schurman mit Hilfe von Voetius aufnahm. Voetius hatte 1634 zur Eröffnung der Utrechter Hochschule eine Rede mit dem Titel „Wie Frömmigkeit mit der Wissenschaft zu vereinen ist" gehalten. Frömmigkeit (*pietas*) im Sinne einer Haltung, die das gesamte Leben des Gläubigen durchwirkt und leitet, war ein Leitbegriff für Voetius' Theologie überhaupt. Wissenschaft ist für ihn fundiert in der Religion, und unter diesem Blickwinkel erörterte Voetius in seiner Einweihungsrede nacheinander eine Reihe ausgewählter wissenschaftlicher Disziplinen. Die Leitfrage dabei ist, welche Verbindungen sich aus diesen Disziplinen zur Frömmigkeit, zur Theologie ergeben. Höhere Bildung, so seine These, fördere die Frömmigkeit, so dass in Konsequenz alle Wissenschaften auf die Theologie, „die Grundlage und den Höhepunkt für alle Studien und alle Studenten",[7] hin orientiert seien. Für Voetius steht außer Frage: Wer die verschiedenen Einzelwissenschaften studiert oder betreibt, kann dies letztlich nur im Blick auf die Theologie redlich tun, und so ist verständlich, wenn van Schurman in der „Eukleria" schreibt, auch sie habe in ihren wissenschaftlichen Studien *dem Studium der Theologie als dem vornehmsten alles andere untergeordnet.*[8] Sie beschäftigt sich systematisch und intensiv mit allen Teildisziplinen der Theologie: *Ich begriff, wie ich gestehen muss, gewissermaßen die Theologie als ganzes, und liebte sie so sehr, dass ich an ihrer Betrachtung nicht satt werden konnte; und um daher alle ihre Teile immer im Gedächtnis zu behalten oder sie zu jeder Zeit, wenn ich wollte, dorthin zurückrufen zu können, ordnete ich sowohl die theoretische oder dogmatische als auch die praktische und die asketische Theologie (wie sie von alters her vom Begriff des Ausübens her genannt wird) mit all ihren Unterscheidungen und Unterbegriffen oder auch Definitionen in Tabellen an, wo ich alle Schätze der Königin der Wissenschaften und alle meine Pflichten auf einen Blick übersehen konnte.*[9] Die Anwendung der geschilderten didaktischen Finessen macht offenbar, dass van Schurman stets darauf bedacht war, ihre theologischen Kenntnisse vor allem auch auf die Konsequenzen für ihr praktisches Handeln hin zu befragen.

Nicht erst ihre letzte, vom Einfluss Jean de Labadies geprägte Lebensphase zeigt, dass van Schurman immer auf der Suche nach einem gelebten Christentum war, das ihr gesamtes Leben, nicht nur ihre geistigen Bedürfnisse, formen sollte. Mochten die Jahre nach dem Tod des Vaters zunächst auch zu einer Öffnung van Schurmans geführt haben, zu einem interessierten Blick in die reiche Kultur- und Bildungswelt, die sie umgab und die die Schöpfungen der jungen Frau bewundernd aufnahm, so setzte spätestens mit der Begegnung mit Gisbert Voetius eine Umkehr ein, fast als ob van Schurman nun ihre wahre Bestimmung, ihr eigentliches Betätigungsfeld gefunden zu haben glaubte. Von der Dichterin und Künstlerin wandelte sie sich allmählich zur Gelehrten, zur umfassend gebildeten Theologin und Wissenschaftlerin. Als theologische Instanz nahm man sie ernst. Immer wieder äußerte sie sich, meist auf Anfragen von Freunden und Briefpartnern, zu theologischen Themen. Und ihre Abhandlungen, keine großen Werke freilich, sondern meist brieflich übersandte Stellungnahmen, wurden auch über die Grenzen der Niederlande hinaus wahrgenommen und diskutiert. Van Schurmans Stimme hatte bei diesen Diskursen Gewicht, und auf dieses Ansehen wird sie auch noch bauen, als sie Jahrzehnte später in der „Eukleria" die Schilderung ihres Lebensganges mit Exkursen zu theologischen Themen verbindet. Eine breite Aufmerksamkeit für ihre religiös motivierte Rechtfertigungsschrift konnte ihr auch dann noch gewiss sein. Doch es ist bei weitem nicht die Theologie allein, mit der sich van Schurman in diesen Studienjahren konzentriert beschäftigte. Voetius unterrichtete sie auch in einer Reihe von Sprachen. Dieser umfassende Erwerb von Sprachkenntnissen trug wesentlich zur Berühmtheit der Utrechter Gelehrten bei. Van Schurmans Vielsprachigkeit wurde fast sprichwörtlich, brachte ihr aber gelegentlich die Kritik ihrer Freunde ein, darin über das vernünftige Maß hinausgeschossen zu sein. Auch die Beschäftigung mit den Sprachen ist von der Theologie motiviert. *Ich widmete mich diesem Studium*, schreibt van Schurman in ihrer Autobiographie, *weil ich die griechische und die hebräische Sprache als die Grundquellen für das Verständnis der Heiligen Schrift betrachtete und verehrte und die übrigen orientalischen Sprachen – gleichsam als Töchter oder Zweige des Hebräischen – für liebenswert ansah. Besonders konzentrierte sie sich dabei auf das Syrische, das Aramäische und das Äthiopische, weil diese Sprachen sehr viele Wurzelwörter haben, deren Ableitungen sich in der Heiligen Schrift finden und folglich dazu beitragen, den inneren Sinn dieser abgeleiteten Wörter herauszufinden.*[10] Der Spracherwerb hatte für van Schurman eine hermeneutische Funktion, die Sprachen sollten die Quellen der Religion erschließen. *Die Sprachen*, schrieb van Schurman in einem Brief an André Rivet, *sind nämlich die Hüter des Glaubens, die Dolmetscher dessen, was uns das gelehrte Altertum hinterlassen hat. Wenn dieses mit uns in der ihm eigenen Sprache spricht, erzeugt es in uns ein ursprüngliches Bild von sich, das wir mit gutem Grund in allen Übersetzungen – mögen sie auch noch so gut sein – vermissen.*[11]

Während van Schurman mit Unterstützung des Orientalisten Voetius und von Spezialisten an anderen niederländischen Universitäten in ihrem Sprachenstudium außergewöhnlich schnell vorankam, musste sie sich etwa beim Erlernen der äthiopischen Sprache die Hilfsmittel selbst erarbeiten. Zuverlässige Darstellungen dieser Sprache standen nicht zur Verfügung, so dass van Schurman selbst eine Äthiopisch-Grammatik verfasste. Der deutsche Hiob Ludolf (1624–1704), Sprachforscher und späterer Begründer der modernen Äthiopistik, interessierte sich bei seinem Besuch in Utrecht Ende der 1640er Jahre schon als junger Mann sehr für dieses nie im Druck erschienene Werk, das sich später im Besitz des Greifswalder Theologieprofessors Johann Friedrich Mayer (1650–1712) befand, heute aber verschollen ist. Mit ihren

Studien des Äthiopischen befand sich van Schurman an der Spitze der zeitgenössischen Forschung. Kalligraphische Arbeiten von van Schurmans Hand zeigen ebenso ihre Kenntnisse des Arabischen. Hier kann sie ihre künstlerischen Neigungen mit ihrem Sprachenstudium verbinden. Van Buchell notiert im September 1635: „Ich habe bei der Schurman einen von ihr auf Hebräisch geschriebenen Brief an Voetius und hebräische Phrasen und Schriftzeichen gesehen – eine so äußerst elegante Schrift, wie sie nicht einmal ein Buchdrucker besser machen könnte."[12] Auf Latein, Griechisch und Hebräisch verfasste sie zudem Gedichte und Briefe. Fließend beherrschte sie neben ihren beiden Muttersprachen Deutsch und Niederländisch auch das Englische, das Französische und das Italienische. Selbst gebildete Freunde waren verblüfft von dem Spracheneifer der jungen Frau. Constantijn Huygens schreibt später ein Gedicht „auf die erstaunliche Anna Maria van Schurman, die ich in Utrecht beim Studium des Äthiopischen antraf". „Alles weiß sie", heißt es da, „aber sie will den Anschein erwecken, nichts zu wissen". Doch als er sie nun bei der Erforschung dieser „schwarzhäutigen Musen" angetroffen habe, da habe er „seinen Augen kaum glauben können". Wie der doppelgesichtige römische Gott Janus komme sie ihm vor, jedesmal, wenn er sie träfe, habe sie ein anderes Gesicht. Der letzte Vers seines Gedichts bringt diesen Eindruck mit einem Wortspiel auf dem Punkt: „Bringt denn jedes neue Jahr [*annus*] auch eine neue Anna?"[13] Andere Gelehrte staunen ebenso: „Alpha der Frauen"[14] nennt sie der Theologe Johannes Smetius (1590–1651) aus Nimwegen, als „zehnte Muse", „Minerva der Niederlande" oder „Pallas von Utrecht" wird sie apostrophiert.

Allmählich richten sich van Schurmans Interessen auch auf Sprachen, die nicht mehr für die biblischen Texte relevant sind. Mit Andreas Colvius (1594–1671), einem Privatgelehrten aus Dordrecht, eng befreundet mit René Descartes und vielseitig wissenschaftlich interessiert, tauscht sie sich über verschiedene Schriften und Sprachen aus. 1637 schickt Colvius ihr ein Blatt mit persischen, japanischen und siamesischen Zeichen, die sie sorgfältig kopiert, und er vermittelt ihr den Kontakt zu einem in Amsterdam ansässigen Chinesen, der ihr die chinesischen Schriftzeichen beibringen könne. Auch für die Naturkunde

chen beibringen könne. Auch für die Naturkunde begeistert sie sich. Colvius scheint sie in sein naturwissenschaftliches Kabinett eingeladen zu haben, sie zeigt Kenntnis der naturphilosophischen Schriften der Renaissancehumanisten und Naturforscher Gerolamo Cardano (1501–1576) und Johann Jacob Wecker (1528–1586), und obwohl sie, wie sie in einem Brief an André Rivet vom 6. November 1637 schreibt, *nicht leugnen will, dass die Theologie (die den Intellekt am meisten vervollkommnet) allumfassend ist,* so nimmt für sie die Erforschung der Natur doch einen eminenten Rang ein. Sie hält es auch unter religöser Perspektive für alles andere als belanglose Fragen, *ob die Maschinerie der Welt aus Atomen gebaut ist, ob sie aus einem ungestalteten Chaos hervorging, ob manche Körper ihrer Beschaffenheit nach himmlisch und andere irdisch sind, ob die oberste Masse der Welt sich im Kreis dreht oder ob diejenigen an Schwindel leiden, die behaupten, nicht die oberste, sondern die unterste Masse drehe sich, ob die untergehende Sonne im Meer versinkt, ob sie auch den Antipoden ihr Licht zukommen lässt, ob die Erde eine viereckige Form hat oder einer runde, ob schließlich dieser gesamte Erdkreis vom Horizont begrenzt wird oder nur die Sehschärfe unserer Augen.*[15]

Über aktuelle naturphilosophische Debatten scheint van Schurman orientiert gewesen zu sein. Überhaupt war ihr Lektürepensum, wenn man die von ihr erwähnten und verwendeten Autoren betrachtet, imponierend. Immer wieder zitiert sie in ihren Schriften und Briefen etwa antike Geschichtsschreiber: Der griechische Autor Plutarch aus dem ersten nachchristlichen Jahrhundert, Verfasser vergleichender Doppelbiographien berühmter Griechen und Römer, wird schnell einer ihrer Lieblingsautoren; sie liest die antiken Geschichtsschreiber Xenophon und Quintus Curtius, Sueton und Tacitus, verweist auf die jüngere Geschichte anhand der Historiker Francesco Guicciardini, Johannes Sleidanus und Jacques-Auguste de Thou. Die Beschäftigung mit Geschichte, so äußert sie einmal in einem Brief, habe einen *fast unendlichen Nutzen, im besonderen deswegen, weil die Beispiele die Sinne und die Vorstellungskraft viel lebhafter anregen als die Lehren der Philosophie.*[16] Doch auch die Philosophie, und dabei insbesondere die Logik, die sie als die Methodenlehre für die Wissenschaft überhaupt ansah, erarbeitet sie sich in dieser Zeit. 1636 notiert van Buchell in seinen Aufzeichnungen: „Voetius hat mir über Anna Maria van Schurman berichtet. Ganz leicht soll sie sich die Grundlagen der syrischen Sprache angeeignet haben, und jetzt beginne sie schon, mit großer geistiger Gewandtheit auch arabisch zu lesen und beschäftigt sich mit der Philosophie und besonders mit der Logik."

Anna Maria van Schurman wurde zu einem Teil der Gelehrtenrepublik ihrer Zeit. Mit vielen Hochschullehrern, nicht nur aus Utrecht, sondern auch an anderen niederländischen und auswärtigen Universitäten, mit vielen Literaten und Privatgelehrten pflegte sie Beziehungen. Die zahllosen Briefe und Gedichte, die sie zu verschiedenen Anlässen verfasste und die in Auswahl später in van Schurmans „Opuscula" – als Ausweis ihres Renommees in der Gelehrtenwelt – veröffentlicht wurden, belegen dies. Ohnehin war nicht nur in der relativ kleinen und überschaubaren niederländischen Republik, sondern auch europaweit die Welt der Literaten, Forscher und Intellektuellen durch Briefnetzwerke eng miteinander verknüpft. Herausragende wissenschaftliche Entwicklungen wurden hier innerhalb kürzester Zeit nach ihrer Veröffentlichung bewertet, diskutiert und kommentiert. Als René Descartes 1641 seine „Meditationen über die Erste Philosophie" veröffentlichte, befanden sich in dem gedruckten Band bereits sechs kritische Einwände von namhaften Gelehrten wie dem englischen Philosophen Thomas Hobbes (1588–1679) oder dem französischen Naturforscher Pierre Gassendi (1592–1655). Descartes hatte diesen Wissenschaftlern das ungedruckte Manuskript zukommen lassen und so seine Überlegungen schon vor ihrer Veröffentlichung zur Debatte gestellt. Eine zentrale Vermittlerposition in diesem europäischen Netzwerk nahm der Pariser Theologe und Naturforscher Marin Mersenne (1588–1648), Mitglied des Minimen-Ordens, ein. Mit ihm wechselte auch van Schurman Briefe. Der Austausch zwischen den geistigen, wissenschaftlichen Eliten Europas war, wie nicht zuletzt die vielbändigen Ausgaben der Briefe von Mersenne, Gassendi, Descartes, Leibniz oder Huygens belegen, überaus rege und eng.

Van Schurmans Ruf als Gelehrte in ganz Europa ist nicht unwesentlich auf dieses briefliche Netzwerk zurückzuführen. Ihre Freunde führten sie dort ein, und selbst griff sie die angebotenen

Kontakte auch gerne auf. Es war die umfangreiche Bildung, die sie maßgeblich – wenngleich freilich nicht ausschließlich – durch den Einfluss von Voetius erlangte, die ihr den Zugang zu dieser Gelehrtenwelt öffnete. Innerhalb von gut zehn Jahren, etwa von 1634 bis 1645, erarbeitete sich van Schurman nicht nur ein breites Feld wissenschaftlicher Kenntnisse, sondern sie etablierte sich auch durch Briefe und Publikationen wie ihre „Dissertatio" über den Bildungsanspruch von Frauen oder ihren ausgefeilten Beitrag über die Prädestinationslehre, den sie auf Anfrage ihres Freundes Johan van Beverwijck verfasste, im fast ganz Europa umspannenden Netzwerk der Gelehrten und Wissenschaftler.

Das Studium unter der Anleitung von Voetius veränderte van Schurmans Leben drastisch. Wie stark und wie dominierend der Einfluss des Lehrers war, belegen verschiedene Zeugnisse. Schon 1635, als die engen Kontakte zu Voetius noch nicht lange bestanden, entschuldigt sich van Schurman in einem Brief vom 8. Juli an Adolph Vorstius (1597–1663), einen Naturforscher aus Leiden und engen Freund von René Descartes, für ihre späte Reaktion auf seinen Brief. Seit sie den *in Griechisch und besonders in Hebräisch herausragenden, nur mit wenigen anderen vergleichbaren Herrn Voetius als Lehrer* habe, sei es ihr *wegen verschiedener Studien und anderer Ablenkungen nicht mehr möglich, vornehmlich das zu tun*, was sie *am meisten möchte*.[17] Eine höfliche Entschuldigung, aber zugleich ein Hinweis auf eine Arbeitsbelastung, die selbst die Energie van Schurmans übersteigt.

Als Vorstius drei Jahre später aus Leiden einen fast besorgten Brief an sie schickt, hat er die Gefahr erkannt und ermahnt sie, in ihrem Lerneifer Maß zu halten: „Ich war neulich bestürzt", schreibt er, „als ich sah, wie Sie – eine so feinsinnige Frau, der alles Besondere und Kultivierte schicklich ist – sich mit irgendwelchen schrecklich ernsten und komplizierten Studien beschäftigten." Fassungslos war Vorstius, nachdem er gelesen hatte, wie der Dichter Cats van Schurmans Leistungen mit einem langen Katalog der von ihr betriebenen Wissenschaften gerühmt hatte. „Guter Gott!", stöhnt er, „lassen Sie denn gar keine Wissenschaftsgattung unberührt? Wollen Sie denn gänzlich alle Wissenschaften erlernen? Ich bitte Sie inständig, liebe Frau, lassen Sie meinem Geschlecht auch noch etwas übrig und belasten Sie Ihre geistigen Kapazitäten, mögen sie auch noch so umfänglich sein, nicht über Gebühr! In allem muss man Maß halten."[18]

Auch André Rivet ist sensibel für diese gefährliche Entwicklung. Er nimmt in der Art, wie Voetius das geistige Potential seiner Schülerin auszunutzen versucht, ebenfalls etwas Bedrückendes und Überforderndes wahr. So konstatiert er in einem Brief an Constantijn Huygens vom 26. September 1639: „Herr Voetius nimmt ihren Geist so sehr in Anspruch und stellt ihr so viele Aufgaben, dass sie ganz ihm gehört, und ich fürchte – um ganz offen zu sprechen –, dass er ihren Geist, der alles aufs Genaueste wissen will, erdrückt."[19] Nur ein Jahr später macht auch René Descartes die selbe Wahrnehmung. Auf Voetius, der die Philosophie Descartes' heftig bekämpfte, war er ohnehin nicht gut zu sprechen, und als er sich am 11. November 1640 in einem Brief an Marin Mersenne über die Polemik des Utrechter Theologen auslässt, kommt er auch auf dessen bekannte Schülerin zu sprechen: „Dieser Voetius hat auch Fräulein van Schurman verdorben; während sie früher eine Begabung für Dichtung, Malerei und andere solche Nettigkeiten hatte, nimmt er sie seit fünf oder sechs Jahren dermaßen ein, dass sie sich nur noch mit theologischen Debatten beschäftigt; das schneidet sie vom Kontakt mit anderen gebildeten Leuten vollkommen ab."[20]

Das immense, kaum vorstellbare Arbeitspensum, das Anna Maria van Schurman in diesen Jahren absolvierte, scheint auch bisweilen die Kräfte der jungen Frau überstiegen zu haben. Gelegentlich finden sich in den Briefen Hinweise auf Migräneattacken: „Meine Schwester hatte sich vorgenommen, sich bei Ihnen herzlichst zu bedanken", muss Johan Godschalk einmal an Huygens schreiben, „aber wegen der Kopfschmerzen" könne sie ihm nur „diese wenigen Verslein nebst ihren Grüßen schicken".[21] Solche Leiden hatte sie vielleicht auch durch die Arbeit an den von ihr bevorzugten kleinformatigen Kunstwerken und den peinlich genau ausgeführten Kalligraphien selbst provoziert. In einem Briefwechsel mit Andreas Colvius offenbart van Schurman, wie sehr die wissenschaftlichen Studien bisweilen auf Kosten ihrer Gesundheit gehen. Im Februar 1637 hatte sie Colvius berichtet, dass es ihr im Moment gesundheitlich nicht sehr gut gehe. Der kurz zurückliegende Tod der Mutter machte ihr zu schaffen. Colvius wusste wohl, wie sehr auch die wissenschaftliche Arbeit die Gesundheit der Utrechter Gelehrten belastete. Zwei Monate später antwortet er ihr, seine „Befürchtung, Ihre ernsthaften Beschäftigungen zu stören", hätte ihn „bis jetzt schweigen lassen. Aber da die Verfassung Ihres Körpers (des Organs eines so reizenden Geistes) eine Unterbrechung des Studiums erlaubt, ja fordert, nehme ich mir diese Freiheit, Sie brieflich zu grüßen."²² Er kommt nicht umhin, sie zu ermahnen. Dass man auch als Wissenschaftler auf seine Gesundheit achten müsse, belegt er ihr mit einer Reihe von Zitaten. Besorgt rät er ihr: „Nicht dass ich Ihnen, Mademoiselle, ihre Studien gänzlich ausreden möchte, aber gönnen sie sich doch auch ein bisschen Erholung", und er fügt warnend hinzu: „Ihr Körper wird schwach werden, wenn sie ihn mit allzu ernsthaften Dingen herausfordern."

Van Schurman greift in ihrem Antwortschreiben diese Unterscheidung zwischen Körper und Geist auf, wehrt sich aber vehement gegen die angedeutete Vorstellung, man müsse sich vom Körper diktieren lassen, welche geistigen Tätigkeiten man ausüben könne. In einem philosophischen Exkurs stellt sie in höflich verklausulierter Sprache klar, dass derlei bei ihr nicht vorkommen werde. *Monsieur*, antwortet sie ihm, *da es mir eine sehr große Freude ist, dass es Ihnen beliebt, mich manchmal mit Ihren gelehrten Briefen zu unterhalten, werden Sie es nicht sonderbar finden, dass ich wünsche, mir diese Freude zu verlängern, und dass ich mir, um den Strom Ihres Wissens herbeizulocken, eine Öffnung dadurch gewähre, dass ich Ihnen widerspreche. Wenn Sie mir gestatten, möchte ich also behaupten, dass Sie im letzten Brief, den an mich zu schreiben Sie mir die Ehre erwiesen haben, etwas zu viel (so scheint mir) vom Preis der Wissenschaft nachlassen, indem Sie mir nicht erlauben wollen, dass ich mir einen Vorrat davon anlege auf Kosten körperlicher Gesundheit. Denn die Vernunft lehrt uns, dass es eine viel unbilligere und unerträglichere Sache ist, das edelmütige Begehren eines aus Liebe für die Wahrheit entflammten Geistes hungern zu lassen, als diese allzu delikaten Sorgen durch äußerliche Bequemlichkeit zu verstoßen.* Van Schurman zitiert zustimmend die Eingangspassage der „Catilinarischen Verschwörung" des römischen Geschichtsschreibers Sallust, wo es heißt: *Der Herrschaft des Geistes und der Dienstbarkeit des Körpers bedienen wir uns zumeist.* Der Körper – das stellt van Schurman unumwunden klar – ist ein Teil des „Weltlichen" und darf daher nicht Maßstab unseres Handelns sein, denn dies hieße ja, der Seele als einer *himmlischen Qualität Unrecht anzutun, wenn man sie ins Gleichgewicht zu bringen versuchte mit einer irdischen Qualität. Ich weiß sehr wohl,* resümiert sie, *dass ich in diesem Punkt mehr als ein Stoiker bin.* Das sprichwörtliche Ideal eines *gesunden Geistes in einem gesunden Körper* mutet sie absurd an. Darauf könne man nur antworten, *dass es eine größere Dummheit ist, gleichgültig gegenüber der Vernunft zu sein, welche uns entscheiden lässt (umso mehr, als diese zwei Güter so selten vereinbar sind und das eine kaum ohne Schwinden des anderen wachsen kann), als den Verlust desjenigen Teils zu ertragen, den wir weniger beachten sollen.*[23] Van Schurman nahm sehenden Auges in Kauf, dass ihre gewaltigen Studienleistungen zu Lasten ihrer Gesundheit gingen, und sie vermochte dies ethisch auch zu rechtfertigen.

Vielleicht fand sie gelegentlich in der Beschäftigung mit der Kunst Entspannung und Erholung. Kunstwerke entstehen jedenfalls auch in diesen Studienjahren unvermindert zahlreich, auch für Gelegenheitsgedichte nimmt sie sich immer wieder Zeit. Einen besonderen Anlaß, die Dichterin van Schurman ins Rampenlicht zu rücken, bot sich, als im März 1636 die Utrechter Universität feierlich gegründet wurde. Die Stadt war stolz auf die mittlerweile berühmte Frau, die sie beherbergte, und so beauftragte man sie, ein lateinisches Eröffnungsgedicht für die Universität zu schreiben. Das Gedicht hätte eigentlich beim offiziellen Festakt am 16. März 1636 im Utrechter Dom vorgetragen werden sollen, doch die Feierlichkeiten gerieten wegen des großen Interesses der Bevölkerung außer Kontrolle und mussten vorzeitig abgebrochen werden. So wurde der Text nur im Druck veröffentlicht. Gleichwohl wurde ihm große Aufmerksamkeit zuteil. Van Schurman beglückwünschte in ihrem Gedicht nämlich nicht nur ihre Heimatstadt zu der neu ins Leben gerufenen Bildungsinstitution, sondern sie wagte es auch, an so prominenter Stelle unmissverständliche Kritik am Ausschluss der Frauen vom akademischen Studium zu formulieren. Das Gedicht spielt motivisch mit der Geschichte Utrechts, das einst am Rhein lag, nun aber von dem großen Strom und damit von der wirtschaftlichen Blüte, die der Flusshandel mit sich brachte, abgeschnitten ist. Van Schurman beglückwünscht ihre Stadt: *Zurecht herrschst Du mit Deinen hohen Mauern und den Gefilden und erhebst Deine Türme bis zu den Sternen. Deine größte Sorge ist es, den Geist zu erleuchten und mit den Waffen der Pallas das ignorante Barbarentum zu vertreiben.* Die Stadt solle sich nicht grämen, dass der Rhein und damit *das wankelmütige Schicksal, das flüchtigen Reichtum gewährte,* ihren Lauf geändert haben. Ein neuer Strom, der Strom der Musen, der Geisteskultur, der Wissenschaft bringe abermals Reichtum und Weltläufigkeit in die Stadt. *Denn leichtfüßig öffnet Pegasus für Dich neue Ströme und die reizende Muse lenkt die kastalischen Wasser hierher. Aus ihnen wird der Einheimische trinken, ebenso der nach Nektar dürstende Belgier, trinken wird aus ihnen die ganze Welt zwischen beiden Polen. Aus ihnen wirst auch du, Utrecht, durch die beredten Münder der Mysten der Minerva friedensbringende Kräfte, die Gaben des Geistes, schöpfen.* Minerva, die römische Göttin der Wissenschaft, hält mit ihrem Gefolge Einzug in die Stadt – ein Strom der Weisheit, der nun in die Stadt gelenkt wird. Am Höhepunkt dieser hymnischen Schilderung wendet sich der Gedankengang – pointierter hätte van Schurman ihre Kritik kaum präsentieren können: *Aber (so fragst Du vielleicht) welche Sorgen bedrängen Dein Herz? Für den Chor der Jungfrauen ist dieses Heiligtum nicht zugänglich.*[24] Ein Paukenschlag, in dem die Paradoxie offensichtlich werden soll: Die Göttin der Wissenschaft ist eine Frau, und ihr Gefolge aus Jungfrauen darf ihren Tempel, den Tempel der Weisheit, die Universität, nicht einmal betreten.

Dieses Thema wühlte van Schurman unübersehbar auf: Warum dürfen Frauen am akademischen Gedankenaustausch an den Universitäten nicht teilnehmen? Welche vernünftigen Gründe können dagegen vorgebracht werden? Im Briefwechsel mit André Rivet und in der „Dissertatio" geht sie dieser Frage eindringlich und auf höchstem intellektuellen Niveau nach. Denn es war eine Einschränkung, die gerade ihr Leben in diesen Jahren stark beeinflusste. Das Universitätsgedicht wurde verschiedentlich nachgedruckt, auch die Universität veröffentlichte einen Band mit den Einweihungsreden und Gedichten. Dass der Einspruch der berühmten Gelehrten über die Grenzen der Stadt hinaus wahrgenommen wurde, war also gewiss. Doch auch in van nommen wurde, war also gewiss. Doch auch in van Schurmans direktem Umfeld gab es Reaktionen. Barlaeus etwa schrieb einige lateinische Verse in direkter Anknüpfung an van Schurmans Gedicht. Natürlich griff er darin, versteckt und in Andeutungen, auch ihre Kritik am Ausschluss der Frauen auf, und die Art, wie er auf den Einwand van Schurmans reagiert, zeigt, mit welchen Schwierigkeiten zu kämpfen hatte, wer den Gedanken eines Frauenstudiums ernsthaft ins Spiel bringen wollte. Seinem Gedicht gab er den vielsagenden Titel: „Auf die männlichen Verse der Anna Maria van Schurman, mit denen sie der Stadt Utrecht zu ihrer neuen Akademie gratulierte", und wie dieser Titel schon andeutet, entfaltet Barlaeus darin ein Vexierspiel der Geschlechter. Nun ist es nicht Minerva, sondern van Schurman selbst, die eine Schar von Anhängern in ihrem Gefolge führt, ein „Wunder auf Erden", wie Barlaeus schreibt: „Hinter sich sieht diese Frau ihr Dichtergefolge marschieren, und wir hören auf, Männer zu sein. Diese Jungfrau wird, was wir einst waren, reisst an sich den Namen ‚Dichter'." Doch damit nicht genug. Van Schurman soll zur jungfräulichen Wissenschaftsgöttin selbst werden: „Iupiter, schenke dieser Frau das bessere Geschlecht oder erhebe sie, unter dem Beifall aller, zur Göttin. Nenne sie eine Minerva, aber keine, die ihre zitternde Lanze schwingt, sondern eine, die mit ihren Worten die neugegründete Hochschule erzittern lässt."[25]

Barlaeus greift die literarischen Motive, in die van Schurman ihre Kritik gekleidet hatte, atmosphärisch auf und führt sie, mit der Geste einer Ehrbezeugung vor der Dichterin, einer absurden Lösung zu: statt einer Zulassung der Frauen zur Universität also eine Geschlechtsumwandlung, wenn Frauen intellektuelle Begabung zeigen – alles andere scheint für Barlaeus unvorstellbar zu sein. Constantijn Huygens greift die Replik von Barlaeus sogleich in einem Epigramm auf, und Barlaeus sieht sich genötigt, in einem Brief an Huygens vom Mai 1636 seine groteske Idee der Geschlechtsumwandlung zu rechtfertigen.[26] Van Schurman sei ja nun einmal eine „Anna" und zugleich ein „Annaeus", wie er unter Anspielung auf den Familiennamen des römischen Philosophen Lucius Annaeus Seneca schreibt, kurz: sie ist „gleichsam ein Hermaphrodit", und „eine solche Aphrodite mag sich selber heiraten", mag Mann und Frau zugleich sein. „Wenn man ihr nichts wegnehmen will, sondern ihr etwas hinzugegeben, warum macht man sie dann nicht zu einer androgynen Jungfrau?" Frau zu sein und Bildung zu haben, das läuft für Barlaeus in letzter Konsequenz auf eine Zweigeschlechtlichkeit hinaus. Doch er will lieber einen Mann aus ihr machen. „Mein Vorschlag und meine Idee war es, dass Iupiter ihr etwas wegnimmt und etwas anderes gibt, dass also mit Anna das passiert, was einst, wie Ovid dies schildert, mit dem Mädchen Iphis geschehen ist." Iphis, eine weibliche Figur aus der griechischen Mythologie, war auf eigenen Wunsch von den Göttern in einen Mann verwandelt worden. Barlaeus führt nun Gründe an, warum er sich wünscht, van Schurman sei ein Mann, und diese durchaus auch augenzwinkernd vorgetragenen Gründe geben zugleich einen Eindruck von der außergewöhnlichen Ausstrahlung, die von van Schurman ausging, und zugleich auch von ihrer distanzierten Zurückhaltung: „Es gibt viele Gründe, warum ich möchte, dass sie ein Mann wird. Erstens, weil sie Gedichte schreibt, für die sich auch ein Mann nicht schämen müsste. Zweitens, weil dann nicht die Gefahr bestünde, dass ein anständiger Mann sich in sie verliebt. [...] Drittens, damit der Kontakt mit ihr freier und einfacher wäre, denn sie fürchtet sich ja vor Küssen und lässt sich grüßen und tritt auf wie die osmanischen Herrscher. Wenn sie ein Mann wäre, könnte sie, viertens, ohne Probleme den Vorlesungen der Professoren zuhören und zwischen Studenten des selben Geschlechts sitzen. Jetzt lauscht sie dem lehrenden Professor schamhaft durch ein kleine Luke, ein kleines Fensterchen, damit sie so von den frechen jungen Leuten nicht gesehen werden kann. Wenn sie ein Mann wäre, könnte sie, fünftens, öffentlich und persönlich über ihre Dichtung, die beeindruckt, und über die hebräischen Schriften, die sie ohne Punktierung liest, sprechen. Wenn sie ein Mann wäre, könnte sie, sechstens, auch das Steuerruder der Republik übernehmen und am eigenen Beispiel zeigen, dass die Republik bisweilen besser von einer Frau geleitet wird als nur immer von Männern." Ganz ernst gemeint freilich ist das nicht, und Barlaeus ruft sich selbst und seinen Freund zur Ordnung: „Aber lassen wir, mein Huygens, diese Späße zwischen uns." Denn „über die

Götter soll man nur ehrfurchtsvoll sprechen, und das gilt ebenso auch für die Vestalinnen", die jungfräulichen Priesterinnen also, als deren Genossin er auch van Schurman sah.

Barlaeus' Anmerkungen sind halb scherzhaft, halb ironisch geäußert gegenüber einem Freund, der zugespitzte Formulierungen zu schätzen wusste und nicht jedes Wort auf die Goldwaage legte. Vielleicht gerade deshalb scheint aus diesem Brief trotz aller ironischen Seitenhiebe ein geheimnisvolles Charisma auf, das van Schurman umgeben haben muss: eine ebenso selbstbewusste wie zurückhaltende Unnahbarkeit, verbunden auch mit einer gewissen erotischen Anziehungskraft. Es muss diese sonderbare Spannung gewesen sein, die die Zeitgenossen in den Bann der Persönlichkeit van Schurmans geschlagen hat.

Der Brief von Barlaeus zeigt auch, dass van Schurman nicht mehr so sehr als Dichterin und Künstlerin angesehen wurde, sondern immer stärker als Wissenschaftlerin. Unter dem Einfluss von Voetius machte sie in den Jahren ab 1635 unglaublich rasche Fortschritte in ihren sprachlichen und theologischen Studien. Schon bald galt sie ohne Frage als eine gut ausgebildete Theologin, deren Stimme in Kirchenkreisen einiges an Gewicht hatte. Man kann dies daran ablesen, dass ihre Äußerungen zu theologischen Streitfragen durchaus Wellen schlugen und über den engsten Freundeskreis hinaus gelesen und, noch wichtiger, fachlich ernstgenommen wurden. Ein Beispiel dafür ist ein Brief, den van Schurman Ende April 1640 an den Dordrechter Pfarrer Jacob Lydius schrieb. Lydius hatte sie, auf Anregung des gemeinsamen, ebenfalls in Dordrecht ansässigen Freundes Andreas Colvius um die Deutung einer Stelle aus dem ersten Korintherbrief gebeten, die van Schurman in Theologenkreisen zuvor mündlich ausgeführt hatte. *Viel zu günstig*, schreibt van Schurman in ihrer Antwort an Lydius bescheiden, *hat unser Freund Colvius meine Fähigkeiten in der Theologie eingeschätzt*, denn es gehe hier um *die Deutung einer überaus schwierigen Textstelle, an der sich, wie ich bemerke, die wichtigsten Theologen mit großer Energie abgemüht haben*. Sie müsse nun also eine *verwunderliche Diskrepanz der Beurteilungen* auflösen.[27] Paulus spricht an der betreffenden Stelle (1 Kor 15,29) vom Brauch, sich „für die Toten taufen zu lassen"; dabei wird nicht deutlich, ob von einer stellvertretenden Taufe für bereits verstorbene Angehörige die Rede ist oder von einer Bekehrung zum Christentum in der Hoffnung, nach der Auferstehung die Toten wieder zu treffen. Van Schurman versucht, die Stelle aus dem Kontext zu verstehen. *Ich meine, man muss zuallererst sehen, dass der Apostel hier zum Beweis der Auferstehung der Toten gewichtige Argumente anführt.* Paulus spricht unmittelbar von der Verfolgung, der die Christen zu jener Zeit ausgesetzt waren, und in diesem Zusammenhang versteht van Schurman die Frage: „Was werden die tun, die sich für die Toten taufen lassen?" als ein *ad-absurdum-Führen: Wenn die Toten nicht auferstehen, dann erdulden und ertragen sie vergeblich so viele Mühen für die Toten.* Van Schurman folgert deshalb: *Die Konsequenz ist optimistisch, denn es gäbe andernfalls ja keinen Lohn für diese Leiden, keine Hoffnung auf Verherrlichung am Tage oder bei der Ankunft Christi. [...] Doch das ist absurd.*[28] Das ist die Grundidee von van Schurmans Deutung, und diese These muss nun vor einem breiteren Hintergrund ausgeführt werden: *Mir bleibt zu zeigen, dass diesem Verständnis weder die Analogie des Glaubens noch der Sprachgebrauch der Schrift noch der Kontext selbst zuwiderläuft.*[29] Dies bewerkstelligt van Schurman, indem sie im Folgenden jedes einzelne Wort des zu deutenden Verses in seiner Verwendung in andern biblischen Texten umfänglich analysiert und in ihr Verständnis der Stelle aus dem ersten Korintherbrief einpasst. Dabei geht sie durchaus ins Detail, belegt ihre profunden Textkenntnisse und meint abschließend, dafür um Nachsicht bitten zu müssen: *Vielleicht mit zu großer Leichtfertigkeit und Unüberlegtheit habe ich mich nun auf dieses Gebiet gewagt und den üblichen Umfang eines Briefes – was nicht meine Art ist – überschritten, doch das war ich meinen Freunden schuldig, auf deren Anregung hin ich außerhalb meines Gebietes ein Urteil zu fällen gewagt habe.*[30]

Keine ernstzunehmende Entschuldigung, denn kein Theologe hatte das Gefühl, van Schurman habe „ihr Gebiet" verlassen. Noch im selben Jahr veröffentlichte Jacob Lydius in einem seiner Bücher eine teilweise niederländische Übersetzung dieses Briefes, im folgenden Jahr wurde die lateinische Version in der ersten Ausgabe von van Schurmans Abhandlung über Frauenbildung abgedruckt. Johannes Cloppenburg (1592–1652), ein alter Bekannter von Gisbert Voetius, Theologieprofessor in Harderwijk, greift wenige Monate später ebenfalls ihre Deutung der Totentaufe auf, die sie ihm in einem Brief nochmals gesondert erläutert hatte, und der Lutheraner Johann Balthasar Schupp, Professor in Marburg, ebenso bekannt als religiöser Lyriker wie als scharfzüngiger Satiriker, empfiehlt seinen Lesern in seinem 1642 veröffentlichten Andachtsbuch *Aurora* im Zusammenhang mit der Totentaufe, „auch die gelehrte Jungfer Anna Maria von Schurmann zu lesen, welche eine absonderliche Meinung allhier heget, allwo ihre Worte selbsten können gelesen werden, welche wohl werth seynd, daß man sie lese".[31] Als der niederländische Literaturhistoriker Valerius Andreas 1643 die zweite, stark erweiterte Auflage seines Schriftstellerlexikons *Bibliotheca belgica* veröffentlicht, verweist er eigens auf den theologischen Brief an Lydius. Ein breites Echo also unter durchaus renommierten „Fachkollegen".

Der Brief an Lydius zeigt, dass van Schurman in theologischen Fragen auf eine breite Sach- und Literaturkenntnis zurückgreifen konnte, eine Kenntnis, die sie sich nicht nur in der Bibliothek ihres Lehres Voetius, sondern eben auch gerade durch den engen persönlichen und brieflichen Austausch mit Theologen und Literaten erarbeitet hatte. Eine solche Anregung war etwa ein Buch, das ihr Freund André Rivet 1639 unter dem Titel „Verteidigungsschrift für die heilige Jungfrau Maria" veröffentlichte und in dem er vor allem gegen die katholische, in erster Linie von den Jesuiten vertretene Marienlehre argumentierte. Auf dieses Werk schrieb van Schurman ein begeistertes Gedicht, das später auch in ihre „Opuscula" aufgenommen wurde.[32] Darin lobt sie den Autor, weil er den *gottlosen Irrtum* über Maria, der sich allenthalben verbreite, richtiggestellt habe; das *Antlitz der verehrungswürdigen Jungfrau* sei entstellt gewesen, doch Rivet habe *diese Maske abgerissen und ihr Gesicht mit den ihr eigenen Farben geschmückt*. Van Schurman begeisterte sich zunehmend für die Theologie, sah sie als ihre eigentliche Profession an, und ein Thema wie das von Rivet aufgegriffene traf in mehreren Hinsichten – eine biblische Frauengestalt, die Frage der Jungfräulichkeit – einen Nerv ihrer persönlichen religiösen Lebenshaltung. Diese Ernsthaftigkeit in ihrer theologischen Reflexion, die nun immer stärkere Konzentration auf religiöse Fragen, bot den männlichen Freunden freilich Anlass für Sticheleien. Wie schon der Brief von Barlaeus zeigte, hielt man sie wegen ihrer frei gewählten Ehelosigkeit nicht nur bisweilen für ein zwei- oder ungeschlechtliches Wesen, sondern man sah sie als eine Frau, die von jeglichen Fragen der Sexualität, wie sie Rivet in seinem Marienbuch natürlich auch behandelte, peinlich berührt sein müsste. Huygens etwa schrieb an Rivet, der ihm sein Marienbuch ebenfalls hatte zukommen lassen: „Ob alle Frauen das Buch mit Genuss lesen werden, bezweifle ich; die Unverschämtheit der Mönche zwang Sie ja, viele Dinge beim Namen zu nennen. Fräulein Schurman sollte einige Teile besser überblättern."[33]

Doch der allgemeinen Bewunderung van Schurmans taten auch solche zwischen Freunden ausgetauschten Spitzen keinen Abbruch. Ihr Ruf als Intellektuelle, besonders als Theologin und Wissenschaftlerin, festigte sich Ende der 1630er Jahre zunehmend. Einen nicht geringen Beitrag dazu leistete der mit van Schurman gut befreundete Johan van Beverwijck (1594–1647) aus dem 50 Kilometer südwestlich von Utrecht gelegenen Dordrecht. Nach Dordrecht hatte sie schon seit dem Beginn der Kontakte mit Jacob Cats, der zu dieser Zeit ebenfalls dort wohnte, gute Beziehungen, auch van Schurmans Briefpartner Andreas Colvius und Jacob Lydius wohnten dort. Der in seiner Heimatstadt praktizierende Arzt Johan van Beverwijck war ein eifriger Autor, veröffentlichte literarische Texte und arbeitete auch über historische Themen. Vor allem aber beschäftigte er sich mit Fragen seiner eigenen Profession, der Medizin. 1633 veröffentlichte er ein „Lob der Medizin", in dem er vor allem die Kritik am Sinn ärztlicher Arbeit zurückwies, wie sie der französische Skeptiker Michel de Montaigne in seinen vielgelesenen „Essais" geäußert hatte. Mit René Descartes tauschte sich van Beverwijck später brieflich über die Theorie des Blutkreislaufs aus, die der englische Anatom William Harvey 1628 erstmals aufgebracht hatte. Die meisten der Werke van Beverwijcks wurden in mehreren Auflagen auch noch nach seinem Tod auf Latein und in niederländischen Ausgaben gedruckt.

Gerade die Frage nach einer sinnvollen Begründung ärztlicher Arbeit scheint van Beverwijck umgetrieben zu haben. 1632 schrieb er eine Reihe von Briefen an Arztkollegen und Wissenschaftler anderer Disziplinen und bat um eine Stellungnahme zu der Frage, ob es denn überhaupt möglich sei, mit medizinischen Mitteln das Leben eines Menschen zu verlängern, wenn doch die Lebensdauer bereits von Gott vorherbestimmt sei. Die gestellte Frage richtete sich nicht nur auf medizinethische Probleme, sondern griff eine der am heftigsten debattierten Fragen der Theologie des 16. und 17. Jahrhunderts auf, den „Gnadenstreit": Wie lässt sich die Allmacht Gottes und sein vorausschauender Einfluss auf seine Schöpfung und besonders den Menschen mit der Freiheit jedes Einzelnen verbinden? Martin Luther hatte 1525 in seiner berühmten Schrift „Über den unfreien Willen" die Möglichkeit freier Entscheidungen des Menschen gegenüber dem Willen Gottes bestritten, der Calvinismus radikalisierte diese Haltung zu einer stark akzentuierten Lehre von der Prädestination irdischen Geschehens durch Gott, und auch in der katholischen Kirche gab es mit den Dominikanern und den Jesuiten zwei Lager, die diesen Streit heftig ausfochten, bis er 1611 von Papst Paul V. zwar keiner klaren Lösung zugeführt, aber immerhin unterbunden wurde. Eine ähnliche Kluft ging durch die niederländische reformierte Kirche: An der Universität Leiden lieferten sich die Theologieprofessoren Jacobus Arminius (1560–1609) und Franciscus Gomarus (1563–1641) mit ihren jeweiligen Anhängern ab 1604 einen stürmischen Streit in dieser Debatte. Die Arminianer knüpften an den christlichen Humanismus des Erasmus von Rotterdam (1466–1536) an, der schon in seiner Auseinandersetzung mit Luther 80 Jahre zuvor für die Freiheit des Menschen plädiert hatte, und hielten der Gegenpartei vor, eine streng gedachte Prädestinationslehre müsse in letzter Konsequenz Gott auch als Urheber des Bösen betrachten, während die orthodoxen Calvinisten auf Seiten des Gomarus die absolute Macht Gottes betonten und ihren Gegnern vorwarfen, ihre Lehre laufe letzlich auf eine Leugnung des Sündenfalls hinaus. Nach dem Tod des Arminius reichten dessen Anhänger im Januar 1610 eine offizielle Petition, die „Remonstrantie", ein, in der sie ihre Position darstellten und rechtfertigten. Verstärkt wurde der religiöse Streit durch eine politische Auseinandersetzung. Die Arminianer, die nun die „Remonstranten" genannt wurden, setzten sich für einen säkularen Staat ein, für eine niederländische Republik, in der Fragen der Religion nicht von oben entschieden wurden und in der die Provinzen selbständig agierten, die Gomaristen hingegen traten für die zentralistische Macht des Generalstatthalters, Prinz Moritz, ein. Erst 1618 wurde der Streit in der Synode von Dordrecht entschieden – zugunsten der Gomaristen. Prominente Vertreter der Arminianer wie der Ratspensionär Johan van Oldenbarneveldt wurden hingerichtet oder flüchteten, wie der Philosoph und Jurist Hugo Grotius, ins Ausland.

Van Beverwijck griff mit seiner Frage nach dem Sinn der Medizin also ein durchaus immer noch heißes Eisen seiner Zeit auf, und die remonstrantischen Ideen waren keineswegs durch die Dordrechter Synode ausgerottet worden. Van Beverwijck wollte eine wissenschaftliche Debatte entfachen: Seine Anfragen richtete er an Mitglieder verschiedener Konfessionen aus den Niederlanden, Frankreich und Italien, darunter Katholiken, Calvinisten, Remonstranten und mit dem Amsterdamer Arzt und Rabbi Menasseh ben Israel (1604–1657) auch an einen Vertreter des Judentums. Von den insgesamt 24 letzlich veröffentlichten Beiträgen stammt nur die Hälfte aus der Feder von Theologen. Ein erster Band erschien 1634 unter dem Titel „Die Frage, ob das Ende des Lebens vom Schicksal bestimmt oder variabel ist, in Briefen". Zwei Jahre später konnte van Beverwijck eine zweite, stark erweiterte Auflage in zwei Bänden auf den Markt bringen, die 1651 abermals aufgelegt wurde. Einen dritten Band mit vollkommen neuen Briefen brachte van Beverwijck 1639 heraus. Das Interesse am Thema scheint also, wie diese Druckgeschichte belegt, groß gewesen zu sein.

Doch nicht alle Remonstranten, die van Beverwijck anfragte, wagten, sich öffentlich zu ihrem Standpunkt zu bekennen. Hugo Grotius, einer der prominentesten Vertreter, scheint auf den Brief des Dordrechter Arztes nicht reagiert zu haben. Claude Saumaise (1588–1653) hingegen, ein universell gebildeter Literat, befreundet mit Anna Maria van Schurman und ebenfalls Anhänger remonstrantischer Ideen, lieferte umgehend eine so umfangreiche Abhandlung zum Thema, dass van Beverwijck im zweiten Band seiner Briefsammlung ankündigt, Saumaises Beitrag werde von jenem separat publiziert. Das geschah allerdings nie, vielleicht deshalb, weil André Rivet ihn drängte, eine Veröffentlichung des Textes zu unterlassen. Auch Menasseh ben Israel vertrat eine Position, die in scharfem Widerspruch zur calvinistischen Prädestinationslehre stand, und auch er zog seinen schon verfassten Brief wieder zurück mit der Begründung, er wolle den Ruf der Juden in der Öffentlichkeit nicht unnötig aufs Spiel setzen, veröffentliche den Text jedoch wenig später unter eigenem Namen.

Diejenigen Remonstranten, die den Mut hatten, ihre Auffassung in Beverwijcks Briefsammlung offen zu vertreten, wie etwa Caspar Barlaeus oder der Amsterdamer Theologe Simon Episcopius (1583–1643), der 1618 von der Dordrechter Synode in die Verbannung geschickt worden, aber mittlerweile wieder in seine Heimatstadt zurückgekehrt war, wurden nach der Veröffentlichung heftig unter Beschuss genommen. Freilich fehlten in Beverwijcks Bänden auch nicht die Stimmen der orthodoxen Calvinisten, die ihren Standpunkt ausführlich darstellten, unter ihnen André Rivet, Gisbert Voetius und Anna Maria van Schurman. Van Schurmans Antwortbrief, der einzige Beitrag einer Frau in van Beverwijcks Sammlung, war eine Besonderheit, nicht deshalb, weil die darin artikulierte Auffassung besonders überraschend gewesen wäre, sondern wegen der Berühmtheit der Autorin. Im dritten Band der Sammlung wird ihr Name ausdrücklich auf dem Frontispiz genannt. Der Herausgeber versprach sich davon wohl einen besonderen Werbeeffekt für sein Buch.

Van Schurmans Brief „Über das Ende des Lebens" („De vitae termino") wurde noch im selben Jahr ins Niederländische übersetzt, später wurde er an erster Stelle in ihren „Opuscula" und in anderen Sammlungen abgedruckt. Auch eine deutsche Übersetzung erschien im Todesjahr van Schurmans 1678. Als die Dichterin Dorothea Loeber (ca. 1727–1787) eine Neuauflage der „Opuscula" herausgab, die 1749 in Leipzig erschien, nahm sie den Brief allerdings aus der Ausgabe heraus, weil er, wie sie im Vorwort schreibt, „Verschiedenes enthält, was – wie schon viele bemerkt haben – der Wahrheit zuwiderläuft".[34] Dass van Schurman an eine göttliche Vorherbestimmung der Lebensspanne eines Menschen glaubt, macht sie in ihrem Beitrag unumwunden deutlich. *Dass ich mich der Meinung derer,* schreibt sie, *die behaupten, jedem einzelnen Menschen sei durch Entscheidung des ewigen Gottes ein fester und unveränderlicher Endpunkt seines Lebens beschlossen, gerne anschließe, liegt daran, dass die Wahrheit dieser Auffassung eine so überwältigende Evidenz hat.*[35] Zum Beleg führt sie nun eine außergewöhnliche Menge an Quellenmaterial an. Sie zitiert Autoren der griechischen Antike wie Pindar, Euripides, Herodot, die Stoiker Seneca und Epiktet oder frühneuzeitliche Autoren wie Pico della Mirandola oder Johannes Scaliger, sie führt alt- und neutestamentliche Schriften im hebräischen und griechischen Originaltext an. Neben christlichen Autoren wie den Kirchenvätern Augustinus oder Gregor von Nazianz und dem Scholastiker Thomas von Aquin zieht sie, ebenfalls in der jeweiligen Originalsprache, auch jüdische Autoren wie den mittelalterlichen Gelehrten Ibn Esra oder Suren aus dem Koran an als Belege heran. Van Schurmans Abhandlung besticht vor allem durch diese immense Quellensammlung und legt beredtes Zeugnis davon ab, welches Lektürepensum sie innerhalb dieser intensiven Studienjahre absolviert haben muss.

1644 gab van Beverwijck erneut einen Band heraus, der in ganz ähnlicher Form Briefe von ihm zu verschiedenen wissenschaftlichen Fragen und die zugehörigen Antworten bekannter Forscher und Gelehrter enthielt. Und auch dieses Mal war ein Brief von van Schurman enthalten, abermals zu einer Frage aus dem Grenzfeld von Medizin und Theologie. Van Beverwijck hatte sie um eine Deutung einer Evangelienstelle gebeten, die Episode von der Heilung eines Blindgeborenen durch Jesus (Joh 9,1–12), und wiederum besticht van Schurmans Essay durch das umfangreiche Zitatmaterial, das sie für ihre Deutung heranzieht. Namhafte männliche Autoren – René Descartes, Claude Saumaise, Daniel Heinius, Johann Gerhard Vossius – waren in dem Band vertreten, doch van Schurmans Beitrag setzte van Beverwijck an die erste Stelle.

Große Aufmerksamkeit war der nun als Wissenschaftlerin, als Theologin an die Öffentlichkeit tretenden Anna Maria van Schurman durch die von van Beverwijck herausgegebenen Gelehrtenbriefe gewiss. Im selben Jahr 1639, in dem auch der dritte

Band mit van Schurmans Abhandlung zur Prädestination erschien, brachte van Beverwijck in Dordrecht ein dreibändiges, auf Niederländisch verfasstes Werk mit dem Titel „Von der Besonderheit des weiblichen Geschlechts" heraus. Die Schrift gehört zu einer in der Renaissance aufkommenden Literaturgattung, die durch die Hervorhebung der Ebenbürtigkeit, ja der Überlegenheit der Frau über der Mann einen Kontrapunkt gegen das seit der Antike blühende misogyne Schrifttum setzte. Sonderlich originell ist van Beverwijcks Schrift unter dieser Perspektive nicht, auch wenn er als Mediziner besonders auf den anatomischen Befund abhob, Gehirne von Frauen seien entgegen einer landläufigen Meinung nicht kleiner oder leichter als männliche. Als empirisch arbeitender Arzt maß van Beverwijck der Anatomie, einer noch jungen medizinischen Disziplin, große Bedeutung bei. Er engagierte sich eifrig dafür, dass in seiner Heimatstadt ein anatomisches Theater für die Ausbildung der Ärzte eingerichtet wurde.

Im ersten Buch, das sich mit „der Natur der Frauen" befasst, fügt van Beverwijck allerlei medizinische Argumente und Hinweise zusammen, Band drei beschäftigt sich mit den „Tugenden der Frauen". Den zweiten Band, „über die Gelehrtheit und Weisheit der Frauen", widmete er Anna Maria van Schurman. Hier fand sich ein Porträtstich von ihr, ein umfangreicher Widmungstext des Autors und verschiedene Lobesdichtungen. Die Gelehrte van Schurman fand sich also abermals ins Licht der Öffentlichkeit gerückt, und das war ihr durchaus nicht angenehm. Van Beverwijck hatte ihr das Manuskript seiner Frauenschrift vor der Drucklegung zugeschickt, und in einem Brief als Reaktion darauf bat sie ihn inständig, von einer Widmung an sie abzusehen. Die euphorische, für ihren Geschmack vielleicht zu sehr humanistisch stilisierte Hymne auf die Frauen stieß ihr auf. Die *Überschwenglichkeit*, mit der er *die Weisheit und Bildung meines Geschlechtes gerühmt* hat, kann sie noch akzeptieren, aber er zögere ja auch nicht, die Frauen *nicht nur den Männern gleichzustellen, sondern sie in gewissen Dingen auch über sie zu stellen*. Dass van Schurman *in vielem nicht einer Meinung* mit ihm sei, könne er sich denken. Insbesondere scheine er es *mit sovielen Beispielen berühmter Frauen so auf die Spitze getrieben zu haben, dass er vielmehr dem Neid als der Bewunderung das Wort rede*. Ihr

Wunsch an ihn ist eindeutig und unverblümt ausgedrückt: *Daher bitte ich Sie bei der unverletzlichen Treue unserer Freundschaft eindringlich, dieses Buch [...] nicht mir zu widmen. Denn Ihnen ist ja nicht unbekannt, dass der größte Teil der Menschen (und ich spreche hier nicht so sehr von irgendwelchen unwichtigen Hinterbänklern, die man leicht übergehen könnte, sondern von Männern mit glänzendem Renommee) meine Arbeit mit neidischen Augen verfolgt.*[36]

Der Brief belegt, dass sich van Schurman zugleich mit ihrer zunehmenden Berühmtheit den Umtrieben von Neidern und Intriganten ausgesetzt sah. Der Ton, in dem sie sich an ihren Freund van Beverwijck in dieser Sache wendet, ist von ungewöhnlicher Klarheit, direkt und frei von jeglichem rhetorischen Schwulst. Das spricht dafür, dass es sich nicht nur um ein vages Gefühl, um Angst vor einer bloß eingebildeten Verfolgung handelte. Dass van Schurmans Ausnahmebegabung und ihr Ruf, der sich nun in der Gelehrtenwelt ausbreitete, auch mit Argwohn betrachtet wurde, dass sie gerade auch als weibliche Wissenschaftlerin, wenngleich hinter vorgehaltener Hand, boshafte Reaktionen provozierte, wird zuletzt für sie selbst überraschend gewesen sein. Doch aus dem Brief an Beverwijck geht ebenso hervor, dass sie die unsystematische, essayistisch zusammengestückelte Huldigung an das weibliche Geschlecht, wie sie dessen Schrift zum Ausdruck bringt, für unangemessen, der Sache nicht dienlich hielt. Sie hatte zu genaue, zu fundierte, zu gut reflektierte Vorstellungen davon, welchen ethischen und gesellschaftlichen Rang Frauen für sich beanspruchen sollten, als dass sie von einer so konventionellen, eindimensionalen „Verherrlichung" zufriedengestellt sein konnte. Mit dieser Frage nach dem Status der Frau beschäftigte sich Anna Maria van Schurman Ende der 1630er Jahre intensiv. Darin spiegelt sich auch eine indirekte Frage nach ihrem Selbstbild, nach dem Rang, den sie sich selbst als Frau und Wissenschaftlerin redlich zubilligen konnte.

Also steht unsere These
Frauenbildung, Frauennetzwerke: 1639–1645

Tod der Mutter. „Mein doch so paradoxer Lebensentwurf". Diskussion mit Rivet über die Bildung von Frauen. Die „Querelles des femmes": Christine de Pizan, Lucretia Marinella, Marie der Gournay. Die „weibliche Gelehrtenrepublik". Die „alte Freundin" Elisabeth von der Pfalz. Bekanntschaft mit Descartes. Neuscholastische Einflüsse. Die „Dissertatio".

Es ist kaum übertrieben, Anna Maria van Schurman als eine Ikone weiblicher Gelehrsamkeit zu bezeichnen. Schon ab 1640 taucht ihr Name in den Gelehrtenverzeichnischen und literarischen Almanachen auf, und keines der im Barock sehr beliebten und viel gelesenen „Frauenzimmerlexika" konnte darauf verzichten, auch ihr und ihrer Biographie einen längeren Abschnitt zu widmen. Bereits 1642 gab Domenico Gilberto da Cesena, ein Freund Johan van Beverwijcks, unter dem Titel „La fama trionfante" („Der triumphierende Ruhm") ein italienisches Lobgedicht auf die „wunderschöne, sehr keusche und höchst gelehrte Anna Maria van Schurman"[1] in Rom in Druck. Noch gut dreißig Jahre später, 1675, drei Jahre vor van Schurmans Tod, konnte der ungarische Pfarrer Daniel Klesch in einer Huldigung auf seine Förderin, die deutsche Gelehrte Henriette Catharina von Gersdorff (1648–1726), an dieser all die Eigenschaften erkennen, die auch „Holland hat gerühm't an seiner Schurmannin".[2] Van Schurman war noch lange Jahrzehnte in der Erinnerung der europäischen Literaten die weibliche Kristallisationsfigur der liberalen, gebildeten, kultivierten niederländischen Republik des Goldenen Zeitalters.

Dies ist deshalb umso erstaunlicher, weil die Lebensphase, in der sich van Schurman als umfassend belesene Wissenschaftlerin und als aktiver Teil des literarisch-wissenschaftlichen Austausches, der „europäischen Gelehrtenrepublik", einen Namen machte, nicht allzu lange anhielt. In ihrem Lebensrückblick sieht sie selbst bereits mit dem Jahr 1637, mit dem Tod der Mutter, einen allmählichen Wandel ihres Lebensschwerpunktes beginnen. *Der Tod meiner überaus geliebten Mutter*, schreibt sie in der „Eukleria", *einer vollkommenen Hausmutter und Hauswirtschafterin (um von ihren anderen Vorzügen gar nicht erst zu sprechen), führte mich aus dem gar zu kontemplativen und den Wissenschaften gewidmeten Leben in ein aktiveres Leben, da mir nun die Sorge um die Familie und den Hausstand großenteils oblag.*[3]

Dieser Hausstand umfasste, neben den Hausangestellten, nicht nur van Schurman selbst und ihren Bruder Johan Godschalk, sondern auch *zwei Tanten mütterlicherseits, die noch lebten und die wegen ihren verwandtschaftlichen Beziehungen und wegen des in Deutschland wütenden* [Dreißigjährigen] *Krieges zu uns gezogen waren. Beiden nahm Gott mehr als zwanzig Jahre vor ihrem Tod ihr Augenlicht – die ältere starb mit 91, die jüngere mit 89 Jahren –, und so konnten sie in all den Jahren, vor allem in den fünf bis zehn letzten Jahren, kaum einen Tag ohne meine Anwesenheit und Hilfe auskommen. Doch obwohl meine Sorge um sie und um den Haushalt mich von meinen gewohnten Studien und Beschäftigungen fast vollständig abhielt, musste ich doch darin die ganz besondere Güte Gottes gegenüber uns erkennen, dass er uns durch eine so enge und herzliche Zuneigung verband, dass mir die vielen Jahre wahrlich wie wenige Tage vorkamen.*[4] Die beiden Tanten, Sybilla und Agnes von Harff, starben 1661. Die Blindheit, an der sie, van Schurmans Schilderung zufolge, in ihren beiden letzten Lebensjahrzehnten litten, muß also um 1641 eingesetzt haben und damit zu einem Zeitpunkt, zu dem tatsächlich van Schurmans publizistische und wissenschaftliche Tätigkeiten allmählich nachließen.

Es mag sein, dass der Rückblick in der „Eukleria" auch hier in der Rekonstruktion eine Wende in van Schurmans Lebenslauf einträgt, die, zumindest in diesem Maß, nicht ganz zutreffend ist. Aber ein Leben, das fast ausschließlich den Studien, der Wissenschaft, der Lektüre und dem intellektuellen Austausch gewidmet ist, wird van Schurman in den Jahren nach dem Tod der Mutter immer weniger möglich gewesen sein. Es kann kaum ein Zufall sein, dass van Schurman gerade in diesem für sie so bedeutungsvollen Jahr 1637, in dem die Mutter starb, intensiv über ihre Rolle als Frau, als weibliche Wissenschaftlerin reflektiert. Der plötzliche Wandel ihrer Lebenssituation, und damit auch der Anforderungen an sie, führte ihr abermals die Frage nach ihrem Selbstbild vor Augen. Wie konnte sie angesichts der familiären, häuslichen Pflichten ihr bislang vor allem von ihren Studien geprägtes Leben verantworten? Als junge Tochter aus einem gesellschaftlich anerkannten Haus konnte sie ihre dichterischen, künstlerischen und auch wissenschaftlichen Arbeiten noch rechtfertigen, doch nun stand sie als „Hausfrau" einer Familie vor. Am Anfang des Jahres 1638 schreibt sie in einem Brief an van Beverwijck, sie wolle *keineswegs verbergen, wie sehr ich mich darüber freue, wenn ich sehe, dass Sie meine Studien so überaus hochschätzen und meinen doch so paradoxen Lebensentwurf gleichsam mit apollinischem Urteilsspruch rechtfertigen. Denn heutzutage gibt es nicht wenige Leute, die Ihrer Auffassung nicht so einfach zustimmen würden.*[5] „Paradox" also erscheint ihr, was sie tut, und sie ist froh um jede Zustimmung von außen. Nur wenige Wochen zuvor hatte sie sich schon gegenüber Jacob Crucius (um 1579– um 1639), einem reformierten Theologen und Schulmann aus Delft, mit dem sie über längere Zeit Briefe austauschte, ganz ähnlich geäußert: *Dass Sie meinen Lebensentwurf, dessen Grundlage ich einst durch den Anstoß und unter der Leitung meines jetzt unter den Seeligen wohnenden Vaters legte, durch ihr Urteil zu billigen die Freundlichkeit hatten, freut mich besonders, weil durch diese, ich möchte sagen, Stütze die von mir formulierten Begründungen, warum auch meinem Geschlecht der Zugang zu diesem Heiligtum offenstehen sollte, gegenüber den verkehrten Meinungen manch anderer gefestigt werden.*[6] Der Vater, van Schurmans erster und wohl herzlichster Mentor, dient ihr als vorrangiger, wichtigster Grund für ihre *vita contemplativa*.

Van Schurman trat durchaus auf als eine Frau, die eine Meinung zur Rechtfertigung eines Bildungsanspruches von Frauen hatte. Mit dem Gedicht zur Eröffnung der Utrechter Universität 1636 hatte sie diese Meinung erstmals in der Öffentlichkeit zum Ausdruck gebracht. Es war ihr Ziel, dieser Meinung auch eine fundierte Rechtfertigung zu geben. Diese in ihr wohl lange heranreifenden Argumente für Frauenbildung entwickelt sie ganz vorrangig in ihrem Briefwechsel mit André Rivet. Die brieflichen Kontakte zu Rivet reichen zurück bis ins Jahr 1631, und schon ganz zu Anfang finden sich in diesen Briefen Spuren, die belegen, dass die „Frauenfrage" van Schurman früh beschäftigte. Am 2. Januar 1632 schreibt sie an André Rivet: *Es ist jetzt etwa ein Jahr her, seit ich versucht habe, ein Büchlein auf Französisch zu schreiben. (Denn die Anmut und Eleganz dieser Sprache gefällt den Frauen für gewöhnlich ganz besonders.) Darin wollte ich ihnen* [den Frauen] *die beste Art und Weise aufzeigen, wie wir unsere Mußezeit verwenden können [...]. Da aber außer einer groben Einteilung davon noch nichts ausformuliert ist und auch sonst die Bilder und Ideen davon nicht mehr sind als Schatten und Umrisse, hielt ich das Büchlein Ihrer Kritik noch nicht für würdig, es verträgt sozusagen ein so helles Licht noch keineswegs.*[7] Diese französische Schrift wurde wohl nie in dieser Form verfasst, obwohl Rivet in seinem Antwortbrief die Idee begeistert aufgreift und auch seine Unterstützung anbietet: *Bitte lassen Sie mich nicht zu lange auf das kleine Werk warten, das Sie in eben dieser* [französischen] *Sprache zu schreiben beabsichtigen. Ich brenne darauf, es zu lesen. Und wenn es in dieser Sprache, meiner Muttersprache, die Sie erlernt haben, etwas gibt, bei dem Sie einen Rat brauchen, so nehmen Sie meine Aufrichtigkeit und Freimütigkeit in Anspruch.*[8]

Damit hat es zunächst einmal sein Bewenden. In den folgenden Jahren tauschen van Schurman und Rivet regelmäßig Briefe aus. Sie informieren sich über Neuigkeiten, berichten über ihre Forschungen und Publikationen, lassen Grüße an Familie und Freunde übermitteln, doch erst im November 1637, einige Monate nach dem Tod von Eva von Harff und nachdem in fünf Jahren rund zwei Dutzend Briefe hin- und hergegangen waren, kommt van Schurman abermals auf das Thema Frauenbildung zu sprechen. Es ist ein Thema, das sie schon seit langer Zeit, aber nun offensichtlich wieder mit besonderem Vorrang interessiert. Rivet hatte in dem lange zurückliegenden Brief vom 2. Januar 1632 bekundet, er habe gegenüber anderen seine Bewunderung für van Schurman auch deshalb ausgeprochen, weil er darin einen bestimmten Nutzen sehe, „sei es als Vorbild, durch das andere zur Nachahmung angeregt werden, sei es, dass sie Gott dafür danken, dass er auch Ihr Geschlecht mit glänzenden Fähigkeiten in den

Wissenschaften und Künsten geschmückt hat – als Beleg für gegenwärtige und künftige Generationen, dass die meisten Frauen nicht aus einem Mangel an Begabung oder Urteilsfähigkeit sich nicht solchen Dingen zuwenden, sondern weil sie sich nicht mit derlei beschäftigen wollen oder es ihnen wegen anderer, niedrigerer Aufgaben nicht möglich ist. Und es wäre auch nicht förderlich, wenn viele Frauen sich dieses Leben auserwählten, sondern es genügt, wenn einige wenige, die durch eine besondere Neigung dazu berufen sind, darin bisweilen Außerordentliches leisten."[9] Seine Bewunderung ist also durchaus aufrichtig, aber die gelehrte Freundin sollte doch nicht mehr sein als eine freilich bewundernswerte Ausnahme. Als gesellschaftlich anerkanntes Modell, als generelles Vorbild für Frauen gar mag er van Schurman keinesfalls sehen.

Es ist eben diese Äußerung, auf die van Schurman über fünf Jahre später in ihrem Brief vom 6. November 1637 zurückkommt. Sein Urteil, schreibt sie einleitend dem Theologen, sei ihr stets *sehr viel wert,* und daher wende sie sich nun *in einem nicht unwichtigen Problem, das in erster Linie mit der Aufgabe und der Stellung unverheirateter Frauen zu tun hat,* an ihn. Nichts würde sie *für wichtiger und ehrenvoller erachten, als wenn mit Ihrer Beurteilung und sozusagen mit Ihrer Stellungnahme meine Auffassung gestützt würde.* Dann kommt sie auf das fünf Jahre zurückliegende Schreiben zu sprechen: *Ein früherer Brief von Ihnen gab mir nämlich den Anlass, darüber nachzudenken, wie Sie wohl allgemein diese Sache beurteilen. Sie lobten damals in der Ihnen eigenen freundlichen und ehrenvollen Art mich und meine Studien und schrieben dann: Und es wäre vielleicht nicht förderlich, wenn viele Frauen sich dieses Leben auserwählten, sondern es genügt, wenn einige wenige, die durch eine besondere Neigung dazu berufen sind, darin bisweilen Außerordentliches leisten.*[10]

An diesem Punkt hakt van Schurman in die Debatte ein. Vieles, was sie in ihren individuellen Lebenssituation in diesen Monaten beschäftigte, hat sie hier intellektuell verarbeitet. In ihrem umfangreichen Brief entrollt sie eine ausgedehnte Argumentation, durch die präzisiert werden soll, wie genau der aus dem Rivet-Brief zitierte Satz verstanden werden soll. Welchen Frauen sollte nun also eine wissenschaftliche Ausbildung ermöglicht werden?

Wer sind die *einigen wenigen,* denen dies zugestanden werden kann? Van Schurman sagt unumwunden, worauf sie hinauswill: *Wenn wir hier Ehefrauen meinen, die in Haushaltsaufgaben eingebunden sind, oder andere Frauen, die sich notwendig mit familiären Aufgaben beschäftigen müssen, stimme ich Ihnen sofort zu. Wenn wir aber begabte und eher frei zu erziehende Mädchen meinen, wie es sie in unserer Zeit ja immer mehr gibt, dann kann ich nur schwer beipflichten.*[11] Die traditionelle Zuständigkeit der Frau ist das „Haus". Sie kümmert sich um die Familie, die Kinder und um die Organisation des Haushaltes. Frauen, die mit diesen Aufgaben betraut sind – und es sind genau diese Aufgaben, die für van Schurman in dieser Zeit wieder eine sehr große Bedeutung bekommen –, will sie keineswegs einen akademischen Bildungsgang nahelegen. Die Konsequenz wäre eine vollkommen neue und in ihren Augen wohl auch nicht funktionstüchtige Ordnung der Gesellschaft. Das kann nicht das Ziel sein, zumal ja auch nicht uneingeschränkt allen Männern der Weg an die Universität und zur höheren Bildung offensteht. Doch Töchtern aus vermögenden Familien, die begabt sind und deren Geistesbildung keine anderen Verpflichtungen entgegenstehen, denen will sie durchaus den Weg zur gründlichen Beschäftigung mit Künsten und Wissenschaft ebnen, wie dies in Familien der Oberschicht für die männlichen Geschwister schon von je her möglich ist.

Van Schurmans erstes Argument bezieht sich daher gerade auf die gesellschaftliche Bedeutung von Frauenbildung. Sie sieht in ihr keine Gefahr, sondern ein Stütze des Staates. Sie könne es nicht ertragen, schreibt sie, *dass in meinem Geschlecht nur selten das vorzufinden ist, was nach Meinung aller etwas überaus Wertvolles ist. Denn wenn Weisheit tatsächlich eine so große Zierde für das Menschengeschlecht ist, [...] dann kann ich nicht einsehen, warum man einem Mädchen, [...] gerade diesen bei weitem schönsten Schmuck nicht zugestehen sollte. Und es gibt keinen Grund, warum der Staat sich vor einer solchen Veränderung fürchten sollte, da ja der Ruhm der Gebildeten in keiner Weise mit dem Glanz der Herrschenden in Konflikt gerät. Im Gegenteil: Alle sind sich darin einig, dass dies letztlich der fruchtbarste Zustand sei, in dem die meisten nicht so sehr den Gesetzen, als vielmehr der Weisheit gehorchen.*[12] Die Forderung nach Frauenbildung, das soll hier deutlich werden, ist alles andere als der Aufruf zu einer sozialen Revolution. Spitzfindig kehrt van Schurman nun die gängige Argumentation um: Gerade weil Frauen aus vermögenden Familien viel freie Zeit haben, da sie ja außerhalb des Hauses keinerlei Ämter übernehmen können, sollten sie sich mit ernsthaften Studien beschäftigen. Ansonsten wären diese Mußestunden eine große Gefahr für die Frauen, denn *dieser ansehnliche und unausgefüllte Teil des Lebens steht, wenn er der Ausschweifung und dem Sichgehenlassen zufällt und mit keiner guten Sache ausgefüllt wird, allen Lastern offen. Ganz vortrefflich hat Basilius geschrieben: ‚Untätigkeit ist der Anfang einer schlechten Tat'.*[13] Bildung sollte hier ein Vakuum füllen, das ansonsten ein Einfallstor der Unmoral sein könnte.

Allein weil es unüblich sei, einer Tradition widerspreche und gewöhnlich behauptet werde, *mit dem Spinnrocken und der Nähnadel zu hantieren sei für Frauen genug Schule,* kann für van Schurman eine bessere Bildung von Frauen nicht falsch sein. Den Maßstab des Üblichen, schreibt van Schurman, *nehme ich, die ich die Stimme der Vernunft, nicht die Stimme einer überkommenen Tradition hören will, nicht hin. Mit welchem Recht, so frage ich, wird uns das als unser Los zugeteilt? Mit göttlichem Recht oder menschlichem?* Und selbst diese vermeintliche Tradition, Frauen aus dem akademischen Bereich auszuschließen, sei irrig, wie *Beispiele aus allen Jahrhunderten* belegen.[14] Van Schurman verweist auf Erasmus von Rotterdam, der in einem Brief an seinen Freund Thomas Morus (1478–1535), den Verfasser der berühmte „Utopia", der seinen Töchtern eine umfassende Bildung vermitteln ließ, geschrieben hatte, nichts beschäftige das gesamte Gemüt eines Mädchens so sehr wie ein Studium. Was könnte also dienlicher sein, um junge Frauen auf dem Pfad der Tugend zu halten?

Doch es ist nicht nur diese moralische Bedeutung wissenschaftlicher Betätigung, die van Schurman hier ins Feld führt. Ihre Begründung steht vor allem auf einem religiösen Fundament. Die Menschen sind nach christlichem Verständnis, wie der Schöpfungsbericht in der „Genesis" belege, Ebenbilder Gottes, und in dieser Gottähnlichkeit liege ein göttlicher Auftrag des Menschen: *Da es ferner nicht weniger zur Pflicht als auch zum Glücksstreben aller gehört, nach der (von keinem von uns erreichten) Vollendung unserer allerursprünglichsten Schöpfung zu streben, müssen wir uns in besonderem Maß darum bemühen, dass in der höchsten Burg unseres Geistes das Bild dessen, der Licht und Wahrheit ist, mehr und mehr widerzuscheinen beginnt.*[15] Es sind die geistigen Fähigkeiten, die den Menschen wesentlich ausmachen, und die Wissenschaft, die Perfektion dieser Anlagen und damit letztlich das Streben nach der Erkenntnis Gottes lässt sich dadurch direkt aus diesem christlichen Menschenbild ableiten. Wie könnte man also Frauen, insbesondere christlichen Frauen eine Beschäftigung mit der Theologie streitig machen wollen?

Doch van Schurman will nicht nur die Theologie für die Frauen öffnen, sie will alle Disziplinen, das gesamte Spektrum der Wissenschaften als ein sinnvoll begründbares Arbeits- und Studienfeld für Frauen erweisen. Zunächst kommt sie auf die Naturphilosophie, die Naturkunde zu sprechen: *Obwohl ich nicht leugnen will, dass die Theologie (die den Intellekt am meisten vervollkommnet) allumfassend ist, frage ich mich doch, warum diejenigen, die sie allein und ohne Begleitung einherschreiten sehen wollen, mir so vorkommen, als hätten sie die Hoheit dieser Königin nicht ganz erkannt. Denn wenn wir in das Buch der Naturdinge schauen, wer könnte da übersehen, welch schöne Harmonie zwischen diesen beiden Teilen der Wissenschaft zustandekommt, wieviel Beistand, wieviel Licht die eine der anderen gibt? Und es kann mich auch nicht stutzig machen, wenn manche Leute das Studium der Natur in ganz enge Grenzen fassen und die Meinung vertreten, es müsse uns nicht allzu sehr interessieren [...]*.[16] Van Schurman greift die alte Vorstellung von den zwei Büchern auf, dem Buch der Bücher, der Bibel, und dem Buch der Natur; in beiden kann jemand, wenn er der entsprechenden Schrift kundig ist, in analoger Weise eine Offenbarung Gottes finden. Einer Theologie der Bibel entspricht eine Naturtheologie. Mit welcher Begründung sollte man also christlichen Frauen den Weg zu dieser, in der Naturkunde zugänglichen, göttlichen Offenbarung versperren können?

Und auch für weitere Fächer führt sie den Nachweis der Nützlichkeit. Über die Geschichte meint sie gar nicht erst viele Argumente anführen zu müssen, da diese ohnehin *in den Frauengemächern und den Sälen der Adelshäuser viel gilt*; was die Politik, die Lehre vom Staat angeht, so streift sie *nur nebenbei die Frage, ob nicht auch jeder Privatperson die Kenntnis von Staatsangelegenheiten zukommt. Für die Praxis freilich und die Führung des Staates trägt diese, wie ich gerne zugebe, ganz direkt bei, doch auch für die Theorie und den ganz eigentümlichen Nutzen, der sich daraus für jeden Einzelnen ergibt, glaube ich, dass niemand darauf verzichten sollte.*[17]

Alle Wissenschaftsdisziplinen, besonders *die – wie man sie nennt – instrumentellen Künste und Wissenschaften (die den grundlegenden Wissenschaften nachfolgen wie ein Lakai seiner Königin)*, kann van Schurman in ihrem Brief nicht sämtlich einzeln behandeln. Doch auf das Studium der Sprachen geht sie dennoch gesondert ein; auch mit ihnen hatte sich in den zurückliegenden Jahren mit großer Energie beschäftig. Wenn sie in ihrem Brief an André Rivet eine wiederum theologisch begründete Rechtfertigung des Sprachenstudiums liefert, so scheint auch hier deutlich ein autobiographischer Hintergrund durch. Als ein *Kleinod* bezeichnet sie die *Vielsprachigkeit, besonders wenn sie nutzbringend und nicht für die bloße Zurschaustellung verwendet wird*. Die Sprachen, die *Hüter des Glaubens*, wie van Schurman sie nennt, sind ein Instrument der Unmittelbarkeit, denn in ihnen spricht *das gelehrte Altertum in der ihm eigenen Sprache*, und dies können *alle Übersetzungen – mögen sie auch noch so gut sein – niemals leisten*. Für eine brauchbare Theologie ist diese direkte sprachliche Verbindung zur Heiligen Schrift unumgänglich, doch mit diesem Hinweis meint sie bei ihrem Briefpartner offene Türen einzurennen: *Wollte ich, um mein Argument abschließend zuzuspitzen, ihnen erklären und beweisen, wie ergötzlich und wie fruchtbringend es ist, die himmlische Lehre aus den Quellen selbst zu schöpfen, dann wäre das nichts anderes, als – wie es im Sprichwort heißt – „der Sonne Licht zu leihen".*[18]

Mit dieser breiten Fülle an Argumenten und Begründungen lässt es van Schurman, zumindest zunächst, bewenden – *damit ich nicht den Eindruck erwecke, nicht die geringste Kleinigkeit ausgelassen oder Ihre Zeit über Gebühr in Anspruch genommen zu haben*. Nur weil sie sich Rivets *väterlicher Zuneigung* gewiss sei, habe sie es *gewagt, so viel über so wenig kurzweilige Dinge daherzuschwatzen*.[19] Im Kern hat sie mit diesen Ausführungen ihre Position in der Frage, welchen Bildungsgang und welche Bildungsmöglichkeiten sie für Frauen für angemessen hält, präzise umrissen. Es geht ihr nicht um eine „Gleichstellung" der Frau, schon gar nicht um eine gesellschaftliche, sondern sie leitet aus einem Menschenbild, das sie christlichtheologisch fundiert, einen religiösen Anspruch ab, ein von Gott vorgegebenes Ideal geistiger Vervollkommnung, dem alle Menschen gleich welchen Geschlechts nachzueifern haben. Alle Wissenschaftsbereiche, alle Fächer haben, wenn auch abgestuft, dabei einen bedeutsamen Rang, sofern sie eine Orientierung an der Theologie aufweisen.

Rivets Antwort auf diesen im Stil humanistischer Gelehrtenbriefe abgefassten Traktat lässt einige Zeit auf sich warten. Am 18. März 1638, rund vier Monate später, schickt er van Schurman eine Antwort. „Ihre höchst elegante Abhandlung zugunsten Ihres Geschlechtes und für die Fähigkeit des weiblichen Geistes, alle freien Künste und Wissenschaften zu betreiben – womit er dem Geist der Männer gleichkommt oder ihn gar übertrifft –, hat mich für eine Weile in eine Spannung versetzt", schreibt er. Er wolle es nicht versäumen, „Einspruch zu erheben", auch wenn dies ihm aus vielerlei Gründen schwer falle, zuvorderst deswegen, „weil Sie mit soviel Bescheidenheit vorgehen und zugleich in Ihrem beredten und mit Argumenten festgefügten Schreiben nichts übersehen, was für Ihre Auffassung spricht."[20]

Ohne lange herumzureden, enthüllt er die Intention, die seiner Meinung nach hinter van Schurmans so eifrig in Szene gesetztem Plädoyer stecke, und diese Intention sei eine sehr persönliche: „Sie wollten nicht, dass wir, was wir bei Ihnen sehen, als etwas Bewundernswertes betrachten. Sie wünschten, dass dies mehreren Menschen zukomme, damit sie sich in der Menge verstecken können und Ihnen keine Einzigartigkeit attestiert wird."[21] Offensichtlich drängen sich auch Rivet die autobiographischen Bezüge auf, die sich aus van Schurmans Abhandlung ergeben; für ihn verbirgt sich hinter dem scheinbar emanzipatorischen Impetus vor allem das Bedürfnis der Autorin, ihrer Berühmtheit, dem prominenten Rang, den sie so sehr verabscheut, zu entkommen. „Sie schaffen es, sehr überzeugend zu sein," gesteht er ihr zu, „doch ist dies dennoch vergeblich: Niemanden, der Sie kennt, werden sie von Ihrer Meinung überzeugen können."[22]

Rivet geht van Schurmans Argumentationsgerüst Punkt für Punkt durch und weist ihre Begründungen zurück. Kann man aus der christlich gedachten Gottebenbildlichkeit des Menschen tatsächlich einen Bildungsanspruch für Frauen ableiten? Rivet sieht das Gegenteil als theologisch erwiesen an: „Wenn der Lebenswandel und das Studieren zusammenhängen mit der Konstitution des Körpers, dann steht fest, dass der Schöpfer der Natur die zwei Geschlechter so geformt hat, dass deutlich wird, dass die Männer für gewisse Aufgaben bestimmt sind, die Frauen für andere."[23] Überhaupt gibt Rivet vor, das eigentliche Problem in der Frauenbildungsfrage gar nicht sehen zu können. Van Schurman gestehe ja selbst zu, diejenigen Frauen, „die mit Dingen des Haushalts betraut sind oder andere familiäre Pflichten erfüllen", seien hiervon ausgenommen, und „dies trifft sicher auf den größten Teil Ihres Geschlechts zu; der verbleibende Rest ist äußerst gering. Und zudem glaube ich nicht, dass Sie behaupten wollen, alle, die von der notwendigen Erfüllung häuslicher Pflichten ausgenommen sind, seien für ein Studium der Wissenschaften geeignet."[24]

Auch die Verbindung aller Disziplinen zur „Königin" Theologie kann Rivet nicht erkennen. Die Beschäftigung mit Wissenschaften sollte sich eines Zwecks vergewissern; ein Studium, das für berufliche Tätigkeiten qualifiziert, die dann nicht ausgeübt werden können, sei sinnlos. Ziel muss es daher sein, „dass für die Studien der Frauen ein Zweck festgelegt wird, anhand dessen dasjenige ausgewählt werden kann, was für diesen Zweck geeignet und notwendig ist. Denn da ja nun außer Frage steht, dass das weibliche Geschlecht für politische und kirchliche Ämter und vor allem für die öffentliche Lehre nicht geeignet ist, warum sollten sich da die Mädchen abmühen und sich eine Bildung erwerben, die sich auf Zwecke richtet, von denen sie ausgeschlossen sind?"[25] Auch von der freien Mußezeit, die van Schurman sinnvoll und moralisch zuverlässig ausgefüllt wissen will, kann Rivet nichts sehen. Denn „Mädchen sollten nicht mit einer solchen Muße erzogen werden, dass sie stets Zeit haben für die Kultivierung ihres Geistes. Auch sie haben ihre Aufgaben im Haus zu erledigen, solange sie im Haushalt ihrer Eltern wohnen, so dass sie gar nicht jene Mußestunden haben können".[26]

Die gesellschaftspolitische Unbedenklichkeit, die van Schurman der Bildung von Frauen attestiert hatte, kann Rivet nicht recht erkennen. Blicke man in die Geschichte, habe es sich bei gebildeten Frauen stets um „Ausnahmeerscheinungen" gehandelt, und zwar „nicht deswegen, weil es nicht mehr an der Zahl sein könnten, sondern weil es weder zweckmäßig noch für den Staat förderlich wäre". Die „gemeinsame Aufgabe der Männer" stehe ja außer Frage, und „wenn wir den Nutzen für Staat und Kirche betrachten", dann sollte man diese Aufgabe „den Frauen seltener zuweisen".[27]

Van Schurmans Darlegungen basierten wesentlich auf der die gesamte frühneuzeitliche Reformation durchziehenden Idee, allen gläubigen Christen sollte möglichst ein direkter Zugang zur Heiligen Schrift eröffnet werden. Hieraus erklären sich die zahlreichen Bildungsinitiativen lutherischer und später auch calvinistisch-reformierter Theologen. Dies gilt, so argumentiert van Schurman, für Christinnen ebenso wie für Christen, und da für sie alle wissenschaftlichen Fächer mehr oder minder zum Verständnis der biblischen oder natürlichen Offenbarung Gottes beitragen, müssen sie auch christlichen Frauen zugänglich sein. Während sie betont hatte, der Sprachenkundige könne *direkt aus den Quellen die himmlische Lehre schöpfen,* verweist Rivet darauf, „dass es nicht jedem gegeben ist, selbst unmittelbar aus den Quellen zu schöpfen und über eine solche Urteilsfähigkeit zu verfügen, dass er zweideutige Worte und Wendungen richtig analysieren und treffend bestimmen kann". Van Schurman hatte die Mangelhaftigkeit jeglicher Übersetzung unterstrichen, Rivet betont umgekehrt deren Wert: Bei vielen passiere es denn auch, „dass sie in von anderen verfertigten Übersetzungen in ihre Volkssprache, die sie nach der Anrufung des Namens Gottes demütig, bescheiden und aufmerksam lesen, solche Deutungen herausfinden und aufspüren, die den besten Sprachkennern entgingen".[28] Eine vollkommene Umkehrung des Arguments also, und das selbe nimmt Rivet auch bei der Begründung der Naturkunde vor. Wer in die Geheimnisse der Schöpfung eindringe, werde nicht zwangsläufig zu einem Bewunderer des Schöpfers. Im Gegenteil, man könne häufig die entgegengesetzte Erfahrung machen, dass versierte Naturforscher „sich von Gott abwenden und in allem die Natur als Ursache erkennen, und dass auf der anderen Seite Menschen mit einem ganz einfachen Blick die wunderbaren Werke Gottes begeistert feiern und gänzlich Trost in ihrem Schöpfer finden, während sich die Gelehrten daran vergeblich mit all ihrer Geistesschärfe abmühen und nach langen Untersuchungen ohne Orientierung sind".[29]

Mit freundschaftlicher Höflichkeit, aber unmissverständlich zeigt Rivet auf, dass die Auffassung seiner Utrechter Freundin nach seiner Meinung jeglichen Fundaments entbehre. Was sie sich von einer besseren Bildung von Frauen verspricht, nämlich einen wohlbegründeten, durch alle Wissenschaften gestützen religiösen Glauben, das ist für ihn so nicht zu erreichen. „Wahre Weisheit", schreibt er abschließend in seinem Brief, bestehe „in der Furcht vor Gott und der Beachtung seiner Weisungen",[30] und diese Weisheit wolle er natürlich niemandem absprechen

Van Schurman reagierte abermals brieflich auf Rivets Replik. Doch eine neue Rechtfertigung, eine Gegenargumentation gar, findet sich nun nicht mehr. Rivet habe sie wohl wegen ihres *dunklen Schreibstils* oder wegen ihrer *Unerfahrenheit im Differenzieren*[31] nicht recht verstanden. Man sei sich ja im Grunde einig, auch wenn sie dies erst nach längerem Nachdenken – und nach einem ersten Schock – erkannt habe: *Auf den ersten Blick hat mich Ihre Auffassung ziemlich niedergeschmettert, da sie der meinen nicht wenig zu widersprechen schien. Doch nachdem ich alles gänzlich verstanden hatte, begriff ich, dass sie insgesamt bestens mit meinen Wünschen zusammenpasst.*[32] Die ganze Diskussion sieht van Schurman aus einem Missverständnis hervorgegangen. Sie habe den Eindruck erweckt, *als ob ich der missgünstigen und fruchtlosen Auffassung, mein Geschlecht sei dem Ihrigen überlegen, so eifrig anhinge, dass ich dies mit Ihnen auch noch allen Ernstes debattieren möchte.* Alles hing letztlich an einem falsch verstandenen Wort: Bei der Frage „Kommt einem Mädchen in diesen Zeiten eher ein Studium der Wissenschaften zu?" habe Rivet das Wörtchen „eher" aufgefasst, *als ob ich es nicht gemeint hätte im Vergleich zu den überkommenen Beschäftigungen oder Aufgaben, wie sie uns die heutigen Sitten vorschreiben, sondern im Vergleich zu Ihrem Geschlecht, und als ob ich behaupten möchte, Frauen seien für ein Studium besser geeignet als Männer. Stellte man eine solche Hypothese auf, dann wären nicht nur die Argumente, die ich für meine These angeführt habe, entkräftet und entwertet, sondern sie würden mich einer neuartigen, überheblichen Eitelkeit bezichtigen.*[33]

Eine Diskrepanz zwischen den beiden vorgetragenen Auffassungen, an der Rivet selbst in seinem umfänglichen Einwänden letztlich keinen Zweifel gelassen hatte, vermag van Schurman nun angeblich nicht mehr zu entdecken.

Wie ist diese Reaktion zu werten? Ein ehrfürchtiger Rückzug, ein Einknicken vor der Autorität des Theologen und väterlichen Lehrers? Es hat ganz den Anschein, als habe van Schurman genau dies zum Ausdruck bringen wollen. Doch kann man den Hinweis, den sowohl Rivet als auch van Schurman gaben, dass die Auffassungen „im Kern" ja gar nicht unterschiedlich seien, ernstnehmen? Selbst wer van Schurmans Brief nur oberflächlich liest, wird schwerlich den Eindruck gewinnen, sie argumentiere hier für eine „Höherwertigkeit" der Frau. Und auch wenn Rivet nur von einer scheinbaren Differenz der Auffassungen gesprochen hatte, so filterte er doch die Kernargumente aus van Schurmans Abhandlung mit sicherem Blick heraus und stellte *en detail* und ganz präzise seine Gegenposition dar.

Spätestens 1641, gut drei Jahre später, als van Schurmans „Dissertatio" im Druck erscheint, wird deutlich werden, dass sie in ihrer Meinung keineswegs vor Rivet einknickt. Sie wird abermals nicht nur die selbe Auffassung vertreten wie in ihrem Brieftraktat, sondern wird sie noch zugespitzter, noch expliziter, noch apodiktischer mit Beweisgründen untermauern. Doch zunächst sollte der Briefwechsel mit Rivet einige Aufmerksamkeit auf sich ziehen. Rivet hatte van Schurmans Brief vermutlich an seinen Landsmann Marin Mersenne nach Paris geschickt, zumindest fordert dieser in einem Brief vom 23. Mai 1638, in dem er auch um nähere Berichte über die ihm bislang unbekannte van Schurman bittet, eine Kopie der Abhandlung an. Mersenne scheint den Brief an Freunde weitergeleitet zu haben, auch am französischen Königshof machte er die Runde. Am Ende des Jahres 1638 erschien in Paris mit königlicher Druckerlaubnis ein Bändchen mit dem ausladenden Titel „Freundliche Erörterung zwischen der edlen Jungfrau Anna Maria van Schurman und André Rivet über die Empfänglichkeit des weiblichen Geistes für die Wissenschaften und die höhere Bildung". Enthalten waren darin, neben einigen anonymen Lobgedichten auf Anna Maria van Schurman, im

Wesentlichen die drei lateinischen Briefe von 1637 und 1638 mit der Diskussion über Frauenbildung. Herausgeber war der französische Hofarzt und Hofgeschichtsschreiber André Duchesne (1584–1640). Duchesne war enger Freund des damals in Frankreich sehr mächtigen Kardinals Richelieu (1585–1642), des engsten Vertrauten und Ersten Ministers von König Ludwig XIII. 1605 hatte Duchesne eine Schrift über berühmte Frauengestalten der Geschichte geschrieben, das Thema der Briefe stieß bei ihm also auf besonderes Interesse.

Schon im Postscriptum des letzten der drei Briefe hatte van Schurman Rivet mitgeteilt, sie habe *von Freunden gehört, dass da Leute sind, die eine Ausgabe meiner Notizen machen wollen,*[34] und sie bittet ihn, auch seinerseits die Zustimmung zu dieser Veröffentlichung zu geben. In einem Brief vom 18. Februar 1640 bedankt sich van Schurman bei Duchesne für die Ehre, die er ihrer Person erwiesen habe, für die *Gunst, dass Sie es für würdig erachtet haben, einen Brief an die Öffentlichkeit zu bringen, der in der Tat nur wohlwollend betrachtet werden kann als private Äußerung unter Freunden. Wenn der Herr Kardinal* [Richelieu] *da nicht meiner Ansicht ist, so ist dies lediglich Ausdruck seiner großmütigen Güte.*[35] Offensichtlich hatte also, wie dieser Brief zeigt, auch Kardinal Richelieu für eine Herausgabe des Rivet-Briefwechsels in Paris votiert.

Van Schurmans briefliches Plädoyer für eine Revision des gängigen Frauenbildes – zumindest soweit es den Zugang der Frauen zu Bildung und Wissenschaft betrifft – fiel ganz offensichtlich speziell in Frankreich auf fruchtbaren Boden, wo die Debatte um das Wesen und die Stellung der Frau gerade in diesen Jahrzehnten eifrig und heftig geführt wurde. Diese Debatte hatte schon damals eine lange Tradition, und knüpfte an einen Streit an, dessen Anfänge bis ins späte Mittelalter zurückreichen. Dieser Geschlechterdiskurs, ein gesamteuropäisches Phänomen, wurde in der modernen Forschung mit dem Terminus „Querelle des femmes" belegt. Misogyne Schriften, die die Minderwertigkeit von Frauen und die soziale Vorrangstellung des Mannes nachzuweisen suchten, entstanden schon in der klassischen Antike zahlreich. Die Auffassung des Aristoteles, die Frau sei, biologisch betrachtet, ein nicht voll entwickelter Mann und habe sich ihm unterzuordnen, wurde zur wissenschaftlich anerkannten Lehrmeinung. Sowohl körperlich als auch moralisch galt die Frau gemeinhein als schwach. Das Haus und der Haushalt waren der weibliche Wirkungsbereich, alle öffentlichen Angelegenheiten wie Politik, Staatsverwaltung, Militär, Wissenschaft oder die Kirche blieben den Männern vorbehalten. Ab dem 14. Jahrhundert finden sich neben dem breiten Strom misogyner Autoren gelegentlich auch frauenfreundliche Literaten wie der berühmte florentinische Humanist Giovanni Boccaccio (1313–1375), der um 1360 eine Geschichtensammlung verfasste, in der er berühmte Frauen aus der Antike und der mythologischen Überlieferung porträtierte.

Ein entscheidender Einschnitt in dieser frühen Phase der Frauendebatte war das erste Auftreten einer weiblichen Autorin, der Pariser Schriftstellerin Christine de Pizan (um 1364–um 1430). Christine wurde in Venedig in eine Familie des Landadels hineingeboren, ihr Vater lehrte als Arzt und Astrologe an der Universität Bologna, Europas ältester Universität, und war Rat der mächtigen Stadt Venedig. Von Kindheit an war sie von einem gebildeten Umfeld, von Büchern und Bibliotheken, umgeben. Als der Vater das Angebot bekam, Leibarzt des französischen Königs Karl V. zu werden, begab er sich mit seiner Familie nach Paris. 1379 heiratet Christine den Pariser Hofbeamten Etienne de Castel. Ihre Ehe, aus der drei Kinder hervorgehen, beschreibt sie später selbst als glücklich, ihren Mann als einen Freund und Partner. Doch binnen weniger Jahre sterben der König als Protegé der Familie, der Vater und der Ehemann. Christine de Pizan hat nun nicht nur für sich selbst, sondern auch für die verwitwete Mutter und ihre drei Kinder zu sorgen. Sie beginnt zu schreiben, verfasst Gedichte, später auch zeitkritische Schriften, Bücher für Frauen. Sie konnte ihr Auskommen sichern, indem sie Schriftstellerin und Verlegerin wurde, Besitzerin eines kleinen Betriebes, der für den in ihrer Zeit durch das Aufkommen der Universitäten immer größer werdenden Markt von Hand kopierter und bisweilen mit aufwändigen Illustrationen versehener Manuskripte produzierte. Schon früh setzte sich Christine gegen das verleumderische Frauenbild ein, das insbesondere Schriften wie der im 13.

Jahrhundert entstandene „Rosenroman", eine äußerst populäre Versdichtung, transportieren. Sie führt über dieses Thema Briefwechsel, die sowohl Zustimmung als auch harsche Ablehnung provozieren. 1402 legt Christine der französischen Königin Isabeau von Bayern eine Sammlung dieser Briefe vor in der Hoffnung, von ihr unterstützt zu werden.

1404 verfasst Christine de Pizan „Das Buch von der Stadt der Frauen", ein Werk, in dem sie die Vision von einem anderen, einem angemesseneren Bild der Frauen entwirft. Die Schrift ist ein literarisch vielschichtiger Text. In Anspielung auf das „neue Jerusalem", wie es in der neutestamentlichen „Offenbarung" geschildert wird, erbaut Christine mit Mitteln der Literatur eine Stadt für Frauen, ein durch dicke Mauern gesichertes Bollwerk gegen die gehässigen Angriffe der Männer. Das Verfassen des Textes, in dem bedeutende Frauenfiguren aus Religion, Geschichte und Mythologie auftreten und Einzug in die Stadt halten, wird stets in Analogie gesetzt zum Errichten einer Verteidigungsburg. Die Frauen sind in der Defensive, aber sie beginnen ihre Gegenwehr zu organisieren.

Der Renaissance-Humanismus brachte eine große Zahl an Schriften hervor, in denen das allzu negative Frauenbild der Tradition korrigiert werden sollte. Männliche Autoren blieben in der Überzahl, doch zunehmend griffen auch Frauen zur Feder. 1509 etwa verfasste der deutsche Universalgelehrte Heinrich Cornelius Agrippa von Nettesheim eine in diversen Übersetzungen in ganz Europa gelesene Schrift „Über den Adel und den Vorrang des weiblichen Geschlechts", in der er aus der Theologie wie aus der Biologie, aus der Literatur wie aus der Alltagserfahrung Argumente und Belege zusammentrug, die einen Vorzug der Frauen gegenüber den Männern beweisen sollten. Zahlreiche Streitschriften für und wider die Frauen, gemäßigte und gehässige, um Schlichtung bemühte und radikale, verließen im 16. und 17. Jahrhundert die Druckerpressen und provozierten oft umgehend Reaktionen. Der Umstand, dass die Argumente stets im Wesentlichen dieselben blieben, tat der Streitlust keinen Abbruch.

Anna Maria van Schurman kannte natürlich die wichtigsten Beiträge dieser Frauendebatte, und obgleich sie einen Bildungsanspruch für Frauen verteidigte, war sie keinesfalls mit allem einverstanden, was immer wieder zur Verteidigung der Frauen vorgebracht wurde. Als sie Rivet gegenüber versucht, den vermeintlichen Irrtum auszuräumen, sie plädiere für eine Vorrangstellung der Frau, schreibt sie, diese Auffassung liege ihrer *weiblichen Bescheidenheit* und ihrer *angeborenen Zurückhaltung so fern, dass es mich verdrießt, die berühmte Abhandlung von Lucretia Marinella zu lesen, die den Titel „Der Adel und der Vorzug der Frauen und die Fehler und Mängel der Männer" trägt.*[36] Lucretia Marinella (1571–1653), Tochter des venezianischen Arztes und Philosophen Giovanni Marinelli, war – obwohl sie verheiratet war und zwei Kinder hatte und damit nicht dem Idealbild entsprach, das van Schurman von Wissenschaftlerinnen entwarf – eine umfassend gebildete und belesene Frau und produktive Schriftstellerin. Venedig war in den ersten Jahren des 17. Jahrhunderts gleichsam ein Zentrum der Frauendebatte. Marinellas im Jahr 1600 veröffentlichte Schrift über den Vorrang der Frauen war eine direkte Reaktion auf das von einem Kleriker, Abate Fondi, verfasste Pamphlet „Die Frau, der Ursprung allen Übels" und auf das 1599 ebenfalls in Venedig publizierte Werk „Die Fehler der Frauen" von Giuseppe Passi, auf den sie mehrmals in ihrer Schrift zu sprechen kam. Im selben Jahr 1600 erschien postum die Schrift „Das Verdienst der Frauen" der Venezianerin Moderata Fonte (1555–1592), herausgegeben von ihrer Tochter ebenfalls als Reaktion auf Passis frauenfeindliche Abhandlung.

So kam es immer wieder zu Ballungen von Schriften über die Geschlechterfrage, zum regionalen Aufflammen der Frauendebatte zu verschiedenen Zeiten. Dass van Schurmans Rivet-Briefe 1638 gerade in Paris in gedruckter Fassung erschienen, hängt – neben den Kontakten Rivets zu Mersenne – auch damit zusammen, dass Frankreich in der ersten Hälfte des 17. Jahrhunderts ein solches Zentrum der „Querelle des femmes" bildete. Die königliche Druckerlaubnis für die „Freundliche Erörterung", die auf der zweiten Seite des Bändchens abgedruckt ist, betonte wahrscheinlich nicht ohne Grund, dass Raubdrucke dieser Schrift ausdrücklich verboten seien. Es gab für die Diskussion zwischen Rivet und van Schurman einen breiten und interessierten Markt; eine Stellungnahme der ja durchaus eine Stellungnahme der ja durchaus prominenten niederländischen Autorin konnte mit neugierigen Lesern rechnen. Einen wichtigen Anstoß für diese französische Debatte hatte die 1617 in Paris erstmals erschienene Schrift „Alphabet der Unvollkommenheit und Boshaftigkeit der Frauen" gegeben, die der Franziskaner Alexis Trousset unter dem Pseudonym Jacques Olivier veröffentlicht hatte. Die Schrift war wenig originell, dennoch folgten empörte Antworten: Gegenargumente wurden in Stellung gebracht, die alphabetische Aufstellung weiblicher Laster wurde gekontert mit Alphabeten weiblicher Vollkommenheit. Selbst alte Schriften aus der Tadition der „Querelle des femmes" wie Martin Le Francs „Frauenkämpfer" aus dem 15. Jahrhundert wurden wieder aufgelegt.

Diese französische Debatte wurde zumeist auch auf Französisch geführt, wie überhaupt die Frauendebatte der frühen Neuzeit sich der jeweiligen Nationalsprachen bediente. Latein, die klassische Gelehrtensprache, wird im Laufe dieser Geschlechterdiskussion im 16. und 17. Jahrhundert immer seltener verwendet, die Diskurse sollten allen Lesefähigen, nicht nur den akademisch Gebildeten zugänglich sein. So erschien denn auch 1646, acht Jahre nach der ersten Veröffentlichung, eine französische Übersetzung der Rivet-Briefe unter dem Titel „Die berühmte Frage, ob es notwendig ist, dass auch Mädchen gebildet sind, behandelt von Mademoiselle Anna Maria van Schurman und André Rivet". Der französische Dichter Guillaume Colletet hatte die Übersetzung erstellt und war auch Herausgeber des kleinen Bandes. Abgedruckt waren in Übersetzung wiederum die drei längeren Briefe der Pariser Edition von 1638, zudem verschiedene Epigramme und Huldigungsgedichte auf van Schurman, darunter auch eine umfangreiche, in französischer Übersetzung wiedergegebene Eloge, die der Karmelitermönch Luis Jacob (1608–1670) verfasst hatte und die später auch in van Schurmans Sammelausgabe der „Opuscula" aufgenommen wurde.

Eine prominente weibliche Stimme in dem heftigen literarischen Schlagabtausch der französischen Geschlechterdiskussion der 1620er Jahre war Marie de Gournay (1565–1645), eine illustre Gestalt im Pariser Kulturleben jener Tage, die später auch brieflichen Kontakt mit van Schurman hatte. Unverheiratet logierte Marie de Gournay allein in ihrer Pariser Wohnung und widmete sich ausschließlich der Schriftstellerei. Allein das galt der damaligen Zeit schon als exzentrische Lebensweise. Durch ein ererbtes Vermögen, das die adligen Eltern ihren Kindern hinterlassen hatten, durch die Einkünfte aus ihren Veröffentlichungen und durch gelegentliche finanzielle Unterstützung mächtiger Freunde, darunter Kardinal Richelieu und Ludwig XIII. selbst, konnte sie ihr Auskommen finden. Sie schrieb literarische Texte, Gedichte und Geschichten, fertigte geschliffene Übersetzungen klassischer Autoren wie Vergil, Ovid oder Sallust an und schrieb auch anspruchsvolle literaturkritische Arbeiten, etwa über Übersetzungstheorie oder die Literaturtheorie des Pierre de Ronsard und der Autorengruppe der „Pléiade".

Als 18-Jährige – sie lebte zu der Zeit noch auf dem elterlichen Landgut in Gournay-sur-Aronde in der Picardie – hatte sie die damals noch weithin unbekannten, rund zwei Jahre zuvor erst erschienenen „Essais" von Michel de Montaigne gelesen und war von dem Buch so begeistert, dass sie umgehend mit dem Autor Kontakt aufnahm. Bei einem Parisbesuch traf sie den fast vierzig Jahre älteren Montaigne persönlich, später besuchte er sie auch für einige Zeit auf dem Gut der Eltern. Daraus ergab sich eine enge Zusammenarbeit. Allein als Assistentin Montaignes, die insgesamt elf Ausgaben der dreibändigen „Essais", auch nach dem Tod Montaignes, betreute, verdiente sie sich schon einen besonderen Platz in der Literaturgeschichte. Montaigne selbst, dessen Urteil über das weibliche Geschlecht durchaus zwiespältig war, erhob sie in einem seiner „Essais" zu seiner „geistigen Adoptivtochter". Er hege zu ihr, schrieb er dort, „gewiß mehr als väterliche Liebe" und fühle sich ihr „so tief verbunden, als wäre sie einer der besten Teile meines eigenen Wesens. Wenn Jugend je vielversprechend war, dann diese". Montaigne beschreibt Marie de Gournay als eine geborene Literatin, wegen der „außergewöhnlichen Heftigkeit", mit der sie nur durch die Lektüre der „Essais" „in Liebe zu mir entbrannte", und vor allem wegen des „Urteils, das sie über meine ersten *Essais* abgab – man bedenke: als Frau, und in diesem Jahrhundert und so jung, und als einzige in ihrer Gegend".[37] Mit der Berühmtheit der „Essais" stieg auch der Ruhm Marie de Gournays, und so war ihrer Abhandlung über „Die Gleichheit von Männern und Frauen", die sie 1622 erstmals veröffentlichte, öffentliche Aufmerksamkeit gewiss. Wie der Titel zeigt, vertrat Marie de Gournay darin ein egalitäres Geschlechterbild. Männer und Frauen werden als in allen wesentlichen Aspekten gleich beschrieben. Das eine Geschlecht darf nicht dem anderen gegenüber diskriminiert werden.

Van Schurman kannte diese Abhandlung, doch die Vorstellung von der Gleichrangigkeit der Geschlechter kam ihr unangemessen vor. Auch Rivet hatte in seinem Erwiderungsbrief auf das vielzitierte Bild von der Frau als dem „schwächeren Gefäß"[38] im ersten Petrusbrief verwiesen und eine Gleichheit der Geschlechter als abwegig verworfen, „mag auch de Gournay noch so sehr dagegen protestieren".[39] Van Schurman griff diesen Hinweis auf, versuchte aber, die Herabsetzung etwas abzumildern. Die *Eleganz und Anmut dieser kurzen Abhandlung* will sie dabei gar nicht in Abrede stellen. Dennoch: De Gournays Text *in allen Punkten zu billigen, würde ich nicht wagen und möchte ich auch nicht tun.* Stattdessen verweist sie *der Kürze halber auf die Zitate aus gelehrten Autoren, die jene anführt.*[40]

Diese Äußerungen van Schurmans zeigen eine gewisse Zwiespältigkeit, eine unentschiedene Haltung, die auch in ihrem persönlichen Kontakt mit der rund 40 Jahre älteren Marie de Gournay wieder aufscheint. Ein Briefpaar aus dieser Korrespondenz ist erhalten. Als Reaktion auf die Veröffentlichung der „Freundlichen Erörterung" wendet sich die Pariser Autorin am 20. Oktober 1639 an van Schurman. Sie äußert ihren Respekt und ihre Bewunderung für van Schurmans Arbeiten, „erlaubt" sich aber „im Vorbeigehen einen kleinen philosophischen Ratschlag zu geben": Das Sprachenstudium, dessen Bedeutung van Schurman in ihrem Brieftraktat an Rivet ja besonders hervorgehoben hatte, sollte, so Marie de Gournay, nicht „zuviel Zeit beanspruchen", besonders bei einem „Geist wie dem Ihrigen, der für andere und bessere Dinge geeignet ist"; überhaupt sei es nicht sinnvoll, „alles im Original lesen zu wollen, wie Sie es tun".[41] Latein und Griechisch, dazu Spanisch, Italienisch und Englisch, das müsse genügen. Marie de Gournay hatte selbst geschliffene Übersetzungen veröffentlicht und sich auch theoretisch mit dem Problem des Übersetzens beschäftigt; ihr Urteil hatte Gewicht. Doch van Schurman wollte diesen Einwand nicht recht gelten lassen. In ihrer Antwort vom 26. Januar 1640 bedankt sie sich freundlich für die Reverenz durch die gelehrte Geschlechtsgenossin, nimmt für sich aber bei der empfohlenen Einschränkung des Sprachenstudiums in Anspruch, eine *Ausnahme bei der heiligen Sprache*, dem Hebräischen, zu machen. In ihr nämlich sei das *Wort Gottes, der Hauptgegenstand unseres Denkens* zum Audruck gebracht und keine Übersetzung könne *der Emphase und Einfachheit dieser heiligen Mysterien gerecht werden*. Sie zitiert die Aufforderung des Kirchenvaters Hieronymus, wir sollten hier auf Erden diejenigen Dinge erlernen, die uns auch im Himmel erhalten bleiben, und damit sei *das Hebräische gemeint, dessen Nutzen (nach der Meinung der weisesten Männer) auch im anderen Leben bei uns bleiben wird*.[42] Die tief religiöse Motivation van Schurmans, gerade in ihren Äußerungen zur Frauenfrage, musste der extrovertierten, engagierten und streitlustigen Französin fremd bleiben.

Marie de Gournay hatte in ihrem Brief in Aussicht gestellt, sie werde van Schurman, wenn sie „noch ein paar Jahre leben" werde, „eine neue Auflage meines Traktats schicken, in dem dann auch Ihr Name erwähnt sein wird".[43] Als 1641 eine neue Ausgabe der „Gleichheit von Männern und Frauen" erschien, fand sich nun im Katalog berühmter und gelehrter Frauen tatsächlich auch „Mademoiselle van Schurman, die diesen beredten Frauen nacheifert, und auch den lyrischen Dichtern, gerade in ihrer klaren lateinischen Sprache, und die dadurch auch alle anderen, alten und neuen, freien und edlen Künste beherrscht".[44] Marie de Gournay empfand also durchaus eine aufrichtige Bewunderung für van Schurman und auch umgekehrt sah van Schurman in der Französin eine Symbolfigur ihres Kampfes für ein neues, ein von den Traditionen gelöstes Frauenbild, auch wenn die beiden idealen Frauenbilder keineswegs kongruent waren. Van Schurman dichtete auf Marie de Gournay, die *die Sache unseres Geschlechts so tapfer verteidigt*, ein Lobgedicht. Die kraftstrotzende militärische Metaphorik der Verse zeichnet die französische Adlige als kämpferische Führerin eines frühneuzeitlichen „Feminismus". *Es* rische Führerin eines frühneuzeitlichen „Feminismus". *Es steht Dir gut an*, heißt es da, *die Sache unseres unschuldigen Geschlechts zu verteidigen und gegen die verwerflichen Männer unsere eigenen Waffen zu richten. Geh voran, Du Zierde von Gournay, wir werden Deiner Standarte folgen, denn dir selbst geht die Sache voran, die mächtiger ist als körperliche Kraft.* Hier drückt sich ein Solidaritätsgefühl aus, das Empfinden, für die „selbe Sache" zu streiten, auch wenn die Idee einer Gleichheit der Geschlechter, wie sie Marie de Gournay propagierte und wie sie von dem cartesischen Philosophen François Poullain de la Barre (1647–1725) wenige Jahrzehnte später in seiner 1673 veröffentlichten Schrift „Von der Gleichheit der beiden Geschlechter" wieder eindringlich dargelegt wurde, van Schurman fremd bleiben musste. So erklärt sich auch, dass sie darauf bedacht war, ihre prominente Pariser Korrespondenzpartnerin vorsichtig auf Distanz zu halten. In einem nicht erhaltenen Brief muss Marie de Gournay einen engeren Kontakt der beiden Frauen vorgeschlagen haben, denn im Oktober 1640 wendet sich van Schurman an Rivet und bittet ihn um Rat: *Nach meinem Schreiben wandte sich die edle Marie de Gournay jüngst an mich und bot mir an, dass wir untereinander eine engere Beziehung, gleichsam wie zwischen Mutter und Tochter, knüpfen. Ich bitte Sie inständig, dass Sie mir mit Ihrer Klugheit und Ihrem väterlichen rechtschaffenen Sinn so bald wie nur möglich mitteilen, wie ich mich dazu verhalten soll.*[45] Dass Rivet die Ideen der Französin für verfehlt und eine engere Verbindung folglich nicht für förderlich hielt, lässt sich vermuten. Von einem Briefwechsel der beiden Frauen in den anschließenden fünf Jahren bis zum Tod de Gournays 1645 ist jedenfalls nichts bekannt.

Auch wenn van Schurmans Frauenbild im Vergleich zu anderen, progressiveren Protagonisten der „Querelle des femmes" alles andere als revolutionär erscheint, sah sie sich dennoch als Teil einer „Frauenbewegung". Gezielt knüpfte sie mit anderen Frauen Netzwerke, traf sich nach Möglichkeit persönlich mit ihnen und tauschte sich intensiv brieflich mit ihnen aus. Wichtige Knotenpunkte dieses Netzwerkes waren mit Männern besetzt, doch es waren die gemeinsamen Anliegen, die Ähnlichkeit der Lebenssituation gebildeter Frauen in den verschiedenen europäischen Ländern, durch die die Frauen zu einem Gedankenaustausch angeregt wurden. Das Thema Frauenbildung brachte van Schurman beispielsweise dazu, um 1639 – der Rivet-Briefwechsel war eben erschienen und van Schurman arbeitete vermutlich schon an der „Dissertatio" – den Kontakt zu der gebildeten Engländerin Bathsua Reginald Makin (geb. 1600) zu suchen. Zu dieser Zeit arbeitete Makin als Erzieherin am englischen Hof. Van Schurman hatte über ihre Freundin Elisabeth von der Pfalz, die Nichte des Königs Charles I., schon früh indirekten Kontakt zum englischen Herrscherhaus. Bathsua Makin wiederum war Lehrerin und Erzieherin der Tochter von Charles I., die wie ihre in den Niederlanden lebende Tante den Namen Elisabeth trug. Schon als die kleine Elisabeth 1635 auf die Welt gekommen war, hatte van Schurman ein kleines Gedicht auf deren Geburt verfasst, ein Hinweis darauf, dass van Schurman eine gewisse Nähe zum englischen Königshaus hatte.

Zwei Briefe von van Schurman an Makin sind erhalten und wurden in den „Opuscula" veröffentlicht. Beide sind auf Altgriechisch verfasst, denn Makin unterrichtete ihre adlige Schülerin insbesondere in den alten Sprachen. Im ersten Schreiben, datiert auf das Frühjahr 1640, spielt van Schurman auf einen vorangegangenen Brief an, der offensichtlich unbeantwortet geblieben war. Sie schreibe nun erneut, *weil es nicht rechtens wäre, diese günstige Gelegenheit in Schweigen vorbeiziehen zu lassen.* Speziell nach zwei Dingen erkundigt sie sich: *Am meisten interessiert bin ich daran, von Ihnen zu erfahren, wie die Lage der Kirche ist und wie es um die Beschäftigung mit der Tugend und mit den Wissenschaften bei Ihrer königlichen Schülerin steht.*[46] Der zweite Brief ist fünf Jahre später verfasst. Die Lage für Makin hatte sich in der Zwischenzeit radikal verändert. In England war 1642 ein Bürgerkrieg ausgebrochen und Makin war zusammen mit ihrer Schülerin in Arrest. Umso höher schätzt van Schurman die zwischenzeitlich eingetroffene, offensichtlich auch auf Griechisch verfasste Antwort. *Das Lesen Ihres Briefes hat mich sehr erfreut,* schreibt sie. *Er zeigt, dass Sie die schöne griechische Sprache vollendet beherrschen. Das Bewunderungswürdigste freilich ist, dass Sie, obwohl Sie von so vielen Haushaltsangelegenheiten verfolgt werden, sich viel mit Philosophie beschäftigen und dass Ihre Musen mitten in diesem Waffenlärm keineswegs ihre Stimmen verloren haben.*[47] Makin scheint in ihrem Brief philosophische Überlegungen über Schönheit zur Sprache gebracht zu haben, die van Schurman beeindruckt haben müssen.

Möglicherweise hatte van Schurman eine Druckausgabe ihrer Korrespondenz mit Rivet über die Bildung der Frau nach England geschickt. Jedenfalls veröffentlichte Samuel Torshell (1604–1650), wie Makin Lehrer am englischen Hof, im selben Jahr 1645, in dem van Schurmans zweiter bekannter Brief an Makin geschrieben wurde, eine englische Übersetzung des langen Briefes über Frauenbildung, den van Schurman am 6. November 1637 an Rivet geschickt hatte. Torshells Band trug den Titel „Ruhm der Frauen" („The womans glorie") und war der inzwischen zehnjährigen Prinzessin Elisabeth, Makins Schülerin, gewidmet. Konkrete Belege fehlen, aber van Schurmans Schriften scheinen zu dieser Zeit, wohl nicht zuletzt durch Vermittlung von Bathsua Makin, in England kursiert zu sein. Als Makin in ihren späten Lebensjahren als 73-Jährige – inzwischen hatte sie in der Nähe von London eine Mädchenschule gegründet – eine Programmschrift über die Erziehung von Mädchen veröffentlichte, vergaß sie nicht, mehrmals van Schurman als Philosophin und Dichterin, als Wissenschaftlerin, Theologin und Sprachenwunder zu erwähnen.

Auch in Utrecht lassen sich eine Reihe von Frauenfreundschaften van Schurmans nachweisen, so etwa zu der in Utrecht geborenen und später gelegentlich in ihre Geburtsstadt zurückgekehrten Engländerin Utricia Ogle-Swann (1616–1674), die auch mit Constantijn Huygens eng befreundet war und mit der van Schurman die Leidenschaft für die Musik verband. Auch André Rivet stiftete immer wieder Kontakte zu anderen weiblichen Gebildeten. So verband van Schurman eine enge Freundschaft mit der hochgebildeten Marie du Moulin (ca. 1625–1699), der Tochter des berühmten hugenottischen Theologen Pierre du Moulin (Petrus Molinaeus). Rivet war Marie du Moulins Onkel. Sie lebte in seinem Haushalt in Den Haag und später in Breda. Aus dem Briefwechsel zwischen van Schurman und Marie du Moulin sind einige Briefe erhalten, verfasst auf Französisch und Hebräisch, und aus diesen sehr persönlichen, vergleichsweise informellen Texten geht hervor, dass es auch zu Besuchen kam, bei denen sich zwischen den beiden Frauen ein inniges Verhältnis bildete.

Ein warmer, herzlicher Ton herrscht auch in den Briefen vor. *Wir haben die selben Interessen in Freude und Trauer,* schreibt van Schurman zum Beispiel im Dezember 1646 an Marie du Moulin, *und ich war beglückt, in Ihrem Brief tatsächlich Kennzeichen einer heiteren Miene zu sehen, ein Gesicht, das nicht allein lächelt, sondern das auch die Sorge selbst ein klein wenig lächeln macht.* Eine wahrlich Weise sei die Adressatin, *denn Sie mischen ein wenig Wahnsinn in ihre Weisheit, zumal Sie besonders gerne die Welt an der Nase herumführen und sich kleiner darstellen, als Sie tatsächlich sind.*[48] Es hat den Anschein, als habe van Schurman auch über geographische Distanzen hinweg enge, intime und aufrichtige Freundschaften mit anderen Frauen aufrechterhalten können. Das zeigt auch ein erhaltener Brief an eine Anne de Merveil, deren Identität im Dunkeln bleibt: An die Adlige, die offenbar kurz zuvor ihren Mann verloren hatte, schickte van Schurman einen Trostbrief in klassischer Manier, doch sehr persönlich formuliert, eine auf biblischen Zitaten basierende philosophische *consolatio,* wie sie schon van Schurmans Lieblingsautor Seneca verfasst hatte.

Auch mit der protestantischen französischen Adligen Anne de Rohan (1584–1646) machte Rivet seine Utrechter Schülerin bekannt. Anne de Rohan war, wie schon ihre Mutter Catherina de Parthenay (1554–1631), die Mathematik bei dem berühmten François Viète gelernt hatte, weithin bekannt als weibliche Intellektuelle, doch über den Austausch von Ehrerbietungen und Schmeicheleien kommt der Kontakt hier – so weit man aus der erhaltenen Korrespondenz schließen kann – nicht hinaus. Zwar kommen unter anderem die aktuellen religiösen Konflikte in Frankreich, in die Anne de Rohan verwickelt war, zur Sprache, aber insgesamt bleiben die Briefe recht oberflächlich. Von einer wahrscheinlichen Korrespondenz van Schurmans mit der dänischen Gelehrten Birgitte Thott (1610–1662) ist nichts erhalten geblieben. Ein Lobgedicht, das die Niederländerin für die dänische Übersetzung des Seneca, die Thott 1658 veröffentlichte, schrieb und das dort auf der prominenten ersten Seite abgedruckt wurde, lässt vermuten, dass der Kontakt zwischen den beiden Frauen enger war. Nicht zuletzt verband die beiden Wissenschaftlerinnen das gemeinsame Engagement für eine weibliche Gelehrtenkultur, für die sich Thott auch in ihren

Gelehrtenkultur, für die sich Thott auch in ihren Schriften einsetzte.

Es war in der Tat die Bildungsfrage, das zentrale Thema van Schurmans in ihrer äußerlich aktivsten Lebensphase zwischen 1635 und 1645, die ihr den Anstoß gab, ein umfängliches briefliches Netzwerk zwischen Frauen aufzubauen. Natürlich konnte sie nicht mit allen Korrespondenzpartnerinnen in gleicher Intensität Austausch pflegen, doch insgesamt zeigt sich ein verblüffend engmaschig gestricktes Netz mit Fäden in die verschiedensten Regionen Europas. So wurde van Schurmans Einsatz für eine liberalere Einstellung gegenüber Frauenbildung von der aus Irland stammende Dorothy Moore (1613–1664) mit einiger Begeisterung aufgenommen. Vielleicht keine andere der vielen prominenten Frauenfiguren in van Schurmans Adressbuch zeigt so eindrucksvoll, wie sehr ihr Einsatz für Frauenbildung einen Nerv der Zeit traf. Dorothy Moore war über ihren ersten Mann Arthur Moore verwandt mit dem epochemachenden Naturwissenschaftler Robert Boyle (1627–1691), ihr zweiter Ehemann wurde John Dury, der engste Mitarbeiter von Samuel Hartlib (ca. 1600–1662). Der aus Masuren stammende Hartlib war – ähnlich wie Marin Mersenne in Paris – eine der wichtigsten Schaltstellen im internationalen Austausch der europäischen Wissenschaftler im 17. Jahrhundert. Hartlib gründete in London ein Adressbüro („Office of Publick Adresse"), das vor allem dazu dienen sollte, die rasanten Entwicklungen in der frühneuzeitlichen Wissenschaftswelt miteinander zu vernetzen und einen engen Austausch der besten Köpfe zu ermöglichen. Der Pädagoge Jan Amos Comenius besuchte Hartlib in London und fand so auch Anschluss an den Hartlib-Kreis, ein wissenschaftlich-pädagogisches Forum, aus dem später die Royal Society hervorging und deren Gründungsmitglied wiederum Robert Boyle war. In vielen Ländern wurden seit Beginn des 17. Jahrhunderts solche Nationalakademien gegründet, Gelehrtengesellschaften, die durch enge Kommunikation eine wechselseitige Inspiration der Forscher und eine rasche Fortentwicklung der Wissenschaften fördern sollten. Es ist sicher kein Zufall, dass die Biographie von Dorothy Moore am Schnittpunkt dieser wissenschaftsgeschichtlich so bedeutsamen Veränderungen steht. Es war insbesondere die Mathematisierung der Naturwissenschaften, maßgeblich initiiert durch die Arbeiten Galileo Galileis und René Descartes', die in diesen Jahrzehnten enorme Impulse für die Gelehrtenwelt gaben; man erkannte, dass Wissenschaft gerade im grenzüberschreitenden Austausch erst wirklich ihre Kräfte entfalten konnte. Fragen nach einer neuen Pädagogik, nach einer alternativen Struktur des Wissenserwerbs und auch nach einer innovativen institutionellen Organisation von Wissenschaft verschränken sich im Bemühen Mersennes, Hartlibs und anderer, Forschung zu einem Feld offener, schrankenloser Kommunikation zu machen. Und gerade weil van Schurman und manch andere hochgebildete Frau ihrer Zeit zwar an diesem eher informellen Austausch Anteil hatten und gewichtige Beiträge leisteten, von den starren und in ihrer Organisationsform eher behäbigen Bildungsinstitutionen aber noch immer ausgegrenzt wurden, traf die Utrechter Gelehrte in ihren Interventionen für die gebildeten Frauen einen wunden Punkt: Konnte die expandierende Wissenschaft es sich wirklich leisten, das immense weibliche Potential aus dem neuen, nunmehr vernetzen Wissenschaftsbetrieb auszuschließen? Dies war eine Frage, die in der Luft lag, die sich aus den zeitgenössischen Umwälzungen ergab. Nicht zuletzt aus dieser Perspektive war van Schurmans Standpunkt nicht eben leicht vom Tisch zu wischen. Es ist vielsagend, dass ebenfalls im Jahr 1641, in dem die „Dissertatio" erschien, Samuel Hartlib seine „Macaria" veröffentlichte und Comenius, der zu dieser Zeit bei Hartlib in England war, seine „Via lucis" entwarf, beides Schriften, die eine Vision von einer umfassenden Reformation der Wissenschaft, der Religion und überhaupt der menschlichen Kultur beschreiben.

Möglicherweise trafen sich Dorothy Moore und van Schurman schon Ende 1640 in Utrecht. Belegbar ist ein Besuch im Juli 1643, bei dem Moore ihre beiden Söhne aus erster Ehe traf, die bei Gisbert Voetius studierten. In zwei Briefen an Moore bringt van Schurman zum Ausdruck, dass sie sich einen tiefgehenden wissenschaftlichen Diskurs mit ihrer irischen Freundin erhofft. Ein internationaler Austausch des Wissens mit ihren weiblichen Briefpartnern, ein Austausch, wie ihn die ins Leben gerufenen

Akademien leisten wollten und wie er gerade bei den emsigen niederländischen Kaufleuten mit ihren wertvollen Waren an der Tagesordnung war, das war van Schurmans Vision. In einem ersten hebräischen Brief ohne Datumsangabe schreibt sie: *Lassen Sie uns gemeinsam Weisheit und Wissen erwerben und miteinander austauschen, denn damit zu handeln ist besser als mit Silber, und es zu erwerben ist besser als Gold,*[49] und im zweiten, lateinischen Brief vom April 1641 träumt sie davon, dass *es uns beiden einmal mit Gottes Gnade möglich sei, unter einem Dach zu sein* und *gemeinsam unsere Studien* zu betreiben.[50]

Van Schurman schickte Moore mit gleicher Post auch den publizierten Briefwechsel mit Rivet; dieser scheint Moore angeregt zu haben, selbst mit Rivet in Kontakt zu treten. Im September und Oktober 1643 wechselten Moore und Rivet dann einige Briefe, in denen zwar van Schurman nie erwähnt wird, deren Thema aber, die Rolle der Frau in Gesellschaft und Kirche, nahe an van Schurmans vorangegangener Debatte mit Rivet lag. Auch die Frage der Bildung von Frauen, der Teilnahme von Frauen am Fortgang der Wissenschaften wird dabei angesprochen. Auch wenn Moores Position in der Frage nach dem sozialen Rang der Frau nicht in allen Punkten kongruent ist mit van Schurmans Standpunkt, stellt Moore auch konkret die Frage, wie das der Frau zukommende „private" wissenschaftliche Studium auszusehen habe, damit es auch der Gesellschaft als ganzer zugute kommt. Immer wieder also die selbe Frage: Wie sollen Frauen wissenschaftliche Beiträge leisten können, wenn Wissenschaft doch gerade im öffentlichen Austausch, im Diskurs und in der Kommunikation besteht?

Die längste und engste Frauenfreundschaft pflegte van Schurman mit der Pfalzgräfin Elisabeth. In den Briefen an Elisabeth brachte die Utrechter Gelehrte, anders als in den vielen anderen, oft auch eher oberflächlichen, formalen Respektbekundungen, viele der Gedanken zur Sprache, die sie persönlich und in ihrer wissenschaftlichen Arbeit beschäftigten. Erhalten sind nur zwei Briefe van Schurmans an Elisabeth, doch der Kontakt zwischen den beiden Frauen war erheblich intensiver. Sie hatten viele Gelegenheiten, sich persönlich in Utrecht oder Rhenen, wo sich Elisabeth häufig aufhielt, zu sehen. In ihrer Autobiographie spricht van Schurman selbst von einer *alten Freundschaft* zu der Prinzessin, die über Jahrzehnte hinweg bestanden und sich in *häufigen Besuchen* und *oft ausgetauschten Briefen* geäußert habe.[51] Als Äbtissin des Herforder Stifts sollte Elisabeth noch 1670 ihrer niederländischen Freundin und den anderen Anhängern Labadies vorübergehend Asyl bieten.

Die Briefe an Elisabeth geben einigen Aufschluss über das philosophische Denken van Schurmans in dieser Lebensphase. Das erste, später in den „Opuscula" abgedruckte Schreiben wurde am 7. September 1639 verfasst. Zentrales Thema ist der Wert der Geschichtsschreibung, am Rande kommen auch die Physik und die Astronomie zur Sprache, und der Brief zeigt durch die erwähnten Fachautoren nicht nur das breite Spektrum an Büchern, das van Schurman gelesen haben muss, sondern belegt auch, dass sie sich in dieser Zeit intensiv mit der Theorie der Wissenschaften beschäftigte. Zeitgleich verfasste sie die „Dissertatio", in der sie einen weiblichen Bildungsanspruch nicht zuletzt auch auf eine dort skizzenhaft begründete Wissenschaftstheorie stützte – und die sie später in der „Eukleria" ausführlich als einen jugendlichen Irrweg darstellen wird. Der Nutzen der Geschichte, schreibt sie an Elisabeth, *ist fast unendlich, im besonderen deswegen, weil Beispiele die Sinne und die Vorstellungskraft viel lebhafter anregen als die Lehren der Philosophie. Überdies ist die Kenntnis der Vergangenheit, die auf diesem Wege erworben wird, ohne Voreingenommenheit oder Tendenz zur Einseitigkeit, die diejenigen kaum vermeiden können, die sich allein von der Erfahrung leiten lassen. Wir können hier wie in einem klaren Spiegel alle vergangenen Jahrhunderte sehen und daraus sehr wahrscheinliche Prognosen für die kommenden ableiten. Infolge dessen werden wir die Vollkommenheit erreichen, in der wir nichts mehr auf der Erde als neu ansehen, und wir werden mit dem weisesten aller Könige sagen können: ‚Was geschehen ist, wird wieder geschehen, was man getan hat, wird man wieder tun: Es gibt nichts Neues unter der Sonne.'* [Koh 1,9] *Es ist freilich wahr, dass es schwierig ist,* [aus der Geschichtsschreibung] *eine ganz spezielle Anwendung abzuleiten* [...]: *Das Wesen der Dinge aber bleibt, mögen sich auch gewisse Formalitäten und Äußerlichkeiten für gewöhnlich ändern.*[52] Für solch tiefgründige Reflexionen über die grundlegende Bedeutung von Wissenschaft war Elisabeth von der Pfalz durchaus eine adäquate Adressatin: Sie war selbst vielseitig gebildet, „liebte das Studium", wie ihre Schwester Sophie sie in ihren Memoiren später charakterisierte, „kannte alle Sprachen und alle Wissenschaften". In ihrer Familie wurde sie deshalb auch „die Griechin" genannt. Diese Nähe zur Wissenschaft schlug sich unter anderem in einem engen Austausch Elisabeths mit René Descartes nieder. Mit ihm, so Sophie, hatte sie „eine festen Kontakt", aber „dieser bedeutende Wissenschaftler machte sie ein wenig zerstreut und gab uns oft Gelegenheit zu lachen".[53] Descartes war nicht nur einer der aufsehenerregendsten Denker seiner Zeit, dessen Projekt, die mathematisch-geometrischen Naturwissenschaften metaphysisch zu begründen, zu den wichtigsten wissenschaftlichen Innovationen der Neuzeit gehörte, sondern er hielt sich Anfang der 1640er Jahre auch vielfach in Utrecht und Umgebung auf. Aller Wahrscheinlichkeit nach traf sich die damals 24-jährige Prinzessin ab Herbst 1642 immer wieder mit dem Philosophen und tauschte sich intensiv mit ihm aus. Der erhaltene Briefwechsel belegt ein sehr enges, fast liebevolles Verhältnis der beiden, aber auch einen tiefschürfenden Diskurs über philosophische Probleme. Besonders der Dualismus von Leib und Seele, eine der zentralen Denkfiguren in Descartes' Philosophie, war der Prinzessin Anlass zu einer Briefdebatte, und viele der Überlegungen, die hier entwickelt wurden, finden sich in der 1649 von Descartes veröffentlichten Schrift „Die Leidenschaften der Seele" wieder, in der der französische Philosoph eine Verknüpfung zwischen seelischen Regungen und der Physiologie zu bilden versuchte. Nicht zufällig war es denn Elisabeth, der Descartes schon 1644 sein lehrbuchartiges Werk über die „Prinzipien der Philosophie" widmete.

Utrecht war auch Schauplatz einer der heftigsten Kontroversen über die cartesische Philosophie, und in deren Zentrum stand Gisbert Voetius, van Schurmans Lehrer. Voetius kritisierte öffentlich und überaus polemisch die Lehre Descartes', verurteilte sie als atheistisch und geradezu ketzerisch. Als Rektor der Universität setzte Voetius 1642 sogar ein Verbot der Schriften Descartes' durch, eine Verurteilung, die der Senat der Universität erst 2005 wieder offiziell aufhob. Descartes sah sich genötigt, dazu in einem offenen „Brief an Voetius" Stellung zu nehmen. Gerichtliche Schritte drohten, erst die Autorität des Prinzen konnte die Kontroverse schließlich abkühlen.

Schon seit Ende der 1630er Jahre hatte es eine procartesische Fraktion an der Universität Utrecht gegeben. Besonders der Medizinprofessor Henricus Regius (1598–1679) dozierte begeistert über die Naturphilosophie des französischen Philosophen, wenngleich er sie bisweilen auch so verkürzte, dass Descartes selbst die Irrtümer in öffentlichen Erklärungen wieder richtig stellen musste. In einem Brief vom Mai 1640 bietet Descartes seinem Anhänger Regius an, selbst nach Utrecht zu kommen. Natürlich interessierten ihn die hitzigen Diskussion über seine Ideen in den Hörsälen der dortigen Universität. Er stellt allerdings die Bedingung, „dass ich mich in der Loge von Fräulein van Schurman, von der aus sie die Lehrveranstaltungen zu verfolgen pflegt, versteckt halten kann".[54]

Descartes kannte auch van Schurman zu dieser Zeit schon persönlich. Bereits 1635 – seine „neue" Philosophie war in Arbeit, aber noch nicht publiziert – machte der damals noch recht unbekannte Denker der außergewöhnlichen Frau in Utrecht seine Aufwartung. Wir wissen davon aus einem Brief van Schurmans an Rivet vom 18. März 1635; sie berichtet darin, *dass mich vor kurzem Herr Descartes besucht hat, wie man sagt ein Mann von großer, ja unerhörter Bildung; er scheint für den üblichen oder tradierten Fortgang der Wissenschaften nur wenig Bewunderung zu haben und sagte, von all dem trage nichts zu einem wahren Wissen bei; er selbst aber habe eine andere Methode gefunden, auf der er dorthin weitaus schneller und zuverlässiger gelangen könne.*[55] Noch interessanter als der Umstand, dass Descartes den Kontakt zu van Schurman suchte, ist vielleicht die Tatsache, dass es auch in diesem Gespräch abermals um Fragen der Wissenschaftstheorie geht, ein Thema, das Descartes beschäftigt, das aber auch für van Schurman zu einem Grundproblem gehört, das sie in dieser Zeit bearbeitete. Der Brief Descartes' an Marin Mersenne vom November 1640, in dem er den ungünstigen Einfluss beklagt, den Voetius auf van Schurman ausübe, lässt vermuten, dass er sich auch in den folgenden Jahren über van Schurmans Studien und ihre wissenschaftliche Arbeit auf dem Laufenden hielt, sicher auch vermittelt durch den gemeinsamen Freundeskreis, so etwa Constantijn Huygens, in Dordrecht Andreas Colvius und Johan van Beverwijck, Adolph Vorstius in Leiden und freilich nicht zuletzt Elisabeth von der Pfalz, die allesamt mit Descartes in Kontakt standen.

Die von dem Labadisten Pierre Yvon verfasste Lebensbeschreibung van Schurmans berichtet auch von einer Begegnung mit Descartes. Eine genaue Datierung dieses Treffens ist kaum möglich, doch sei, so Yvon, „bei ihrer Unterredung etwas Besonderes" vorgefallen, „wovon Madm. van Schurman einige Nachricht hinterlassen wollte". Van Schurman selbst scheint also die Episode tradiert zu haben: Als Descartes die Wohnung der Utrechter Gelehrten betrat, habe „eben eine hebräische Bibel auf dem Tisch gelegen". Descartes habe sich erkundigt, was dies sei, und so habe sich ein Gespräch entsponnen über den Wert der Lektüre eines Autors in seiner Originalsprache, insbesondere bei den biblischen Texten. Ein Übersetzer, habe van Schurman gesagt, müsse, wenn er einen Autor „in eine andere Sprache reden ließ", immer etwas von dessen Meinung „im Stich lassen", und deshalb „wäre es noch etwas Seltsameres, dergleichen in Ansehung der Heiligen Schrift zu finden, als wovon man den wahren Verstand nicht anders haben könnte, als wenn man von dem Geist, der solche aufzeichnen lassen, erleuchtet würde", und das sei ja nicht „der Menschen Geist, sondern der Geist Gottes". Descartes habe erwidert, dies sei auch früher seine Auffassung gewesen, doch als er sich mit dem ersten Kapitel der Genesis auf Hebräisch beschäftigt habe, „hätte er dennoch nichts Klar- und Deutliches daraus begreifen können" und „dabei wahrgenommen, dass, anstatt dass er [der Autor Mose] ihm einiges Licht geben sollte, derselbe im Gegenteil mit allem, was er vorbrachte, ihn nur verwirrter machte." Diese Antwort ging van Schurman „recht durch das Herz und machte ihr gleich anfangs vor diesem Philosophen einen solchen Ekel, dass sie sich sehr hütete, mit selbigem jemals etwas zu tun zu haben".[56]

Authentisch eingefangen sind hier sicher die Vorbehalte van Schurmans gegenüber Descartes' „unhistorischer" Methode, doch inwieweit hier eine Szene unter dem späteren Einfluss der

Theologie Jean de Labadies umgedeutet wurde, muss unklar bleiben. Dass van Schurman sich schon früh und eindringlich mit den Schriften Descartes' beschäftigte, ist mit großer Wahrscheinlichkeit anzunehmen. 1635, bei ihrem ersten Treffen, kann sie von der *anderen Methode*, an der ihr Gast arbeitet, allenfalls eine Vorahnung bekommen haben. Worauf Descartes' Ansatz hinausläuft, wird klar, als 1637 seine „Abhandlung über die Methode" und 1641 seine „Meditationen über die Erste Philosophie" erscheinen. Es sind diese Schriften, die zunächst weniger den Widerstand der katholischen Kirche, als vielmehr den des niederländischen Calvinismus hervorrufen. Descartes Philosophie kratze vor allem an den Autoritäten, die im orthodoxen Calvinismus, dessen bedeutendster Führer Voetius zu jener Zeit war, als vorrangig galten: an Aristoteles und den Denkern der mittelalterlichen Scholastik, deren Methodik an der zeitgenössischen Universitäten noch immer als Ideal galt.

Die cartesische Philosophie warf vor allem zwei Probleme auf, die sie nicht vollständig zu lösen vermochte: Wenn der Mensch tatsächlich aus zwei vollkommen verschiedenen Substanzen, räumlichem Leib und denkender Seele, besteht, worin liegt dann die Einheit des Menschen, seine essentielle Eigenheit? Wenn alle körperlichen Eigenschaften des Menschen zufällig und veränderbar sind, wie können wir den Menschen dann noch als etwas Einheitliches beschreiben? Und wie sollen wir uns, zweitens, überhaupt eine Wechselwirkung der beiden per Definition unterschiedlichen Substanzen Leib und Seele denken? Wie soll uns unser Geist zu einer Tat veranlassen, wenn es keinen Austausch zwischen Seele und Leib gibt? Voetius führte die aristotelisch-scholastische Philosophie ins Feld, die seiner Ansicht nach ein solches Problem durch den Begriff der substantiellen Form löste: Die Seele ist die innnere Form des Leibes, entwickelt ihn gleichsam „von innen"; Menschen können daher nur Menschen zeugen, Katzen nur Katzen.

Descartes lehnte nicht nur diese auf Aristoteles zurückgehende Metaphysik ab, deren Zentralbegriffen Stoff und Form er sein dualistisches Konzept von Leib und Seele entgegensetzte. Er hielt auch das methodische Vorgehen der scholastischen Wissenschaft, ihr Deduzieren neuen Wissens aus der logischen Kombination von Prämissen und Begriffsdefinitionen für steril und unnütz. Wenn alles räumlich Ausgedehnte geometrisch beschreibbar ist, dann muss eine Naturwissenschaft mathematische Instrumente anwenden, um diese Räumlichkeit zu beschreiben. Bisweilen polemisch karikierte Descartes das syllogistische Denken der Scholastiker, bei dem in bloßer Phrasendrescherei doch nur gefolgert werden könne, was in den Prämissen ohnehin schon vorformuliert sei.

Solche methodischen Fragestellungen dürften möglicherweise Gegenstand des ersten Gespräches gewesen sein, das Descartes mit van Schurman führte. Und wenngleich es keine Hinweise darauf gibt, dass sich van Schurman offen und ausdrücklich gegen Descartes' Denken wandte, so stellte sie doch klar, dass die Autoritäten, die für die Theologie eines Voetius maßgeblich waren, die Scholastiker und Aristoteles, auch für sie unantastbar seien. Auch mit Elisabeth von der Pfalz, der engen Freundin Descartes', wird sie über dessen Philosophie diskutiert haben. Am 26. Januar 1644 schreibt van Schurman einen Brief an ihre adlige Freundin, in dem sie ihre Position in dieser Frage deutlich macht. Der Name Descartes fällt nicht, auch der konkrete Zusammenhang des Briefes lässt sich nicht bestimmen, aber es geht van Schurman klar darum, ihre Bevorzugung der aristotelischen Tradition zu bekunden. *Es ist wahr,* schreibt sie, *dass ich eine große Achtung vor den scholastischen Doktoren habe und dass sie mir ohne Zweifel gute Gelegenheiten geben könnten, meinen Geist zu üben, wenn ich nicht so häufig durch andere wichtigere Aufgaben davon abgehalten würde.* Sie räumt ein, dass sich die Scholastiker bisweilen zu *unnützen, gefährlichen, ja blasphemischen Spekulationen* hätten verleiten lassen; das habe ihnen *die Kritik vieler gelehrter Leute unserer Zeit eingebracht.* Doch diese berechtigte Kritik sollte nicht *die Zuverlässigkeit und Vorzüglichkeit der Ideen in Misskredit bringen, die wir in ihren Werken zu bewundern pflegen, wenn es darum geht, die Geheimnisse der Philosophie zu erklären oder die wichtigsten Punkte der christlichen Religion gegen die säkularen Skeptiker und Atheisten zu verteidigen.* „Skeptiker", „Atheist" – so wurde Descartes gerade von Kirchenvertretern verschiedener Konfessionen beschimpft, obwohl er den Vorwurf der „Gottlosigkeit" stets energisch zurückwies. Für van Schurman jedenfalls steht der Nutzen scholastischen Denkens außer Frage: *Es wäre schwer zu entscheiden, ob die Scholastiker genialer waren im Hervorzaubern von Zweifeln und Einwänden oder gewandter beim Auflösen derselben, ob sie mutiger waren im Aufgreifen erhabener und schwieriger Fragestellungen oder heroischer und zupackender bei der Aufklärung derselben. So haben sie, nach meiner Meinung, zwei Eigenschaften gut in sich vereint, die sich selten miteinander verbinden lassen, Scharfsinn und Realitätsbezug. Und es ist in der Tat nicht verwunderlich, dass sie zu einem so hohen Grad an Perfektion gelangt sind, zumal sie die Erfolge ihrer Vorgänger und die Errungenschaften der vorangegangenen Jahrhunderte nicht missachtet haben.* Dem „neuen Weg" eines Descartes setzt sie die Vorgänger, die Überzeugungskraft der Tradition entgegen, die *beiden großen Sterne der göttlichen und menschlichen Wissenschaften,* nämlich *Augustinus und Aristoteles, die man beide noch nicht verdunkeln konnte, mit welchem Nebel und mit welchem Chaos an Irrtümern man auch immer versucht, ihr strahlendes Licht zu verhüllen.*[57]

Dieser Brief an Elisabeth von der Pfalz gibt einen kleinen Eindruck davon, in welcher Form van Schurman tatsächlich an den – wissenschaftsgeschichtlich betrachtet – umwälzenden Debatten über Erkenntnistheorie und Methodik der Wissenschaft teilnahm, wie sehr sie in ihrer Arbeit auch diese Themen reflektierte und in ihr philosophisches und theologisches Weltbild integrierte. Ganz Schülerin des Voetius sieht sie Descartes vor allem durch die traditionelle Philosophie und Theologie widerlegt. Die wissenschaftliche Revolution, die Descartes und andere anstoßen wollen, muss unweigerlich ins Leere laufen: Sie bringt keine neuen, besseren Erklärungen für natürliche Phänomene und die Frage nach dem Wesen des Menschen zustande, und sie wirft zudem eine über Jahrhunderte bewährte Methodik wissenschaftlichen Fortschritts, die vermeintlich „alte Philosophie", über Bord. Als der Naturforscher Pierre Gassendi, obgleich glühender Anti-Aristoteliker, eine umfassende Kritik an der cartesischen Philosophie mit dem Titel „Metaphysische Untersuchung oder Zweifel und Einwände gegen die Metaphysik René Descartes' samt Antworten" verfasste, schickte er van Schurman sein Manuskript zu. Nur wenige Tage vor dem eben zitierten Brief an Elisabeth schreibt van Schurman an Gassendi dazu, dass er *ganz ausgezeichnet das Ansehen der alten Philosophie aufrecht erhalten habe. Man könne nun so, wenn es nötig wäre, die uns alle angehende Lage der guten Künste und Wissenschaften gegen ihre bekennenden Feinde [...] leicht in Schutz nehmen.*[58] Auch wenn die beiden wissenschaftlich so manches trennte, einte sie doch die Ablehnung der cartesischen „Umstürzlerei".

Aristoteles und die Scholastik waren für van Schurman unbestreitbares wissenschaftliches Methodenideal. Dies verteidigte sie gerade in der Auseinandersetzung um Descartes' Philosophie eindringlich. Der scholastische Aristotelismus prägte, ungeachtet aller methodischen Debatten, seit dem Mittelalter die Universitäten. Aristoteles galt als Grundlektüre; viele Universitäten, gerade auch in den calvinistischen Niederlanden, verboten geradezu eine Abweichung von den Grundprinzipien des antiken Philosophen. Voetius hatte in Leiden bei dem berühmten Neo-Scholastiker Gilbertus Jacchaeus (1578–1628) studiert und war von ihm stark geprägt.

Die Methode der Scholastik basierte auf logischen Formalismen, die mehr oder minder zurecht auf den originalen Aristoteles zurückgeführt wurden. Aus allgemeinen Sätzen versuchte man deduktiv Konsequenzen abzuleiten. Die Argumentationsstruktur war dabei stets auf ein Pro und Contra hin orientiert. Allgemeine Fragen sollten durch Rückführung auf unstrittige Prämissen, biblische Zitate, unmittelbar evidente Aussagen oder Lehrmeinungen von Autoritäten, „scholastisch", also schulmäßig, gelöst werden. Eine klassische Lehrform an den scholastischen Hochschulen war daher die Disputatio, ein akademisches Streitgespräch, bei dem beide Seiten einer Entscheidungsfrage, pro und contra, jeweils von einer Person, dem Proponenten und dem Respondenten, vertreten wurden. Akademische Reife hatte erlangt, wer seine Position mit Hilfe der schulmäßig erlernten logischen und dialektischen Instrumentarien plausibel zu verteidigen vermochte. Voetius veröffentlichte wie zahlreiche andere Kollegen im Laufe seiner wissenschaftlichen Karriere eine Reihe von Bänden mit „Ausgewählten Disputationen", in denen er die Debatten in seinen Lehrveranstaltungen schriftlich aufzeichnete. Ähnlich wie die Disputationen waren die scholastischen Quaestionen, auch sie mit einer doppelseitigen Argumentation und streng an formale logische Strategien geknüpft, allerdings weniger gebunden an die mündliche Diskussionsform, sondern eher als inhaltlich dichte Fachtexte entworfen. Leser fanden solche Schriften, in aller Regel auf Lateinisch geschrieben, freilich nur unter den Gebildeten.

Van Schurman war ihr Einsatz für eine neue Bewertung von Frauenbildung sehr wichtig. Sie begnügte sich nicht damit, dass ihr humanistischer Gelehrtenbriefwechsel mit Rivet von vielen Lesern in ganz Europa begeistert aufgenommen wurde. Wenn sie für einen Zugang von Frauen zum akademischen Bereich plädierte, musste ihre Schrift auch gerade von Akademikern gelesen werden. Was lag näher, als eine nach traditionell scholastischer Methode als Quaestio verfasste Thesenschrift zu veröffentlichen? Gründlich hat sie gerade in der zweiten Hälfte der 1630er Jahre scholastische Autoren und deren logische Methodik studiert. An der Universität wohnte sie den Disputationen bei, nahm vielleicht auch daran teil, und schon 1636 berichtet Voetius seinem Freund Arend van Buchell, dass van Schurman sich „im Bereich der Philosophie besonders mit Logik beschäftigte".[59] 1640 dann notiert van Buchell in seinen Aufzeichnungen, man habe ihm erzählt, „van Schurman vernachlässige bedauerlicherweise, da sie sich in scholastische Disputationen gestürzt habe, ihr gesamtes Studium, und wenn ihr jemand andere gelehrte Autoren außer Thomas [von Aquin] oder Durandus [de Sancto Porciano] nahezulegen versuchte, so sei dieser Versuch vollkommen vergeblich und nicht der Mühe wert".[60] Ihre Thesenschrift in Quaestionenform bereitete sie offensichtlich fundiert vor.

1641 erschien im Verlag Elzevier in Leiden, einem der renommiertesten europäischen Verlagshäuser, ihre „Dissertatio", eine „Abhandlung über die Befähigung des weiblichen Geistes zur Gelehrsamkeit und den höheren Wissenschaften", ein ganz an der logischen Quaestionenform ausgerichteter Traktat über die zentrale Frage, *ob einer christlichen Frau ein Studium der Wissenschaften zustehe.*[61] Herausgegeben wurde der Band von van Schurmans Freund van Beverwijck aus Dordrecht; die Dordrechter Freunde Andreas Colvius und Jacob Lydius unterstützten den Druck finanziell. Die kleine Schrift ist formal strukturiert: Zunächst werden die tragenden Begriffe wie „Frau", „christlich" oder „Wissenschaft" definiert, damit auch die Fragestellung als solche klar ist. Am Ziel der gesamten Argumentation lässt sie keinen Zweifel: *Meine These möge also lauten: Einer christlichen Frau steht ein Studium der Wissenschaften zu.*[62] In einem ersten Textblock führt van Schurman 14 durchnummerierte Argumente aus, die für diese These sprechen, im Anschluss formuliert sie fünf Einwände, die gegen die These vorgebracht werden könnten, und weist diese mit präzisen Gegenargumenten zurück. Am Ende kann sie daher ihre Ausgangsthese als bestätigt betrachten.

Originell an der „Dissertatio" von 1641 ist, gerade wenn man sie mit dem ausführlichen Brief an Rivet vom November 1637 zur selben Thematik vergleicht, nicht unbedingt ihr Inhalt. Viele der Argumente, die van Schurman schon damals ins Feld geführt hatte, greift sie auch hier wieder auf, und bei den möglichen Einwänden, die sie anführt, finden sich einige von den Einsprüchen wieder, die Rivet seinerzeit tatsächlich vorgebracht hatte. Originell aber ist vor allem die literarische Form, die hier zum Tragen kommt: anstelle der schönen, im besten Latein formulierten Perioden in den Briefen nun kurze, schmucklose und zielgenaue Argumente, fast ein bloßes logisches Begriffsgerüst. Philosophische und dialektische Fachtermini, gängige wissenschaftliche Grundregeln und Systematisierungen werden ganz selbstverständlich ohne nähere Erläuterung verwendet; die Leser, an die sich diese Schrift richtet, brauchen dazu keine Erklärungen. Manche Argumente gar sind ohne fundierte Kenntnis philosophischer Fachbegriffe aus der aristotelischen Tradition wie Akt, Potenz oder Prinzip gar nicht verständlich.

Während van Schurman in dem Brief an die Rivet die Begründungen für ihre Auffassung eher literarisch und assoziativ miteinander verketten konnte, ist sie durch die nach Einzelargumenten geordnete Struktur der Quaestio nun aber gezwungen, einzelne Beweisführungen klar voneinander abzutrennen. In ihrem Brief hatte sie eine Passage formuliert, die stark auf schöpfungstheologischen Argumenten und Ideen christlicher Anthropologie beruhte. In der „Dissertatio" isoliert sie daraus einzelne Argumente: In Argument 2 spricht sie vom natürlichen Wissensstreben, das jedem Menschen gleich welchen Geschlechts jedem Menschen gleich welchen Geschlechts eingegeben sei, in Argument 3 von der „Signatur" des menschlichen Leibes, der durch seine im Tierreich einzigartige erhobene Haltung als zur Erkenntnis himmlischer Dinge prädestiniert ausgezeichnet ist, Argument 8 behandelt die im Schöpfungsbericht der Genesis ausdrücklich betonte Gottebenbildlichkeit des Menschen und Argument 9 artikuliert die Idee der „Naturtheologie", einer Offenbarung Gottes in der natürlichen Welt, wie sie der Naturforscher zu finden vermag. Van Schurman spitzt die schon in den Briefen angeführten Argumente zu, lässt dabei – ganz im Stil scholastischer Argumentation – fast jeglichen sprachlichen Schmuck beiseite und fundiert die Gedanken jeweils mit Zitaten, Spruchregeln oder allgemeinen Lebensweisheiten. In Argument 6 findet sich auch die Unterscheidung in instrumentelle und grundlegende Wissenschaften aus dem Rivet-Brief; beide sollten nach van Schurmans Auffassung von Frauen betrieben werden können.

Doch van Schurman fügt in die „Dissertatio" auch neue Überlegungen ein. In ihrer These ist explizit von der „christlichen" Frau die Rede. Stärker noch als in dem Rivet-Brief hebt sie hier auf religiöse Kontexte ab: Sie beschreibt in Argument 10 Wissenschaft als einen Schutz vor theologischen Irrlehren. Wissenschaft verhindert Häresie. Der logisch-formale Syllogismus, den sie hierzu formuliert, lautet: *Alles, was uns vor Irrlehren schützt und deren Hinterlist aufdeckt, steht der christlichen Frau zu. Nun aber schützen die Wissenschaften [vor Irrlehren und decken deren Hinterlist auf]. Also [stehen die Wissenschaften der christlichen Frau zu].*[63] Die Schlussfolgerung, die gezogen wird, ist wahr und gültig, sofern die beiden Prämissen, der Ober- und der Untersatz, wahr sind. Daher muss van Schurman, wie in den anderen Argumenten auch, dies belegen. In dieser Form, Syllogismus und anschließender Beweis der Prämissen, ist jedes Argument in der „Dissertatio" strukturiert. Van Schurmans Begründung hier lautet folgendermaßen: *Der Richtigkeit des Obersatzes ist offensichtlich, da kein Christ in dieser allgegenwärtigen Gefahr seine Pflicht vernachlässigen darf. Der Untersatz wird folgendermaßen bewiesen: Eine recht vernünftige Philosophie ist gleichsam (um die Worte von Clemens von Alexandria zu verwenden) „ein Brustpanzer und eine Umzäunung am Weinberg des Herrn", also an der Lehre des Erlösers, oder sie bildet (ein Vergleich, den Basilius der Große gern verwendete) im Hinblick auf das Evangelium gleichsam die Blätter, die dessen Früchten als Schmuck und auch als Schutz dienen. Mit rechter Vernunft freilich kann eine unrichtige oder fehlerhafte Beweisführung, auf die sich die Irrlehren vornehmlich stützen, überaus leicht zurückgewiesen werden.*[64]

Neue Argumente schöpft van Schurman auch aus dem Lehrsystem der Philosophie des Aristoteles: Argument 1 hebt auf den Begriff des Prinzips bei Aristoteles ab, eine Gedankenführung, die nur für philosophisch versierte Leser nachvollziehbar ist und in der van Schurman gleich eingangs, gleichsam als Ouvertüre, ein wissenschaftlich hohes Niveau für ihre Abhandlung in Anschlag bringt. Argument 7 greift die aristotelische Einteilung der Tugenden in ethische und dianoetische auf: Wissenschaft ist demnach eine Tugend, und nach Tugenden zu streben, steht auch Frauen an. Die Argumente 11, 12 und 13 greifen Schlagworte aus der „Nikomachischen Ethik" des Aristoteles, dem gängigen Ethiklehrbuch seit dem Mittelalter, auf und setzen deren Bestimmung in Bezug zum Thema Frauenbildung. Theologische, ethische, wissenschaftstheoretische und philosophische Argumentation gehen in van Schurmans Thesenschrift Hand in Hand. Wuchtig und eindrucksvoll ist die „Dissertatio" daher nicht nur wegen der inhaltlich kondensierten, treffsicheren Argumente, sondern auch durch die breite wissenschaftliche Basis, auf der diese Schrift steht.

Auch vier der fünf Einwände, die van Schurman im zweiten Teil der „Dissertatio" anführt, entnahm sie aus der kritischen Replik, die Rivet ihr nach dem umfänglichen Brief vom November 1637 geschickt hatte. Der Theologe hatte damals darauf hingewiesen, dass man bei den meisten Frauen weder die Begabung noch den Willen erkennen könne, ernsthaft zu studieren. Über die Begabung schreibt van Schurman in ihrer Zurückweisung von Einwand 1, zwar könnten Frauen mit den *besonders herausragenden Männern [...] nicht hinsichtlich ihrer Begabung verglichen werden, doch die Wirklichkeit zeigt, dass es nicht wenige Frauen gibt, die durchaus mit Erfolgsaussichten zum Studium zugelassen werden könnten.*[65] Auch ob Frauen tatsächlich den Wunsch nach einem Studium verspürten, lasse sich ohne weiteres nicht ausmachen, solange die Möglichkeit ohnehin nicht bestehe. Wie sie in Einwand 2 schreibt, sei es ja offensichtlich, *dass niemand über unsere Neigung zu einem Studium richtig urteilen kann, bevor er uns nicht mit den besten Methoden und Mitteln zur Aufnahme eines Studiums ermuntert und uns zugleich dessen Süße schmackhaft gemacht hat.*[66] Einwand 3 geht auf Rivets Einspruch zurück, die Möglichkeit, Frauen breitere Bildungsmöglichkeiten zu eröffnen, lasse sich tatsächlich erst in der Praxis erweisen: „Bevor Sie mich überzeugen können," hatte er geschrieben, „möchte ich, dass Sie Kollegien gebildeter Frauen einrichten, in deren Akademien jene Mädchen, die Sie für diese Studien vorsehen, ausgebildet werden."[67] In der „Dissertatio" gibt van Schurman zurück, es genüge doch, *dass die Frauen von ihren Eltern oder von einem Privatlehrer zuhause ausgebildet werden.*[68]

Rivets Hauptargument aber hatte seinerzeit auf dem Hinweis auf die fehlende Berufsausübung von Frauen beruht: Wozu sollten die jungen Frauen Energie darauf verwenden, eine Bildung zu erwerben, deren Zweck, vor allem in der Ausübung eines entsprechenden Berufes, für sie unerreichbar ist? Ihren Kommentar dazu verteilt van Schurman auf die restlichen Einwände 4 und 5: Zum einen gäbe es ja die spekulativen, die „theoretischen" Wissenschaften, wie sie Aristoteles genannt hatte, die Metaphysik etwa, den gesamten Bereich der Naturforschung oder auch anthropologische Fragestellungen, und in diesen *spekulativen Wissenschaften können Frauen ihren Zweck keineswegs verfehlen* – öffentliches Auftreten ist hier nicht notwendig, und Kenntnis in diesen Wissenschaften qualifizieren auch nicht für einen konkreten Beruf. Und bei den praktischen, ethischen Wissenschaften, der Moralphilosophie etwa oder der Politik, bliebe den Frauen zwar ein öffentliches Wirken versagt, doch sie erfüllten in ihrem Wirkungsbereich, dem Haus, *einen sozusagen sekundären, eher privaten Zweck.*[69] Kurz: Ethische Reife wirkt gerade im Privaten. Zum anderen führt van Schurman in Einwand 5 an, dass der Begriff des „Berufs" oder der „Berufung" (*vocatio*) zwei Bedeutungen habe: Gemeint sein können damit einerseits eine spezielle Berufung, die prinzipiell unterschiedlichen Positionen in der Gesellschaft, an die Frauen und Männer gestellt sind und die sie gestalten können.

Doch es gebe auch jene allgemeine Berufung, *die allen, insofern wir Christen oder wenigstens Menschen sind, ganz vorrangig zukommt.*[70] Haben nicht alle Menschen, gerade unter dem Blickwinkel christlicher Anthropologie und jenseits der Differenzierung von Geschlechtern, ein Recht auf Vervollkommnung ihrer geistigen Fähigkeiten, auf Beschäftigung mit Religion und Theologie, auf ein intensives Studium der Heiligen Schrift und eine intellektuelle Vertiefung des Glaubens? Ist es nicht gerade die unverheiratete Frau, *die für diese letztere Berufung eher Zeit haben kann und muss*?[71] „Die unverheiratete Frau sorgt sich um die Sache des Herrn", schreibt Paulus im Korintherbrief (1 Kor 7,34), den van Schurman in diesem Zusammenhang zitiert. Ist dieser Anspruch gerade auf religiöse Bildung nicht weit höher anzusetzen als die klischeehafte soziale Aufteilung männlicher und weiblicher Rollen?

Mit dieser Schlussfermate, einem der auffallend wenigen Verweise auf biblische Texte in der „Dissertatio", schließt die Schrift mit der apodiktischen Aussage: *Also steht meine These. Der christlichen Frau steht ein Studium der Wissenschaften zu.*[72] Mochte van Schurman auch zunächst nach Rivets Kritik an ihrer Auffassung scheinbar klein beigegeben haben: Nun, mit der Veröffentlichung der „Dissertatio", vertritt sie abermals, öffentlich und im Brustton der Überzeugung den Anspruch, Frauen am akademischen wissenschaftlichen Leben teilnehmen zu lassen. Gleichwohl zeigt sich, dass die dezidierte Haltung van Schurmans in der „Dissertatio" gewissermaßen feiner justiert, präziser ausgearbeitet ist als in ihren Briefplädoyer vier Jahre zuvor. Immer noch will sie Frauen den Weg zu allen Disziplinen des wissenschaftlichen Fächerspektrums öffnen: *Dass alle ehrenhaften Disziplinen, die gesamte Enzyklopädie, wie man auch sagt, einer christlichen Frau (gleichsam als eigentümliches und allgemeines Gut und Zierde des Menschen) zustehen, davon bin ich überzeugt,*[73] verkündet sie gleich zu Beginn der „Dissertatio". Doch um dies zu begründen – und dies ist ein äußerst interessanter Punkt –, zieht sie gerade auch die gängigen Resentiments gegen Frauen heran, die seit Jahrhunderten durch die misogyne Literatur geisterten. Frauen sind moralisch schwach, lassen sich leicht verführen, müssen stets kontrolliert werden? Ja, schreibt van Schurman überraschend in Argument 4 der „Dissertatio",

Frauen bedürften eines Studiums und damit *einer eingehenden und dauerhaften Beschäftigung,* gerade weil für sie *wegen der Schwäche und der Unbeständigkeit ihrer Begabung oder ihres Temperaments und wegen der unzähligen Verlockungen der Welt die Eitelkeit eine sehr große Gefahr ist.*[74] Den moralischen Wert der Wissenschaft hatte van Schurman auch schon gegenüber Rivet angeführt, doch dass dies insbesondere die moralisch labilen Frauen beträfe, dieser Gedanke taucht hier erstmals auf. Ähnlich ist es mit der Einschränkung der Frauen auf das „Haus", den Wirkungsbereich des Privaten. 1637 hatte sie noch an Rivet geschrieben, die überkommene Meinung, *mit dem Spinnrocken und der Nähnadel zu hantieren, sei für Frauen genug Schule,*[75] könne sie nicht akzeptieren. Auch diese Position verkehrt sie in der „Dissertatio" ins Gegenteil: Gerade weil die Frauen zuhause sitzen, sei die Wissenschaft eine ideale Beschäftigung für sie: Frauen, lautet Argument 5, *besonders wenn sie unverheiratet sind,* hätten *das Glück, zumeist Zeit für sich zu haben und unbelastet von öffentlichen Aufgaben und Pflichten zu sein* und könnten daher *ein eher ruhiges und freies Leben führen,* und *wer ein eher ruhiges und freies Leben führen kann, dem steht das Studium der Wissenschaften zu.*[76]

Geschickt kehrt van Schurman verbreitete Vorurteile über Frauen argumentativ um und begründet mit ihnen die Notwendigkeit von Frauenbildung. Es ist eine fast paradoxe Strategie, denn abwertendes und aufwertendes Frauenbild stehen hier fast unvermittelt nebeneinander. Hinzu kommt: Den Anspruch auf Bildung will van Schurman bei weitem nicht auf alle Frauen ausgedehnt sehen. Ihren langen Brief an Rivet hatte sie seinerzeit ja gerade an den vielen *begabten und eher frei zu erziehenden Mädchen* festgemacht, *wie es sie in unserer Zeit ja immer mehr gibt,* und deren Recht auf Bildung Rivet bestritt.[77] In der „Dissertatio" hingegen schränkt sie den Begriff der Frau, den sie für ihre Abhandlung zulassen will, durch vier Kriterien stark ein: *Erstens* sollte die Frau *zumindest eine mittelmäßige Begabung besitzen und zum Lernen nicht gänzlich ungeeignet sein. Zweitens sollte sie über die erforderlichen finanziellen Mittel verfügen.* Denn *nur wenige sind in der glücklichen Lage, Eltern zu besitzen, die ihre Töchter selbst ausbilden wollen oder können. Und ohne Kosten können die Dienste von Lehrern in diesem Bereich nicht eingekauft werden. Drittens sollte, was die Zeit und den Stand angeht, die Lage so sein, dass sie sich von ihrer allgemeinen und speziellen Berufung – also von der Ausübung ihrer Frömmigkeit und von ihren familiären Aufgaben – einige Zeit frei machen kann. Damit das gelingen kann, wird es nützlich sein, wenn sie im Jugendalter unbelastet und frei von Sorgen und Aufgaben ist, im fortgeschrittenen Alter, wenn sie unverheiratet ist oder Hausangestellte beschäftigt hat, die gewöhnlich gerade reichere Ehefrauen von ihren häuslichen Aufgaben großenteils entbinden. Viertens sollte das Ziel für sie nicht eitler Ruhm und Prahlerei oder irgendeine nutzlose Neugierde sein, sondern – freilich neben dem allgemeinen Ziel, dem Ruhme Gottes – ihr Seelenheil, dass sie also selbst sich immer mehr verbessere und glücklicher werde, dass sie ihre Familie (sofern ihr dieser Dienst obliegt) unterrichte und anleite und dass sie dem ganzen* [weiblichen] *Geschlecht, soweit dies eben möglich ist, nütze.*[78]

Man kann konstatieren: Es sind nur die Vermögenden, die Frauen der besseren Gesellschaft, von denen van Schurman sprechen will. Ein emanzipatorischer Anspruch, gar die Absicht, den gesellschaftlichen Status der Frauen zu verändern, kann der „Dissertatio" kaum unterstellt werden. Und die Kritik am Ausschluss der Frauen von den Universitäten? Im Gedicht auf die neugegründete Universität in Utrecht hatte van Schurman dieses Thema wenige Jahre zuvor noch fast polemisch, zumindest unumwunden in die Öffentlichkeit getragen. In der „Dissertatio" wird nicht deutlich, ob sie überhaupt den Frauen einen Weg in die Universitäten ebnen will. Von privatem Unterricht für Frauen ist immer wieder die Rede, von der Universität nie.

Es hat den Anschein, als habe van Schurman in der „Dissertatio" ein reduziertes Programm in Anschlag gebracht, weniger gewagt als im Universitätsgedicht und weniger forsch als in den Rivet-Briefen. Aber vielleicht schränkte sie ihr Anliegen auf einen Rahmen ein, der ihr politisch machbar, der ihr gesellschaftlich durchsetzbar erschien. Damit blieb sie aber mit ihrer Forderung weit hinter dem zurück, was andere Frauen in der Geschlechterdebatte des 17. Jahrhunderts zu fordern bereit waren. Die „Dissertatio" verband jedenfalls das hohe intellektuelle Niveau van Schurmans, ihre unglaubliche Belesenheit und Bildung, in einzigartiger Weise mit dem Thema, das sie in dem Jahrzehnt ihrer größten Berühmtheit, in den 1630er Jahren, am meisten umtrieb, mit dem Bildungsanspruch, der Möglichkeit wissenschaftlicher Arbeit, die Frauen zugebilligt werden sollte.

Drei Jahre nach dem Erscheinen der „Dissertatio" erreichte van Schurman ein Brief von Pierre Gassendi. Er hatte von Duchesne, dem Pariser Herausgeber des Briefwechsels mit Rivet, ein Exemplar der Abhandlung erhalten. Er sei „tatsächlich sehr in Erstaunen versetzt, weil ich aus diesen wenigen Seiten [...] eine so reife Urteilsfähigkeit und so große Bescheidenheit zu erkennen vermeine, wie es dem Musterbild ausgezeichnetster Tugend entspricht. [...] In diesem kleinen Werk und in dem angehängten Antwortschreiben an jenen vortrefflichen Mann finden sich, wie ich meine, Spuren Ihrer Lauterkeit und Ihrer angeborenen Geradlinigkeit, so dass niemandem, der dies liest, verborgen bleiben kann, dass bei Ihnen in dem selben Maß wohlbedachte Verständigkeit und geschulte Sitten vorzufinden sind."

Man kann annehmen, dass die Schrift nicht nur in Frankreich viel gelesen wurde. Lobende Stimmen wie die Gassendis zu einem Werk waren nicht zu unterschätzen. Als daher 1659 in London eine von Clement Barksdale of Witchcombe (1609–1687) verfasste englische Übersetzung von van Schurmans Abhandlung unter dem Titel „The learned maid" erschien, fügte der anonym bleibende Herausgeber eine Reihe von Briefen van Schurmans bei. Adressaten sind hier vor allem auch Personen, die in England bekannt waren, Dorothy Moore etwa, der puritanische Politiker Simonds d'Ewes – Bathsua Makin hatte ihn mit van Schurman in Kontakt gebracht –, und eben auch Gassendi, bei dem sich van Schurman bedankte dafür, dass *Sie meine kleine Abhandlung über die feineren Studien des weiblichen Geschlechts so freundlich gedeutet haben.*[79] Von diesem berühmten Namen versprach man sich wohl einen so großen Werbeffekt, dass auf den Frontispiz des Übersetzungsbändchens der Hinweis angebracht wurde, es seien auch „Briefe an den berühmten Gassendi und andere" enthalten.

Van Schurmans „Dissertatio" ist damit ihr einziges wissenschaftliches, philosophisch-theologisches Werk, das eigenständig konzipiert, veröffentlicht und als solches rezipiert wurde. Die Autobiographie, die gut dreißig Jahre später erscheinen sollte, ist trotz der eingestreuten theologischen Exkurse in erster Linie ein literarischer, selbstreflexiver Text, keine Schrift, die ein akademisches Publikum im Auge hat. Die „Dissertatio" von 1641 markiert dadurch in gewisser Weise einen Höhepunkt der wissenschaftlichen Studien van Schurmans, eine Lebensphase, in der sie breite Aktivitäten in vielen Feldern entwickelte und auch, in engen Grenzen, eine gewisse Extrovertiertheit, ein Streben nach gesellschaftlicher Wirkung an den Tag legte; die Jahre ab der zweiten Hälfte der 1640er Jahre werden gekennzeichnet sein von einem allmählichen Rückzug aus der Öffentlichkeit, von einer starken Orientierung hin zu einer tätigen Frömmigkeit, einer praktischen Religionsausübung.

Meine Liebe ist gekreuzigt
Religiöse Neubesinnung: 1645–1660

Kunst und Musik. Vita activa und Werke der Barmherzigkeit. „Ich hoffte, Sie zu sehen": Rückzug aus der Öffentlichkeit. Tod Rivets. Die „Opuscula". Besuche von adligen Frauen und Gelehrten. Religiöse Gedichte. Reise nach Köln. Gerüchte um eine Konversion zum Katholizismus.

Auch in der Zeit der intensivsten wissenschaftlichen und literarischer Aktivität ließ van Schurman ihre künstlerische Arbeit nicht außer Acht. Immer wieder finden sich in den Briefen bis in die 1650er Jahre hinein Hinweise darauf, dass sie mit ihren Korrespondenten kleinformatige, leicht versendbare Kunstwerke austauschte. Überhaupt bevorzugte van Schurman bei allen Kunsttechniken die kleinen Formate, dabei insbesondere Miniaturen mit Selbstportraits, wie sie gerade weibliche Künstlerinnen gerne anfertigten. In der „Eukleria" schildert sie eindrücklich, mit wie viel Energie sie sich selbst neue, fast mikroskopische Techniken erarbeite. Sie berichtet von *einem Selbstbildnis aus Wachs, das ich mit Hilfe eines Spiegels lebensecht anfertigte. Dafür benötigte ich nicht dreißig Jahre, wie einst Albertus Magnus für seine sprechende Statue, aber doch mindestens dreißig Tage. Denn in dieser Kunsttechnik musste ich selbst so manches erfinden, was ich von niemand anderem lernen konnte. Die Augen in dieser Miniatur glichen meinen nicht nur, sondern sie schienen sich wegen des lebhaften Glanzes und der runden Form der Pupillen auch zu bewegen, wenn man die Einfassung bewegte. Die wächsernen Haare hingen nur mit ihren feinsten Spitzen am Kopf, so dass sie in wallenden Locken, wie es schien, herabhingen. Das Allerschwierigste aber war, als ich mit größter Anstrengung die Augenlider mit gleichsam aufrecht stehenden, ganz zarten Wimpern versah. Und [...] die Perlen, die den Hals schmückten, sahen (durch eine neue, von mir selbst entwickelte Technik) so echt aus, dass man mir kaum glauben wollte, sie seien unecht, auch wenn ich das Gegenteil behauptete, und so konnte ich auf keine andere Weise die Unechtheit beweisen als indem ich sie (wie dies einmal die Gräfin von Nassau von mir forderte) mit einem Nädelchen durchstieß.*[1] Adelige Besucher wie die hier genannte Amalie zu Solms-Braunfels (1602–1675), Gräfin von Nassau, eine Hofdame der Winterkönigin Elisabeth und auf diesem Weg mit van Schurman bekannt, interessierten sich immer auch für die künstlerischen Arbeiten, und auch von der Gräfin hat van Schurman ein nicht erhaltenes Porträt angefertigt.

Wie die Briefe aus dieser Zeit belegen, schickte van Schurman Kupfergravuren mit ihrem Selbstbildnis an viele Freundinnen, an Dorothy Moore etwa, an Anne de Mercier, die Ehefrau von Claude Saumaise, an eine Madame Coutel, die ebenfalls mit Anne der Mercier befreundet war, auch an Marie du Moulin, die Gattin Rivets, die ein Porträt van Schurmans dann auch nach Frankreich an die Schriftstellerin Madelaine de Scudéry weiterleitete, eine der bekanntesten Repräsentantinnen der „preziösen" Pariser Salonkultur. Ein solcher Austausch von kleinen Kunstwerken und Handarbeiten gehörte zum guten Ton der besseren Gesellschaft des 17. Jahrhunderts, gerade unter Frauen, und auch auf diesem Wege pflegte van Schurman in diesem Lebensabschnitt ihre vielfältigen Kontakte im In- und Ausland. Der Priester und Altertumsforscher Johannes Smetius, ein Freund von Constantijn Huygens, auch er langjähriger Korrespondenzpartner van Schurmans, hatte 1637 in einem Gedicht van Schurmans Vielseitigkeit als Wissenschaftlerin, Dichterin und Künstlerin gelobt, der sie „mit Zunge, Geist und Hand"[2] Ausdruck gebe. 1641 schickte sie an ihn ein graviertes Selbstbildnis, *zusammen mit einem eben erschienenen Büchlein,*[3] wohl der „Dissertatio".

Künstlerische und wissenschaftliche Arbeit gingen also lange Jahre bei van Schurman Hand in Hand. Gleichwohl ging, wie die Kunsthistorikerin Katlijne van der Stighelen nachgewiesen hat, die künstlerische Produktivität van Schurmans spätestens in den Jahren nach dem Tod der Mutter 1637 mehr und mehr zurück. Ein Grund für diesen Rückgang könnte natürlich, neben einer Konzentration auf Haushaltsaufgaben, auch die wissenschaftliche und schriftstellerische Tätigkeit sein, die der Kunst immer weniger Raum ließ. 1643 wurde van Schurman in die Utrechter St.-Lukas-Gilde aufgenommen, die Zunft der Künstler. Eine solche Gilde, eine Standesorganisation, diente vor allem dazu, den professionellen Malern und Bildhauern politischen und wirtschaftlichen Einfluss zu ermöglichen und die Qualität der Produktion der Künstler zu sichern. Die Aufnahme van Schurmans in diese Vereinigung dürfte daher eher eine Art Ehrerbietung gewesen sein, eine Respektsbezeugung für ihre Leistungen: Auch in den Augen der professionellen Künstler überschritten van Schurmans Kunstwerke die Grenze amateurhaften Schaffens.

Neben der bildenden Kunst war die Musik ein Feld, in dem sich van Schurman immer wieder betätigte. Von früher Kindheit an hatte sie Gesangs- und Instrumentalunterricht erhalten, und sie scheint in der Musik durchaus auch weitreichende theoretische Kenntnisse besessen zu haben. Dies zeigt sich darin, dass van Schurman in einem musikalischen Wettbewerb, den Marin Mersenne im Kreis seiner Freunde ausgerufen hatte, als kompetente Richterin angesehen wurde. Auch Mersenne war Musikforscher, 1636 hatte er in Paris seine vielbeachtete „Harmonie universelle" veröffentlicht, die wohl berühmteste von mehreren Abhandlung über Musik von seiner Hand. Im Mai 1640 forderte Mersenne Joan Albert Ban (1597–1644), einen katholischen Priester aus Haarlem, auf, ein kleines französisches Gedicht von Germaine Habert (1615–1654) als Gesangsstück zu vertonen. Ban, ebenfalls Musikforscher und Komponist, sollte mit seinem Tonsatz gegen Antoine Boësset (1587–1643), Musiker am Pariser Hof, antreten, der den Text ebenfalls vertont hatte. Der Autodidakt Ban vertrat eine eigenwillige Auffassung von der Rolle der Musik als Stimulans von Emotionen, die er mit seiner Komposition zu belegen hoffte. Doch von Beginn an war eigentlich klar, dass der Pariser Hofkomponist im Mersenne-Kreis als Sieger hervorgehen würde. Selbst Descartes, den Ban sehr verehrte, schlug sich auf die Seite des Franzosen. Im August 1640 schrieb Ban einen sehr ausführlichen musiktheoretischen Brief an van Schurman und bat sie, nachdem in Paris das Urteil zugunsten des Franzosen ausgegangen war, als seine Landsmännin nun für ihn zu votieren. Es war Bans erster Kontakt mit van Schurman, wenige Tage zuvor hatte Huygens ihn zu diesem Brief ermuntert. Das Schreiben verlangte von der Empfängerin tiefgründige wissenschaftliche Kenntnisse in der Musik, denn Ban ging detailliert und mit ausnotierten Tonbeispielen auf seine Prinzipien der Textvertonung und die Wirkung der verschiedenen Intervalle ein. Er konnte offenbar nicht nur davon ausgehen, dass van Schurman derlei musikwissenschaftliche Details verstand, sondern er durfte auch hoffen, dass van Schurmans Urteil unter den Fachleuten im Mersenne-Kreis einiges Gewicht besaß; andernfalls hätte das positive Urteil, das Ban sich von ihr in dieser Debatte erhoffte, keinen Einfluss haben können. Mit Mersenne jedenfalls tauschte van Schurman sich gelegentlich auch über Musikalisches aus. Auf Bans Bitte um ein Votum scheint sie jedoch nicht reagiert zu haben, zumindest fragt Mersenne noch im November 1640 bei Huygens nach, wie denn nun van Schurmans Urteil ausfalle. Bis zu diesem Zeitpunkt war also noch keine Stellungnahme eingegangen.

Weshalb schaltete sich van Schurman nicht in die Debatte ein? Verlor sie allmählich das Interesse an der Kunst, überhaupt am intellektuellen Diskurs? Manches spricht dafür. In ihrem Lebensrückblick sieht van Schurman ihre allmähliche Vernachlässigung der Kunst religiös motiviert. Aus der Perspektive der Labadistin war ihre vormalige künstlerische Arbeit zu sehr im Weltlichen verhaftet, besaß keine Orientierung auf die Religion. *Ich gestehe zwar*, schreibt sie in der „Eukleria", *dass ich bisweilen, wenn ich Blümchen oder irgendwelche Insekten mit Wasserfarben malte (eine Art von Malerei, die im Vergleich zu den anderen doch einfach und unschuldig ist), meinen Geist ebenso auf himmlische Gedanken wie meine Hand auf Ausübung irdischer Dinge richtete. Aber doch füllte dies manchmal auch durch neue Einfälle mein Gehirn und sogar mein Herz so sehr aus, dass ich dadurch Gott in sich selbst oder in seinen Geschöpfen nicht leicht und anhaltend betrachten oder genießen konnte – und das hätte mir dann doch die Eitelkeit dieser Kunst deutlich vor Augen führen müssen.*[4]

Ein Bruch, ein klar datierbarer Einschnitt in der Biographie van Schurmans lässt sich nicht erkennen, doch man kann konstatieren, dass etwa mit Beginn der 1640er Jahre zwei auffällige Veränderungen zutage traten: Anna Maria van Schurman zog sich immer wieder und in zunehmendem Maße aus der Öffentlichkeit und auch von ihren Freunden und Briefpartnern zurück, ohne dafür Gründe zu nennen. Religion, schon von frühester Kindheit an ein Fixpunkt ihres Lebensentwurfes, nahm einen immer größeren Raum in ihrem Leben ein. Hatte sie zuvor Theologie als Wissenschaft betrieben, die biblischen Texte, die scholastischen Argumentationsgänge und die Sprachen des Nahen Ostens studiert und gleichsam mit Hilfe des Verstandes in der Religion Orientierung gesucht, so kam nun verstärkt auch die praktische Seite, die gelebte Frömmigkeit hinzu, die sie von akademischen und künstlerischen Arbeiten mehr und mehr fernhielt. Es waren die *Werke der Barmherzigkeit*, die sie in dieser Zeit ihrer *vita activa* vermehrt auszuüben versuchte, *die Kranken zu besuchen, die Leidenden zu trösten, die Unwissenden zu belehren* und *den Armen mit Almosen zu helfen.*[5] Es muss die Einsicht gewesen sein, dass der Glaube bislang in sehr starkem Maße ihre intellektuellen Fähigkeiten, nicht aber ihr Handeln, ihr ganzes Leben erfasst hatte, die van Schurman dazu brachte, die Ausrichtung ihres Lebens hin zu einer tatkräftigen Frömmigkeit – ganz allmählich und im Lauf von Jahrzehnten – zu ändern. Und ein entscheidender anfänglicher Impuls hierfür war sicher der Tod der Mutter.

Immer öfter kommt in diesen Jahren in Briefen und Gedichten zur Sprache, dass van Schurman das Licht der Öffentlichkeit scheue und auch ihre engsten Freunde meide. 1645 beklagt sich Constantijn Huygens in einem Brief an Utricia Ogle-Swann: „Ich weiß nicht, wie Sie Ihre Sibylla [= van Schurman] im Griff haben. Es ist mehr als acht Monate her, dass ich ihr ein von mir verfasstes lateinisches Buch geschickt habe, das alle Gelehrten und auch andere dreier Zeilen in ihren Antworten für wert befanden. Aber die gute Dame schweigt. Ist das die Art der Philosophie in Utrecht?"[6] Auch in van Schurmans Briefen finden sich immer wieder Entschuldigungen für Verzögerungen bei der Antwort; Rivet erklärte ein solches Verhalten mildernd mit dem Hinweis auf den starken Einfluss von Voetius und ihr strammes Studienprogramm, doch das war sicher nur die halbe Wahrheit. Es stand eine bewusste Wahl van Schurmans dahinter, dem Ruhm und dem öffentlichen Interesse an ihr immer zurückhaltender zu be-

Religiöse Neubesinnung: 1645–1660

gegnen. In der ersten Auflage der „Opuscula" erscheint 1648 ein anonymes Gedicht auf die Gelehrte, die – wie es schon der Titel verkündet – „sich nicht so sehr verbergen" solle. Darin heißt es: „Wohin und wie lange, du Nymphe, ziehst Du Dich noch zurück, so behutsam bewacht, schweigend, und gleichsam bestattet in all dem Ruhm?" Wie eine Verstorbene scheint sie also nur noch in der Erinnerung zu existieren, denn „diese bleierne Ruhe", so heißt es weiter, „ist ein Bild des ewigen Todes". Der Dichter hofft auf eine Wiedergeburt, wie einst die antike Liebesgöttin aus der Meeresgischt hervorging: „Komm hervor, Du scheue Venus, entsteige den Fluten, Du göttliche Niederländerin, lass dich in all Deinen Tugenden wiedergebären aus dem Meer." Tod und Wiedergeburt – unfraglich starke Metaphern, um eine Verhaltensänderung, einen Rückzug ins Private lyrisch zu beschreiben. Ein kurzer Vierzeiler von van Schurman folgt in den „Opuscula" diesen Versen. Aus ihnen geht hervor, dass Constantijn Huygens der Verfasser der Verse war. Sie rechtfertigt ihre Zurückhaltung: *Mit welchem Recht fordert der Autor, ich solle meinen Namen ins Licht hinaustragen, wenn er, der selbst verborgen bleibt, doch für mich sprechen will?*[7]

Gerade die Gedichte von Huygens belegen, wie van Schurmans Freunde sich bisweilen durch ihre zunehmende Reserviertheit vor den Kopf gestoßen fühlten. 1648 etwa schreibt er einige Verse anlässlich seines Aufenthaltes in Utrecht, bei dem er van Schurman aber nicht besucht habe, da er ja nicht „lästig fallen" wolle. Als er zwei Jahre später wieder in der Stadt ist, besucht er sie mit sichtlichem Unbehagen doch und dichtet halb schmunzelnd, halb ernst: „Hier ist er wieder, Ihr Huygens, der Ihnen jedes Jahr einmal mit seiner polternden Stimme in Ihr Studierzimmer platzt. Was man nicht vermeiden kann, soll man geduldig ertragen. Die Gewohnheit macht leicht, was für Ungewohnte eine schwere Last ist. Sagen Sie daher über mich, was ein großer Mann sinnreich über den Tod äußerte: Todesschmerzen zu ertragen, so sagte er (Sie wissen, wen ich meine), ist leicht, wenn man es kann, und wenn man es nicht kann, so sind sie wenigstens kurz."[8] Schon wenige Wochen später ist Huygens, auf der Rückreise von Den Haag, wieder in Utrecht, doch diesesmal verkneift er sich einen abermaligen Besuch: „Schon nähere ich mich der Burg von Utrecht, bin schon ganz in der Nähe Ihres Athenäums. Glauben Sie, dass ich bei meinem Eintreffen, das nun immer näher kommt, meine beschwerlichen Schritte zu Ihnen lenken werde? Sie brauchen keine Angst zu haben. Die Götter stehen auf Ihrer Seite und Sie haben gänzlich Ihre Ruhe. Mag es meine Scheu sein, mag es meine Ehrfurcht vor einer so großen Herrschaft sein – ich bin nur auf der Durchreise. Ihr Huygens (nur so viel, nur ein paar Worte), von dessen Ankunft Sie zugleich mit seiner Abreise hören sollen."[9]

1651, ein Jahr später, ist van Schurman auf Reisen in Den Haag und lässt dort umgekehrt ihren Freund Huygens vergeblich warten, der sie offensichtlich eingeladen hatte. Verärgert dichtet dieser nun: „Sie sind da und sind doch nicht da, Schurman, und Sie versetzen, Freundin, Ihren Huygens." Sie solle „sich schämen", entrüstet er sich, „das ist ein Betrug, ein dreister Betrug, ein Betrug, dessen auch Voetius sie anklagen würde. Ich biete Ihnen ein Frühstück, ein Mahl, ein Haus. Noch mehr: Ich biete Ihnen alle freie Zeit, die ich habe. Machen Sie nur weiter so! Aber Vorsicht: Wen Sie in Den Haag versetzen, dem haben Sie nun beigebracht, wie er Sie in Utrecht versetzen kann."[10] Manches an dieser Empörung mag dichterische Pose sein, eine wohlmeinende, ermahnende Übertreibung gegenüber der Freundin, aber die Gedichte spiegeln doch, dass van Schurman die frühere Offenheit, ihre engen Freundschaftsbeziehungen und die Neugierde auf gesellschaftliche Kontakte zu vernachlässigen beginnt. So mancher Besucher fasst wie Huygens seine Enttäuschung über die verschlossene Tür an van Schurmans Haus in ironische Verse: „Ich habe mich eines Verbrechens schuldig gemacht, weil ich hoffte Sie zu sehen", heißt es da, oder: „Wer von Ihnen begehrte, dass man Sie sehen möchte, der verlangt von Ihnen eine unmögliche Sache. Denn da Sie lauter Geist sind, so kann man Sie nicht sehen".[11]

Es ist vielsagend, dass das „Grand Dictionnaire historique" von Louis Moréri (1643–1680), eine der ersten neuzeitlichen Enzyklopädien, auch einen Artikel über van Schurman enthält, in dem zu lesen ist, „man sage, Anna van Schurman sei gegen 1656 oder 1660 gestorben"[12] – die Metaphorik des Todes, die Huygens in seinem anonymen Gedicht gebraucht hatte, um die Freundin aus ihrer Isolierung zu locken, scheint auch für bare Münze genommen worden zu sein. Ursache für solche Missverständnisse war vielleicht eine satirische Schrift, die der deutsche Dichter Rotger zum Bergen (1603–1661) unter dem Pseudonym Christianus Brasneken 1655 in Königsberg veröffentlichte. Das nur vier Seiten umfassende Werk enthält einige Grabinschriften auf van Schurman und trägt den Titel „Letzte Ehre für die höchst edle und berühmte Jungfrau Anna Maria van Schurman, hochheiliges Wunder ihres Geschlechts, einzigartiges Beispiel höchster Gelehrsamkeit, die nun unter großer Verdammung der gebildeten Welt aus diesem Leben geschieden ist". Gerade solche Satiren bilden vielleicht am ehesten unterschwellige Tendenzen, Stimmungen in der allgemeinen Auffassung ab. Und in der Tat: Van Schurmans Zurückhaltung war eine Art, aus „diesem" Leben zu scheiden.

Der Rückzug mag noch verstärkt worden sein, als van Schurmans enger Freund André Rivet im Jahr 1651 verstarb. Bis zuletzt hatten die beiden ein inniges Verhältnis. Van Schurman bewunderte stets ihren *ersten Patron und Lenker meiner Studien und meines Lebenswandels*[13]; in der „Eukleria" nennt sie Rivet als einen Freund, *dessen Andenken ich hier gerne bewahren will*.[14] Auf dem Sterbebett ließ Rivet seine letzten Gedanken mitprotokollieren, noch hier spricht er bewundernd von seiner Utrechter Schülerin, „die ich stets liebte", die „mir die Ehre ihrer heiligen Freundschaft und den Namen eines Vaters verlieh". Er vermacht ihr, „als Zeichen seiner väterlichen Liebe", eine kleine Bibel aus seiner Bibliothek.[15] In elegischen Distichen dichtete van Schurman auf Rivet später einen Nachruf, der mit den Zeilen endete: *Zweimal war ich eine glückliche Tochter; mein Schicksal war es, vor meiner letzten Stunde zweimal geboren zu werden.*[16] Tatsächlich verlor sie, ihrem Empfinden nach, mit dem Tod Rivets ein zweites Mal ihren Vater.

Es ist schwer, im einzelnen die charakterlichen Eigenschaften Anna Maria van Schurmans, ihre Wesenszüge zu rekonstruieren. Ihre Briefe sind in der Regel von Etikette, von gesellschaftlichen Konventionen geprägt und schließen ihre Persönlichkeit nur wenig auf. Ihr ganz allmählicher Rückzug aus dem Rampenlicht ab den späten 1630er Jahren ist wohl nicht als ein Bruch zu werten, als ein Umdenken angesicht einer veränderten Lebenssituation nach dem Tod der Mutter. Eher zutreffend ist, dass van Schurman nach Jahren der Prominenz, des Ruhms und auch der bewusst gesuchten Kontakte nach außen wieder zu ihrem eigentlichen Wesen, zu einer Zurückhaltung und einer gewisen religiös geprägten Introvertiertheit fand, die ihr charakterlich eigen war und die sie in den Jahren, in denen sie intensiv ihre Studien voranbrachte, mit Gelehrten und an der Universität verkehrte und auch Texte zur Publikation verfasste, vorübergehend in den Hintergrund gedrängt hatte.

Ein maßvolles, von der gesellschaftlichen Anerkennung unabhängiges Leben und eine in diesem Leben praktizierte Frömmigkeit waren ihr Lebensideal. Jacob Crucius hatte sie aus Delft nach dem Tod der Mutter in einem Brief getröstet, und als sie ihm im Januar 1638 antwortet und dabei über ihre neue Lebenssituation reflektiert, schreibt die damals Dreißigjährige, *ein ruhiges Leben in Einsamkeit, zurückgezogen in die Arbeit der Studierstube, war schon früher mein Lebensplan, und auch jetzt denke ich wieder ernsthaft darüber nach.* Es ist das von van Schurman oft intuitiv wahrgenommene Bedürfnis, nicht auf der Bühne stehen müssen, das hier Ausdruck findet. Wenige Zeilen später äußert sie: *Es machte mir eine schier unglaubliche Freude, von Ihnen zu hören, wie hoch Sie die Frömmigkeit schätzen und die Bescheidenheit. Ich kenne keinen schöneren Schmuck für unser Geschlecht, und wo sie fehlen, dient das, was unter dem Namen der Weisheit daherkommt, allein der Zurschaustellung und dem Ehrgeiz.*[17] Das ist van Schurmans moralische Grundhaltung, ein bescheidenes, religiös geprägtes Leben will sie führen. Spuren einer solchen Haltung finden sich schon nach dem Tod des Vaters, und nach dem Tod der Mutter ist diese Orientierung abermals zu erkennen. Van Schurmans religiöse Überzeugung schließt ihren Entschluss, ehelos zu bleiben, mit ein: „Meine Liebe ist gekreuzigt" ist ihr Lebensmotto, all ihre Liebesfähigkeit richtet sie auf Christus. Und für ihre Verhältnisse offensiv propagiert sie auch dieses Bekenntnis zur Jungfräulichkeit, die Entsagung gegenüber der „weltlichen Lust". Ins Stammbuch des Utrechter Bürgers Carel Martens schreibt sie 1634 ihr griechisches Motto und notiert darunter: *Wer*

von Wollust besiegt wird, ist Opfer eines schwachen Feindes. Wer aber die Wollust zu besiegen vermag, der hat selbst den [Kriegsgott] *Mars besiegt.*[18]
Doch das Etikett bewusst gewählter Jungfräulichkeit stößt manchem in dieser so lebensfrohen Epoche bitter auf, provoziert sogar Spott. Etwa um 1638 machen Gerüchte die Runde, van Schurman habe eine niederländische Übersetzung des weitschweifigen Schäferromans „L'Astrée" des französischen Schriftsteller Honoré d'Urfé (1568–1625) gemacht, eine nach antikem Vorbild konstruierte, bukolische Hirtengeschichte um unerfüllte Liebe, Wehmut und Untreue. Wer die Gerüchte in die Welt setzte, blieb unbekannt. Die tatsächliche Übersetzerin war möglicherweise Joanna de la Cava Schurman, eine im französischen Port de Rochelle lebende Cousine. Absurd allerdings war, dass gerade die allen erotischen Tändeleien entsagende Anna Maria van Schurman eine solche Übersetzung in Angriff genommen haben sollte, mochten ihre Sprachenkenntnisse sie auch dazu befähigen. In einem Gedicht, das zunächst von van Beverwijck publiziert und später auch in die „Opuscula" aufgenommen wird, wehrt sie sich gegen diese *falschen Gerüchte*: *Wie kann es Gerede über frivole Schriften unter meinem Namen geben? Wie kann man so absurden Gerüchten Glauben schenken?* Allein an eine Namensverwechslung will sie nicht recht glauben, sie vermutet böswillige Neider: *Kann allein ein falsch verstandener Name die Ursache sein? Glaubt man denn, ich habe meinen Verstand verloren?*[19] Die Entrüstung ist sicher ehrlich, van Schurman fühlt sich gerade wegen ihrer Ehelosigkeit spöttisch auf die Schippe genommen.

Das nicht ohne Grund: Constantijn Huygens und sein Freund Barlaeus etwa spötteln untereinander immer wieder über die „Jungfrau" aus Utrecht. Schon als Huygens 1635 mit van Schurman erstmals Kontakte knüpft, dichtet er an Barlaeus frivolzweideutig: „Ich bin kein Bigamist, Barlaeus, doch ich habe eine neue Liebschaft. Wusstest Du es nicht? Ich habe etwas mit einer Jungfrau. Verzeih, es wird Dir gefallen, entrüste Dich nicht. Wir verkehren nur von ferne und Nachwuchs gibt es bei beiden Eltern." Nicht minder übermütig dichtet Barlaeus, der die beiden miteinander bekannt gemacht hatte, zurück: „Ich bin Dir nicht neidisch, mein Constantijn, dass Du nun etwas mit dieser berühmten Jungfrau hast. Auch ich hatte einmal mit ihr etwas, ohne Ehebrecher zu sein." Auch er habe sie „berührt und angebohrt, aber nur in einem schmeichelnden Gedicht, und umgekehrt auch sie mich mit einem schmeichelnden Gedicht. Keiner lag oben, keiner lag unten. Die Jungfräulichkeit, die Liebesglut, das Bett – alles blieb unberührt. Beide sind wir also Ehebrecher, doch keineswegs verbrecherisch. Doch mir gebührt der Ruhm, zuerst mit ihr verkehrt zu haben."[20]

Van Schurmans Entscheidung, eine eheloses Leben zu führen, wurde offenbar in der Öffentlichkeit mehr wahrgenommen, als ihr lieb sein konnte – und oft eben auch als eine Art fast bemitleidenswerter Verklemmtheit. Dies zeigt sich etwa, wenn Huygens fehlende Briefantworten van Schurmans darauf zurückführt, dass er selbst Witwer sei und sie offensichtlich vermeiden wolle, ihm vermeintlich briefliche Avancen zu machen. Im September 1639 schreibt er an Rivet: „Ich habe den Eindruck, dass diese Minerva [= van Schurman] Skrupel hat, mir zu schreiben. Könnte es meine Witwerschaft sein, die ihr Angst macht? Ich bitte Sie inständig, mein Herr, ihr diese Sorge zu nehmen. Es ist geschrieben: ‚Man soll nichts gegen den Willen sagen oder tun. Schließlich ist meine Liebe ebenso gekreuzigt' wie die ihrige und ich begehre auch nichts als die Schönheit ihres Geistes."[21]

Wenn mit Beginn der 1640er Jahre ein zunehmender Rückzug van Schurmans zu beobachten ist, so mögen dafür mehrere Gründe eine Rolle gespielt haben: Sie besann sich – nach einer Phase intensiven Schreibens und Studierens – wieder stärker auf die Religion als Orientierungspunkt ihres Lebens; ihr bisheriger Lebensschwerpunkt wird ihr suspekt, in der „Eukleria" wird sie später bekunden, sie schäme sich sogar für ihre so engagierte und kämpferische „Dissertatio". Die familiären Veränderungen raubten ihr immer mehr die Zeit für die Wissenschaft, und sie machte auch die Erfahrung, dass es ihrem Naturell nicht entsprach, im Licht allgemeiner Aufmerksamkeit zu stehen. Die anzüglichen, ironischen Spitzen gegen ihre Ehelosigkeit mochten ihr das deutlich gemacht haben. Doch ganz so einfach ließ sich die Berühmtheit nicht beiseite schieben. Das Interesse an der fast schon sagenhaften Gelehrten wurde durch ihre Publikationen, insbesondere durch die als eigenständiges Werk publizierte „Dissertatio", weiter geschürt. 1646 erschien in Paris die französische Übersetzung des Briefwechsels mit Rivet, zwei Jahre später die erste Auflage der „Opuscula"; auch das zeigt die unverminderte internationale Beachtung van Schurmans. Den Oktavband der „Opuscula", im vollständigen Titel „Kleine Werke auf Hebräisch, Griechisch, Latein und Französisch, in Prosa und Versmaß", verlegte abermals das Haus Elzevier in Leiden. Das Buch stieß in ganz Europa auf begeisterte Leser, schon 1650, zwei Jahre nach dem Erstdruck, musste, abermals bei Elzevier, eine zweite, geringfügig erweiterte Auflage gedruckt werden, 1652 folgte, nun bei einem Utrechter Verleger, eine dritte. Die Dichterin Dorothea Loeber, einer thüringischen Theologenfamilie entstammend, wird 1749 in Leipzig eine Neuausgabe der „Opuscula" veröffentlichen, dabei allerdings einige wenige Texte herausnehmen, die vom Standpunkt der lutherischen Theologie inakzeptabel erscheinen konnten. Das Buch sei bei seinem ersten Erscheinen, wie Loeber in ihrem Vorwort schreibt, selbst in der dritten Auflage „rasch ausverkauft" gewesen und stünde nunmehr, Mitte des 18. Jahrhunderts, „auch einem bemühten Käufer nur schwer zur Verfügung". Motiv für die Neuedition war eine von Loeber empfundene Verbundenheit mit der Niederländerin; „den Frauen", schreibt sie, „die durch recht genaue Arbeit in der Wissenschaft unserem Geschlecht Ehre gemacht hatten, räume ich einen großen Stellenwert ein"; deshalb habe sie sich „um so leichter entschlossen, das seltene Buch durch eine erneute Ausgabe wieder zugänglich zu machen".[22]

Enthalten waren in den „Opuscula" die „Dissertatio", die schon durch van Beverwijck zuvor publizierte Abhandlung „De vitae termino" über die Prädestinationslehre, im Hauptteil zahlreiche Briefe von und an van Schurman, eine Auswahl von Gedichten van Schurmans in verschiedenen Sprachen sowie ein Anhang mit einer Reihe von Schreiben verschiedener Autoren zum Lob van Schurmans. Die mit rund 350 Oktavseiten beträchtlich umfangreichen „Opuscula" waren damit eine ausgewogene Präsentation der berühmten Autorin: Die Sprachenvielfalt der versammelten Texte und die illustre Reihe der Korrespondenzpartner und Autoren belegten den Rang der Gelehrten. Die Briefe zu religiösen Fragen stellten sie als profunde Kennerin der Theologie dar, und der Querschnitt der Gedichte zeigte ihr lyrisches Talent. Auch ihr Engagement in der Frauendebatte wurde prononciert: Die „Dissertatio" konnte hier erstmals im Zusammenhang mit den zugehörigen Rivet-Briefen gelesen werden. Zudem zeigten die vielen weiblichen Autoren, die in dem Band zur Sprache kamen, die Utrechter Gelehrte als Repräsentantin einer „weiblichen Linie" in der Wissenschaft, als Teil der „Querelle des femmes", eines gründlichen Diskurses, den Frauen europaweit um ihre soziale und intellektuelle Stellung führten. Und auch in der einschneidensten wissenschaftlichen Debatte der Zeit, der Auseinandersetzung um den Cartesianismus, blieben die „Opuscula" ausgewogen: Enge Freunde Descartes' wie Constantijn Huygens, Andreas Colvius oder Elisabeth von der Pfalz waren ebenso repräsentiert wie das anti-cartesische Lager, Gisbert Voetius etwa oder Pierre Gassendi.

Herausgeber der „Opuscula" von 1648 war der aus dem oberpfälzischen Amberg stammende reformierte Theologe Friedrich Spanheim (1600–1649), der 1642 von Genf aus auf eine Professur an der Leidener Universität berufen worden war. Spanheims strikt an der Genfer Orthodoxie ausgerichteter Calvinismus mit einer strengen Auslegung der Prädestinationslehre entsprach van Schurmans Auffassung; theologische Fragen erörterten die beiden auch gelegentlich in Briefen. 1645 hatte Spanheim van Schurman vorgeschlagen, die Ausgabe ihrer Schriften zu organisieren. Ihr Widerstand gegen diese Idee fällt erstaunlich gering aus. *Wenn Ihnen das richtig erscheint,* lässt sie ihn wissen, *so werde ich keinen größeren Widerstand leisten, zumal Sie Ihre Pläne mit einem so reinen und freundlichen Herzen vortragen.*[23] Sie verspricht, die in Frage kommenden Briefe an ihn zu schicken und lässt ihm ausdrücklich bei Auswahl und Bearbeitung freie Hand.

In seiner Einleitung zu den „Opuscula" charakterisiert Spanheim die Autorin als weithin bewunderte Dichterin, als Sprachengelehrte, Wissenschaftlerin und Künstlerin, doch er macht auch klar, dass van Schurman ein anderes Selbstbild hat. „All diese Gaben", schreibt er, „sind bei weitem denen untergeordnet, die sie selbst für die vornehmsten hält, ihre beispiellose Frömmigkeit, ihre Bescheidenheit ohne Vorbild und die wundersame Heiligkeit ihrer Sitten und ihres Lebenswandels, die als beispielhaft angesehen werden muss." Praktische Religiosität und scheue Bescheidenheit – auch wenn dieses Lob klischeehaft das Frauenideal der Zeit widerspiegelt, ist doch darin ein prägnantes Porträt van Schurmans in dieser Lebensphase umrissen. Sie findet wieder vermehrt in eine puritanische, der „Weltlichkeit" und ihren Verlockungen entsagende Haltung, für die sich schon in ihren Äußerungen nach dem Tod des Vaters Belege finden lassen. Es ist gerade die Selbstbescheidung, die Scheu vor der öffentlichen Aufmerksamkeit, die Spanheim unterstreicht: „Glaube nicht, lieber Leser, dass diese edle Frau aus freien Stücken in die Öffentlichkeit tritt: Sie geht nicht, sondern sie wird gedrängt von Leuten, die glauben, es sei im öffentlichen Interesse, dass eine so glanzvolle Gestalt nicht zuhause im Verborgenen bleibt. In der Tat, was in diesem Buch versammelt ist, musste ihren Händen weit mehr entrungen werden, als dass sie es angeboten hätte."[24] Nach wie vor war die Zahl ihrer Freunde und Verehrer groß. Spanheim betont, dass die Herausgabe der „Opuscula" nicht allein „seiner eigenen Neugierde und Muße" entsprungen sei, sondern es seien vor allem auch eine Reihe „sehr berühmter Freunde" gewesen, die ihn dazu aufgefordert hätten, diese Aufgabe in Angriff zu nehmen.[25]

Das Interesse an van Schurman blieb ungebrochen, und das nicht nur unter den Intellektuellen, sondern auch insbesondere bei adligen Frauen. Die französische Königin Maria de' Medici (1575–1642), mit der van Schurman Porträts austauschte, hatte ihr wohl schon 1639 von ihrem belgischen Exil aus einen Besuch abgestattet. Im Winter 1645 machte auch die polnische Königin Louisa Maria Gonzaga (1611–1667) auf dem Weg nach Polen zu ihrem Mann Wladislaw IV. in Utrecht Station. Ein Mitreisender berichtet: „Nachdem sie von dem berühmten Ruf der Anna Maria van Schurman, einer Tochter dieser Stadt, und der Schönheit ihrer Kunstsammlung gehört hatte, wollte sie sie besuchen, doch ohne Zeremoniell, um die Volksmengen zu vermeiden, die ihr gefolgt wären." In einem einfachen Wagen macht sie sich auf zum Haus am Dom. „Im Vorbeifahren sah sie die große Kirche und betrat dann die Wohnung dieser zehnten Muse, eines der Wunder ihrer Zeit und ihres Geschlechts. Nicht ohne Bewunderung betrachtete sie die wundervollen Kunstwerke, die jene mit ihren Händen verfertigt hatte, Gemälde, Miniaturen, Buchillustrationen, auch Gravuren mit Stichel und Diamant in Kupfer und Glas. Damit hat sie den Ruf erlangt, in den edelsten mechanischen Künsten Bestes hervorzubringen." Van Schurman parliert mit einem der Begleiter der Königin auf Italienisch und „argumentiert über einige theologische Fragen höchst feinsinnig auf Latein". Mit dem Hofarzt spricht sie Griechisch, und sie hätte, so der Augenzeuge weiter, „mit uns auch noch in anderen Sprachen gesprochen, wenn wir diese beherrscht hätten".[26]

Die Künstlerin van Schurman beeindruckt die Besucher nach wie vor in höchstem Maße, und auch ihre sprachliche Gewandtheit und ihre Kenntnisse der Theologie bestechen. Das zeigt sich etwa, als nur wenige Monate später Anne Geneviève de Bourbon-Condé (1619–1679), die Herzogin von Longueville, auf der Durchreise in Utrecht ist. Der Hauskaplan der Herzogin, Chanoinie Joly, verfasste später einen schriftlichen Bericht dieses Aufenthalts, der die Zurückgezogenheit van Schurmans atmosphärisch spiegelt: Die Herzogin fragte nach ihrer Ankunft in der Stadt bei van Schurman um ein Treffen an, diese ließ durch ihren Bruder Johan Godschalk ausrichten, sie nehme nur ungern Einladungen in „große Häuser" an und es gebe bei ihr auch nichts Besonderes zu sehen, aber dennoch stehe sie zur Verfügung. „Diese Zurückhaltung", berichtet Joly weiter, „brachte Madame de Longueville zu dem Entschluss, selbst zu ihr zu gehen, mit nur wenigen Begleitern und ohne Männer, ausgenommen ihren Stallmeister, einen alten, ehrenhaften Mann. Denn sie wollte ihr nicht lästig fallen." Bei ihrer Ankunft „empfing Mademoiselle Schurman sie an der Tür ihrer Wohnung, begrüßte sie höflich auf Französisch und zeigte ihr dann all die wunderbaren Dinge". Wieder begeistert van Schurmans Kunst: „Sie zeigte uns kleine Porträts, die sie gemacht hatte, und diese waren so natürlich und mit so strahlenden Farben gemalt, dass ich ohne Schwierigkeiten die Königin von Böhmen wiedererkennen konnte, die ich in Den

Haag gesehen hatte. Auch erkannte ich die Königin von Polen wieder, die sie auf der Durchreise gemalt hatte." Abermals parliert van Schurman glänzend über theologische Fragen: „Später sprachen wir mit ihr auf Latein, und der Kleriker, der dabei war, stellte ihr einige Fragen über die Prädestination. Sie hörte konzentriert zu und antwortete uns anschließend mit einer weitaus besseren Ausdrucksweise, als er sie benutzt hatte. Ich bemerkte, dass sie alles, was sie äußerte, mit einer inneren Haltung aussprach, wie eine Person, die auf sich selbst hört und sich sehr unter Kontrolle hat."[27]

Diese Schilderung belegt, dass van Schurman keinesfalls die große Aufmerksamkeit, die ihr zuteil wurde, genoss. Die Art, wie sie sich gegenüber ihren Gästen verhält, ist stets distanziert und kontrolliert. Durchaus nicht allen Durchreisenden gelang es, zu der so zurückgezogen lebenden van Schurman vorzudringen. Als etwa Samuel Sorbière (1615–1670), ein Literat, der den antiken Skeptiker Sextus Empiricus und auch zeitgenössische Autoren wie Thomas Morus oder Thomas Hobbes ins Französische übersetzte, um 1650 die Niederlande bereiste, wollte er – vielleicht angeregt durch die kurz zuvor erschienenen „Opuscula" – bei seiner Station in Utrecht „die berühmte Mademoiselle Schurman besuchen". Doch es gelang ihm nicht, „da sie sich ziert, sich zu zeigen, wegen der Belästigung, der sie ausgesetzt wäre", und so „war unser Aufenthalt in der Stadt nicht lang genug, um die dafür nötige Zeit aufzuwenden".[28]

Ganz ähnlich erging es Jahre später, 1663, Sorbières Landsmann Balthasar Monconys (1611–1665). Monconys, ein Diplomat und Naturwissenschaftler, der mit einer Reihe von Berichten über seine ausgedehnten Studienreisen von sich reden machte, war vielleicht wie viele andere Franzosen von der französischen Übersetzung des Rivet-Briefwechsels von 1646 und den „Opuscula", die innerhalb von fünf Jahren dreimal neu aufgelegt wurden, zu einem Besuch der fast sagenhaften Utrechterin inspiriert worden. Doch auch Monconys konnte keine Begegnung mit van Schurman arrangieren, denn „sie war verhindert, wie mir ihre Dienerin sagte, weil sie gerade an einer Versammlung von Pastoren teilnahm, und unser Wirt sagte mir, sie lasse niemanden zu sich vor, wenn es nicht gerade ein Saumaise oder andere Personen mit ähnlichem Ansehen sind".[29]

Claude Saumaise war ein berühmter Privatgelehrter und Universitätslehrer in Leiden, zum Zeitpunkt von Monconys' Besuch aber schon rund zehn Jahre tot. Van Schurman hatte mit Saumaise und seiner Frau, wie die in den „Opuscula" edierten Briefe belegen, gerade in den 1640er Jahren engen Kontakt gepflegt. Diese Briefe zeigen, wie theologische Fragestellungen immer mehr Raum in van Schurmans Leben und Arbeit bilden. Als Theologin schätzte Saumaise van Schurman besonders. In einer Eloge auf die Utrechterin schrieb er im Vorwort zu einem seiner Bücher: „Auch Männern legt sie schwierige und spitzfindige Wissenschaften wie die scholastische Philosophie und die Theologie so dar, dass alle nur noch staunen, weil es an ein Wunder grenzt."[30] 1646 veröffentlichte Saumaise unter dem Pseudonym Simplicius Verinus eine Streitschrift gegen Hugo Grotius über die diffizile theologische Auffassung von der Transsubstantiation, doch zuvor ließ er sein Manuskript von van Schurman eingehend gegenlesen. Diese nutzt die Anfrage, um das Thema selbst abzuhandeln, in einem langen, auf Latein verfassten und mit Zitaten der Kirchenväter dicht gespicktem Text. In den „Opuscula" ist dieser Brief von 1645 mit 19 Seiten einer der längsten. 13 Seiten nimmt ein Brief an Saumaise aus dem folgenden Jahr ein, in dem van Schurman eine Abhandlung über Elemente der Passionsberichte in den Evangelien gibt. Immer wieder wurde also der Rat und das Urteil der Theologin van Schurman eingeholt. Auch die „Opuscula" machen den Rang der Theologin deutlich, nicht zuletzt durch die Briefe an Jacob Lydius und Johannes Cloppenburg über die Frage der „Totentaufe".

Die Theologie spielt in diesen Jahren vor der Veröffentlichung der „Opuscula" eine zunehmend wichtige Rolle für van Schurman, und immer mehr konzentrierte sie sich auf ein tätiges, praktisches Christentum. Ein Indiz dafür könnte sein, dass sie im Februar 1651 ein hebräisches Gedicht mit niederländischer Übersetzung auf die alttestamentlichen zehn Gebote anfertigte, eine kompakte vierzeilige Zusammenfassung der mosaischen Lebensregeln: *Ehrt Gott allein, kein Bild, missbraucht nicht Gottes Namen, fürchtet den Ruhetag, ehrt Eltern, mordet nicht, buhlt nicht, stehlt nicht, lügt nicht und begehrt nicht.*[31]

Ein weiteres Indiz spricht für eine zumehmende nachdrückliche religiöse Verinnerlichung in dieser Lebensphase: Als 1652 die dritte Auflage der „Opuscula" erschien, war darin ein auf griechisch geschriebener Brief des griechisch-orthodoxen Bischofs von Ephesus, Meletios Pantogalos (1595–1645), an van Schurman enthalten. In den vorherigen beiden Auflagen der „Opuscula" fand sich schon der ebenfalls griechische Antwortbrief van Schurmans, nun erst wurde der vorausgegangene Brief des Bischofs veröffentlicht. Worin könnte der Grund liegen? 1645 wandte sich Pantagalos, der sich im Jahr zuvor in Leiden immatrikuliert hatte und den interreligiösen Dialog zwischen Calvinisten und griechisch-orthodoxer Kirche suchte, an die Gelehrte in Utrecht. Gestiftet hatte den Kontakt der gemeinsame Leidener Freund Adolph Vorstius. Pantagalos' Brief enthält im Wesentlichen ein Lob van Schurmans. Doch er hebt sich von den anderen dichterischen und prosaischen Elogen in den „Opuscula" deutlich dadurch ab, dass er nicht die Sprachkenntnisse, die Bildung, die Belesenheit van Schurmans rühmt, sondern in erster Linie ihre bewusst gewählte und – noch wichtiger – religiös begründete Jungfräulichkeit. Wurde dieser Text in die dritte Auflage aufgenommen, weil sich van Schurman nunmehr von ihm, einer Würdigung ihrer religiösen Lebenshaltung, besser repräsentiert sah als von all den höflichen und redlichen Kniefällen vor ihrem Intellekt? Er habe ihre moralische Lebensweise rühmen hören, schreibt Pantagalos, ihre Erziehung, ihre religiösen Forschungen, „doch am meisten und ganz besonders, Anna Maria, bewundere ich Ihre Jungfräulichkeit". Er sende ihr dieses Schreiben, „weil der glänzende Ruf Ihrer jüngfräulich-weisen Vernunft mich dazu zwang und antrieb". Jungfräulichkeit ist für ihn „engelsgleich", weil sie „fleischlosen Wesen" zukomme, und es ist genau dieser Zug der Weltentsagung, der einhergeht mit der Konzentration auf das Göttliche und der ihm an der Adressatin des Schreibens so sehr imponiert: „Sie singen in Kontemplation das Lied des Herrn, Sie philosophieren allein über das Himmlische und Vertrauenswürdige, wohl wissend, dass alles, was weltlich oder ans

Weltliche gebunden ist, unbeständig und unzuverlässig ist." In ihrer Jungfräulichkeit ahme van Schurman nicht nur die Gottesmutter Maria nach, schreibt der Bischof, sondern auch Maria, die Schwester Marthas. Pantagalos spielt damit auf eine Episode aus dem Lukasevangelium (Luk 10,38-42) an: Jesus besuchte das Haus der beiden Schwestern Maria und Martha, und während Martha den Haushalt besorgte, setzte sich Maria zu Jesus und hörte seinen Worten zu. Als sich Martha darüber bei Jesus beschwert, äußert er, Maria habe „das Bessere gewählt". Die Geringschätzung des Irdischen, die sich in der Jungfräulichkeit und der Hinwendung zur Sphäre des Geistlichen zeigt, verbindet Anna Maria van Schurman für Pantagelos mit zwei ihrer biblischen Namensgeberinnen.

Es wird später genau diese Episode bei Lukas sein, nach der van Schurman ihre apologetische Autobiographie als „Eukleria", als „Wahl des besseren Teils" benennen wird. Dadurch wird sinnfällig, dass sich van Schurman im Brief des griechischen Bischofs als eine spirituelle Gläubige porträtiert erkannte, die in allen Aspekten ihres Lebens auf das Himmlische hin orientiert ist – ein Bild, das van Schurman vielleicht gerade ab den 1650er Jahren gerne von sich in den „Opuscula" veröffentlicht sehen wollte. In diesem Profil wurde van Schurman in der Tat auch vermehrt wieder wahrgenommen. Der deutsche Dichter Philipp von Zesen (1619–1689) lebte Zeit seines Lebens immer wieder in den Niederlanden, vornehmlich in Amsterdam. Dort hatte er mit dem einflussreichen Kaufmann Frederick Alewyn, einem Verwandten der van Schurmans, Kontakt. Ein bekannter Porträtstich von ihm, dessen Vorlage vielleicht von Anna Maria van Schurman stammt, ziert französische Gedichtzeilen von Anna Marias Utrechter Cousine Anna Margaretha van Schurman. Die Familie scheint also mit Zesen freundschaftlich verkehrt zu haben. Philipp von Zesen ließ 1653 in Hamburg eine Sammlung eigener religiöser Lyrik drucken, deren Titel „Gekreuzigter Liebesflammen oder geistlicher Gedichte Vorschmak" schon das Lebensmotto van Schurmans aufgreift. Das erste Gedicht in dieser Sammlung ist denn auch ein „Spruchlied auf den Wahlspruch der wohledelgeborenen und hochgelehrten Jungfrauen Annen Marien von Schürman": „Welt, tobe wie du willst und wüte", hebt das Gedicht an, „mein Ziel bleibt dennoch unverrückt: / Mein Sinn, mein Herz und mein Gemüte / sind nie von deiner Lust entzückt. / Denn ob mich Welt und Lust schon triebe, / bleibt doch gekreuzigt meine Liebe." Der Welt setzt er das „Himmlische" entgegen, auf dieses Himmlische richte sich allein die Liebe: „Mein Herz ist himmlisch nur gesinnet. / Was weltlich ist, bleibt unberührt. / Die Liebe, die den Preis gewinnet, / Ist diese, die zum Himmel führet."[32] Von Anna Maria van Schurman ist eine Scherenschnittarbeit in Form eines Labyrinths erhalten, auf der sie dieses Gedicht auf die verschlungenen Gänge geschrieben hat. Allein die in den vier Strophen gleichbleibenden letzten beiden Verse variieren. Hier heißt es: *Denn ob mich Welt und Lust schon reitzet / bleibt meine Liebe doch gekreuzet.*[33] Manches spricht dafür, dass dieses kleinformatige Glanzstück ein Jugendwerk van Schurmans ist. Hat Zesen vielleicht eines ihrer frühen, in der Sprache ihrer Mutter verfassten Gedichte in sein Werk aufgenommen? Die Autorschaft lässt sich nicht sicher klären, doch offensichtlich ist, dass die religiöse Haltung, das Empfinden einer Fremdheit in der Welt, die der gesamte Gedichtband spiegelt, für Zesen eng verbunden ist mit Anna Maria van Schurman.

Van Schurmans christlicher Glaube bekam ab den 1650er Jahren einen zunehmend spirituellen, mystischen Einschlag. Voetius' Ideal der „Nadere reformatie" gewann für sie mehr und mehr an Bedeutung. Überhaupt vollzog sich in diesen Jahrzehnten im religiösen Leben in den Niederlanden eine Entwicklung, in der gerade mystische Denker auf fruchtbaren Boden fielen – vielleicht in einer pendelartigen Gegenbewegung zum sich mehr und mehr durchsetzenden, nüchternen und bildlosen Calvinismus, der selbst die Sakramente, die den menschlichen Lebenszyklus begleiten, nurmehr „symbolisch" interpretierte. Dies zeigt sich vielleicht am deutlichsten in der Publikationsgeschichte der Werke des deutschen Theosophen und Mystikers Jacob Böhme (1575–1624), dessen Schriften in niederländischer Übersetzung ab den 1640er Jahren von dem Amsterdamer Geschäftsmann Abraham Willemsz van Beyerland (1586–1648) erstmals publiziert wurden. Möglicherweise lernte van Schurman in diesen Jahren Schriften

Böhmes und anderes Mystiker kennen, jedenfalls setzte eine persönliche Entwicklung ein, durch die van Schurman sich für spirituelle und mystische Ansichten öffnete, wie sie sie dann später bei Jean de Labadie kennenlernte. Von Jacob Böhme inspiriert war auch der Schlesier Johannes Scheffler (1624–1677), der sich als Dichter Angelus Silesius nannte. Bei einem Studienaufenthalt in Leiden lernte er 1644 Abraham von Franckenberg (1593–1652) kennen, einen Biographen Böhmes und Kenner der jüdischen Kabbala, und geriet dadurch in den Sog dieser religiösen Strömung. Wie sehr van Schurmans religiöse Wandlung, ihre „Weltflucht", mit dem Aufkommen mystischer Bewegungen parallel geht, zeigt vielleicht am eindrücklichsten ein Gedicht Schefflers, das er 1657 in seiner Sammlung „Heilige Seelenlust oder geistliche Hirtenlieder" erstmals veröffentlichte. Es trägt den Titel „Ihre Liebe ist gekreuzigt" und propagiert mit dem selben Motiv der „Liebe am Kreuz" ein weltabgewandtes, jenseitsorientiertes Bekenntnis zum Christentum. Dort heißt es: „Ich habe keine Lust an den geschaffnen Dingen, / Mir kann, was zeitlich ist, nicht eine Freude bringen. / Des Fleisches Schönheit und ihr Ruhm / Scheint mir wie eine blasse Blum, / Weil meine Lieb gekreuzigt ist."[34] In der christlichen Mystik der frühen Neuzeit und im Frühpietismus, der in der „Nadere reformatie" einen ersten Ausdruck fand, ist das Motiv der Jesus-Minne, der Liebe zum Gekreuzigten immer wieder zu finden. Es war die Hinwendung zu solchen mystischen Vorstellungen, die van Schurman in diesen Jahren auch zu einem Rückzug aus der „Welt", aus den zuvor so penibel gepflegten gesellschaftlichen Bindungen bewog.

Ein biographischer Einschnitt war im Jahr 1653 eine Reise van Schurmans in ihre Geburtsstadt Köln, von der sie erst im folgenden Jahr wieder zurückkehren sollte. Der Grund für diese Reise war, nach van Schurmans Darstellung in der „Eukleria", *ein altes Besitztum* ihrer beiden deutschen Tanten, das im Dreißigjährigen Krieg konfisziert worden war: *Sie hatten die Hoffnung, dieses zurückzuerhalten, und dazu war ihre dortige Anwesenheit erforderlich.* Van Schurman begab sich also, wohl im Frühjahr 1653, mit Agnes und Sibylle von Harff, *obwohl diese schon schwach waren, und mit meiner ganzen Dienerschaft unter der Leitung meines einzigen Bruders auf den Weg*

Religiöse Neubesinnung: 1645–1660

nach Köln, wo wir auch ohne Schwierigkeiten ankamen.[35] In ihrem engsten Umfeld scheint diese Reise van Schurmans bekannt gewesen sein, doch Constantijn Huygens etwa erfuhr – wie sich aus einem Brief von September 1653 an die gemeinsame Freundin Utricia Ogle-Swann ergibt – nur gerüchteweise davon und meinte zunächst, van Schurman habe Utrecht endgültig verlassen. Huygens bittet Utricia Ogle-Swann darum, ihn doch zu „informieren, was wohl der Grund war, dass Ihre berühmte Sibylla [= van Schurman] ausgereist ist, und wo sie hingegangen ist. Das war für mich die seltsamste Neuigkeit, davon hatte ich noch nichts gehört. Sicher ist die Stadt Utrecht dabei der größte Verlierer und hätte es mit aller möglichen Gewalt verhindern müssen, damit die Asche dieses Phönix dort bewahrt worden wäre, wo sie so ruhmvoll den besten Teil ihres Lebens zugebracht hat. Wenn es Ihnen, werte Dame, keine allzu großen Umstände macht, so würde ich mich freuen, generell zu hören, was einen so plötzlichen Entschluss verursacht hat."[36] Huygens war ahnungslos, und van Schurman war zu dieser Zeit offenbar schon nicht mehr Teil eines brieflichen Netzwerks, mit dem sie sonst engen Kontakt hielt.

Doch Utricia Ogle-Swann wusste Bescheid, sie besuchte ihre Freundin auch während der Zeit in Köln. Auf diesen Besuch spielt van Schurman auch in einem Gedicht „über den Unterschied zwischen Utrecht und Köln" an, das sie von der Stadt am Rhein aus an ihre Freundin Margaretha Borre von Amerongen in Utrecht schickte und das wohl im Januar 1654 entstand. Die Verse sind von Heimweh getragen. Die ersten Zeilen lauten: *O Utrecht, liebe Stadt, wie könnt' ich dich vergessen, / auch wenn ich fern von dir meine Tage verbringen muss. / Zehn Mal am Tag lobe ich, Stadt, dich, / die – das ist mein Urteil – von nichts übertroffen wird.*[37] Van Schurman hat nicht ohne innere Regung die Stadt betreten, in der sie geboren wurde. Die Reise nach Köln ist auch eine Reise in ihre Kindheit. *Vor allem muss ich Köln die Ehre geben,* dichtet sie, *dass es den Beginn meines Lebens gesehen hat, / so dass ich dieses Band nicht verkennen kann, / das mich der Stadt als meinem Vaterland verpflichtet.*[38] Sie preist gebührlich die Schönheit Kölns, die Pracht der Architektur und auch den natürlichen Reichtum, die Weinberge und das Fischvorkommen im Rhein. In der Tat war Köln, vom Dreißigjährigen

Krieg weitgehend verschont, eine der beeindruckendsten Städte Mitteleuropas. „Man hält Köln für die größte Stadt in ganz Deutschland", steht in der von dem berühmten Kupferstecher Matthäus Merian Mitte des 17. Jahrhunderts veröffentlichten „Topographie des Erzbistums Köln", es hat „82 oder 83 Türme zur Beschützung herum", einen „Graben und starke hohe Mauern mit bedeckten Gängen; innerhalb der selben auch hin und wieder Weingärten, Apfel- und andere fruchtbare Bäume; schöne Spaziergänge und Lustbarkeiten in und außer der Stadt; und 34 Tore". Überhaupt ist die Stadt „wohl erbauet und stehen sonderlich um das Rathaus auf dem Markt ansehnliche Häuser, in gleichem auch auf dem Heumarkt. Die Gassen sind schön weit und mit breiten Steinen gepflastert". Freilich prunken im katholischen Köln auch die Sakralbauten, und so ist unter den Kirchen „insonderheit die erzbischöfliche oder der Dom zu St. Peter zu besichtigen, so anno 1248 zu bauen angefangen, aber bis daher nicht ausgebauet worden", eine Domkirche, die, wenn sie vollendet würde, „wegen ihrer Weitläufigkeit und Größe alle in Deutschland übertreffen würde" und „unter die Wunderwerke in Europa gezählt werden" könnte.[39]

Auch wenn van Schurman keineswegs die Absicht gehabt hatte, Utrecht länger fern zu bleiben und auch wenn sie durch Briefe und Besuche in dieser Zeit die Verbindungen in die Niederlande aufrechterhielt – die Kölnreise stieß auf Verwunderung, wurde sogar von vielen argwöhnisch betrachtet. Dies gilt nicht nur für Huygens, der noch im September 1654, als er in Trier nahe bei Köln ist, ein an van Schurman adressiertes Gedicht schreibt, in dem es triumphierend heißt, nun könne sie sich nicht mehr in Köln verstecken: „Wir haben gewonnen, Sie sind entdeckt, und nicht nur die wunderbare [Utricia] Swann konnte Ihr Versteck ausfindig machen."[40] Huygens stellt auch selbst einen Besuch in Aussicht, nicht wissend, dass Anna Maria van Schurman zu diesem Zeitpunkt wohl schon seit einigen Wochen wieder zurück in Utrecht ist. Huygens' Verse sind eher augenzwinkernd ironisch zu verstehen, als Anspielung auf die überraschende und unerwartete Abreise seinerzeit, doch sie spiegeln noch immer etwas von der Verwunderung über die Änderungen im Lebenswandel der

Religiöse Neubesinnung: 1645–1660

Freundin. Van Schurmans Verhalten wurde nicht nur als sonderbar und etwas schrullig wahrgenommen, auch Argwohn kommt auf. Gerüchte machen die Runde, van Schurman sei in Köln zum Katholizismus übergetreten. Im März 1654 erkundigt sich Huygens abermals bei Utricia Ogle-Swann nach van Schurman. Er bittet sie, sie möge ihm doch mitteilen, „was Sie von unserer lieben Sibylla [= van Schurman] und dem Wechsel ihrer Religion erfahren haben, von dem hier so viel die Rede ist". Sie solle ihn doch wissen lassen, „was denn der Grund für diese Verleumdung sein könnte – denn für eine solche halte ich es und niemals werde ich dieser Verleumdung Glauben schenken können".[41] Offensichtlich gab es Leute, die van Schurman schaden wollten. Sie selbst schreibt später: *Obwohl wir uns in Köln von jeglichen katholischen Gottesdiensten fernhielten, bekamen wir dennoch Hass und Neid dadurch zu spüren, dass viele Menschen das Gerücht, ich sei in meinem religiösen Bekenntnis zum Papsttum übergetreten, allein um der Verleumdung willen zuerst in Utrecht und von dort aus fast in der ganzen Welt verbreiteten – Gerüchte, die zuletzt, gleichsam zögerlich und schüchtern auch nach Köln gelangten, wo man ganz genau wusste, dass das Gegenteil wahr war. So kam es, dass hierdurch meine Liebe zur Stadt Utrecht nach meiner Rückkehr etwas nachgelassen hatte, so dass mir später die Reisen, die ich nicht um zeitlicher, sondern um geistlicher Dinge willen auf mich nehmen musste, weniger abstoßend vorkamen.* Im Rückblick war van Schurmans Kölnreise ein Einschnitt, der sie noch stärker aus vielen der gesellschaftlichen Bindungen riss, die ohnehin in den letzten Jahren durch ihre Zurückgezogenheit immer sporadischer und auch brüchiger wurden.

Huygens hatte gegenüber Utricia Ogle-Swann eine eigene Theorie geäußert, wie es zu diesen Gerüchten gekommen sein könnte: „Meine Idee ist", schrieb er, „dass sie mit ein oder zwei Jesuiten diskutiert hat" und diese dann erzählt hätten, dass sie „ihre edle Seele besiegt und überzeugt" hätten.[42] Diese Begründung ist nicht aus der Luft gegriffen: In einem Brief aus Köln, den van Schurman im Februar 1654 an eine Utrechter Freundin sandte, berichtet sie tatsächlich von einer Diskussion über Religion, die sie mit einem Ordensoberen und zwei Franziskanermönchen geführt hatte. Im übrigen provozierte der aufgeheizte Konfessionalismus des 17. Jahrhunderts, die aufreibenden Lehrstreitigkeiten zwischen Katholiken, Lutheranern und Calvinisten, zwischen Remonstranten und Arminianern und anderen religiösen Gruppen und Untergruppen nicht wenige Konfessionswechsel. Der Dichter Joost van den Vondel etwa, ein Anhänger der Remonstranten, war 1641 zum Katholizismus konvertiert und hatte damit nicht wenig Aufsehen erregt. Auch Maria Tesselschade Roemers Visscher, die hochbegabte und van Schurman in so vielem ähnliche Amsterdamer Kaufmannstochter, war im selben Jahr Katholikin geworden. Die Gerüchte um eine Konversion Anna Maria van Schurmans dürften daher ums so mehr um sich gegriffen haben, als im August 1654, kurz nach der Heimkehr aus Köln, eine weitere adlige Dame bei ihr in Utrecht Station machte: die schwedische Königin Christina (1626–1689), die nur wenige Wochen zuvor offiziell als Königin von Schweden abgedankt hatte und einige Monate später, im Dezember 1654, ebenfalls zum Katholizismus konvertieren sollte. Christina, die den schwedischen Hof innerhalb weniger Jahre mit immensen Finanzmitteln zu einem europäischen Kunst- und Wissenschaftszentrum ausgebaut hatte, pflegte insbesondere in die Niederlande stets gute Kontakte und engagierte René Descartes 1649 in seinem letzten Lebensjahr als einen ihrer Hauslehrer. Christina suchte van Schurman, einem zeitgenössischen Bericht zufolge, mit „einigen Jesuiten" in ihrem Haus auf. Die Königin war begeistert, weil die Gastgeberin während des Gesprächs ganz beiläufig ein Porträt anfertigte. Als die Jesuiten ein Gespräch über theologische Streitfragen begannen, argumentierte sie so kundig und beredt, dass ihre Gesprächspartner zu dem Urteil kamen, ihre „Bildung könne nicht natürlich sein, sondern sei von einem ganz besonderen Geist".[43] Ein solches Treffen konnte Gerüchte über eine religiöse Neuorientierungen van Schurmans unfraglich anheizen.

Bei der Rückkehr aus Köln stieß van Schurman in Utrecht auf eine undurchsichtige Stimmung. Zwar wurde sie, wie es in der Biographie von Yvon heißt, „von allen rechtschaffenen Leuten mit großer Liebe und Freude empfangen"[44] und Gisbert Voetius widmete im Oktober 1654 den zweiten Band seiner „Ausgewählten Disputationen" Johan Godschalk und Anna Maria van Schur-

Schurman, „die eben von einer kurzen Reise nach Deutschland zu uns zurückgekehrt sind",⁴⁵ ja fügte sogar noch ein griechisches Gedicht bei, das er während ihrer Abwesenheit auf die in Köln Weilenden verfasst hatte. Doch es gab auch gerade innerhalb der Kirchenorganisation eine starke Strömung gegen van Schurman. So fanden sich, der Yvon-Biographie zufolge, in Utrecht „weltlich gesinnte Prediger", die van Schurmans „Zurückkunft gar nicht [...] als eine Ursache zur Fröhlichkeit" ansahen. „Auch unterließen sie nichts und fuhren fort, bei ihresgleichen von Mademoiselle van Schurman übel zu reden und unter der Hand falsche und nachteilige Gedanken von ihr zu erwecken."⁴⁶

Der Gegenwind wurde stärker. Innerhalb der reformierten Gemeinde von Utrecht kam es vermehrt zu heftigen Spannungen; van Schurman war eines derjenigen Gemeindemitglieder, die in diesem Auseinandersetzungen zwischen die Fronten geriet, nicht zuletzt deshalb, weil sie in theologischen Fragen klar Position bezog. Spätestens mit den Konversionsgerüchten beginnt eine Entwicklung, die van Schurman zunehmend in Opposition zur Kirchenobrigkeit bringt und die schließlich zur seperatistischen Lösung von der reformierten Kirche in der Sektengemeinschaft Jean de Labadies führt.

Gegen Ende der 1650er Jahre empfindet van Schurman ihr Leben als an einem Wendepunkt angekommen. In einem Brief an ihren langjährigen Freund Andreas Colvius in Dordrecht schreibt sie im Sommer 1657, sie habe „die Absicht, den letzten Akt meines Lebens (mit Gottes Gnade) besser zu machen als den ersten". Eine persönliche Krise also, der Entschluss, eine Wende zu vollziehen. Und sie fährt fort: „Denn je länger ich lebe, desto mehr sehe ich auch die Schwierigkeit jenes Weges, der zum Besitz des himmlischen Lebens führt, und die Leichtigkeit, mit der man sich vorstellt, dorthin gelangen zu können." Es gilt, einen neuen Weg einzuschlagen, sich von der früheren Leichtfertigkeit zu verabschieden, ein Entschluss, den Anna Maria van Schurman nun umsetzen wird.

Ein außerordentlicher Verkünder des göttlichen Worts
Anschluss an Jean de Labadie: 1660–1669

Die „Nadere refomatie". Streit in der Utrechter Kirchengemeinde. Rückzug nach Lexmond. „Verfall der Kirche": niederländische Gedichte. Johan Godschalks Reise in die Schweiz. Bekanntschaft mit Jean de Labadie. Tod des Bruders. Labadie in Middelburg. Kontroversen um Labadie. Die Labadisten in Amsterdam.

Zu Beginn des 17. Jahrhunderts kam innerhalb des niederländischen Calvinismus eine Reformbewegung auf, für die der Begriff „Nadere Reformatie", deutsch etwa „nähere" oder „zweite Reformation", geprägt wurde. Der spätere Lebensgang van Schurmans, etwa ab ihrem fünfzigsten Lebensjahr, ist nur verständlich, wenn man ihn vor dem Hintergrund dieser Strömung, der sie sich zugehörig fühlte und der sie auch wichtige Impulse vermittelte, betrachtet. Die „Nadere reformatie" ist – bei allen offenkundigen Differenzen – Ausdruck eines religiösen Bedürfnisses, das sich ganz ähnlich im englischen Puritanismus und im lutherischen Pietismus in Deutschland artikulierte. Wechselseitige Beeinflussungen zwischen diesen Erscheinungen innerhalb der verschiedenen christlichen Bekenntnisse sind zahlreich, vor allem auch deshalb, weil ihre Ursachen weithin die selben sind: Ende des 16. Jahrhunderts, rund ein halbes Jahrhundert nach Luthers Reformation, hatten sich allmählich religiöse und politische Ordnungen herausgebildet, die zunehmend erstarrten. Im lutherischen Protestantismus erfüllten die Landesherrn die Funktionen eines Bischofs, die katholische Kirchenführung drängte in der Gegenreformation darauf, die eigenen Reihen geschlossen zu halten. Die Oberen in Kirche und Politik feilschten um Einfluss, um Macht und Ansprüche, und der Dreißigjährige Krieg wird schließlich zu einem katastrophalen Signum dieser Rivalitäten. Kirchen und Religionen werden vielfach als Institutionen der Machtausübung wahrgenommen, verlieren, zumindest im Gefühl vieler Gläubiger, zunehmend ihre spirituelle und religiöse Orientierungsfunktion.

Als Gegenbewegung zu dieser Entwicklung enstanden religiöse Reformbewegungen, die wieder die individuelle, persönliche, lebendige Frömmigkeit, ein umfassendes Ausleben der Glaubenserfahrung in den Mittelpunkt stellten. Der Glaube sollte das ganze Leben erfassen, bis hinein in die gesellschaftlichen und politischen Strukturen. Man wandte sich gegen starre Hierarchien, obrigkeitliche Kirchenstrukturen und orthodoxen Dogmatismus, verbreitete wieder gerade Luthers Idee vom allgemeinen Priestertum aller Gläubigen. Eine Betonung des persönlichen Glaubenserlebens öffnete die verschiedenen pietistischen Strömungen auch für mystische Einflüsse, für eine manchmal weltabgewandte Verinnerlichung der Frömmigkeit, doch Vorrang hatte stets das Ziel, alle Elemente des praktischen Lebens von der Religion durchwirken zu lassen. Zentral war die Vorstellung der „Wiedergeburt", die persönliche Bekehrungserfahrung.

Gisbert Voetius war über Jahrzehnte hinweg eine der prägenden Führergestalten der „Nadere Reformatie", und durch ihn wurde auch Utrecht zu einem Zentrum des niederländisch-reformierten Frühpietismus. Das Ideal der Frömmigkeit, das Voetius vertrat, bedeutete nicht nur das bloße Berücksichtigen christlicher Lebensregeln und moralischer Vorgaben im Alltag, sondern sämtliche Handlungen der Gläubigen sollten durchdrungen sein von einer in alle Lebensbereiche ausstrahlenden, frommen Haltung, von einer tief empfundenen „Gottseligkeit". Meditationen und Bibelstunden im häuslichen Familienkreis wurden propagiert, weltliche Freuden wie Tanz und Musik, Volksfeste, Kartenspiel, Alkohol oder das Theater galten als sündig.

Voetius arbeitete strategisch für seine Ideale, versuchte, Lehrstühle und Positionen in den Gemeinden systematisch mit seinen Schülern und Anhängern zu besetzen. Dazu zählten auch Anna Maria van Schurman und ihr Bruder Johan Godschalk. Eine Reformation der Reformierten Kirche von innen heraus war das

Ziel, für das Voetius kämpfte. Separatismus, Kirchenspaltung gar suchte er zu vermeiden. Dabei blieben die auf der Synode von Dordrecht 1619 in der Auseinandersetzung mit den Remonstranten gefassten theologischen Richtlinien, die „Canones dordracenae", für ihn stets die Maßgabe. Doch Voetius hatte durchaus auch innerhalb der Kirchenorganisation mit einer starken Opposition zu kämpfen. Die Dordrechter Regeln waren nicht in allen Provinzen der Niederländischen Republik bindend. Gerade in Utrecht war schon fast traditionell ein starkes Lager remonstrantischer und freisinniger Kräfte zu finden, insbesondere unter den Adligen. Nicht zuletzt waren religiöse Auseinandersetzungen auch eng verquickt mit machtpolitischen Absichten und wurden oft mit großer Heftigkeit geführt.

Eine dieser Auseinandersetzungen, in denen Voetius bedingungslos auf Konfrontation mit kirchlichen und politischen Kräften ging, war der „Fünfkapitelstreit". Die Reformation hatte zur Auflösung der fünf Kapitel des ehemaligen Erzbistums Utrecht geführt. Die Einkünfte daraus, die früher dem katholischen Erzbischof zugestanden hatten, flossen nun zumeist in die Taschen der Stiftsherren und damit in adlige oder patrizische Familien. Voetius wollte nicht akzeptieren, dass die alten Ämter, oft sogar noch mit den alten Titelbezeichnungen, auch im reformierten Utrecht weiterbestehen. So kämpfte er, erstmals schon 1634 in seiner Antrittsrede nach der Berufung nach Utrecht, gegen diesen – wie er es sah – Missbrauch kirchlichen Eigentums. Denn die Gelder sollten seiner Meinung nach der Kirchengemeinde zustehen. Immer wieder polemisierte er in Wort und Schrift gegen diesen Missstand. Der Streit eskalierte, und der städtische Magistrat fühlte sich gezwungen zu reagieren. Zwei voetianische Pfarrer in Utrecht, die von der Kanzel herab beißende Kritik geäußert hatten, wurden zwangsweise abgesetzt: Abraham van der Velde und Johannes Teellinck, der Sohn von Willem Teellinck, des „Vaters der näheren Reformation", der 1608 mit seiner Schrift „Philopatris" den ersten Impuls für diese große Reformbewegung gab und der eng mit dem englischen Puritaner William Ames zusammengearbeitet hatte, an dessen Vorlesungen in Franeker Anna Maria van Schurmans Vater seinerzeit großes Interesse hatte. Die

Entlassung der beiden Pfarrer schockierte van Schurman. Für sie war dies der Gipfelpunkt eines Verfalls der Kirche, einer „Verweltlichung" der Religion, aus dem sie ihre Konsequenzen zog. Hatte sie sich in den Jahren vor 1660 ohnehin schon mehr und mehr ins Private zurückgezogen, verließ sie nun sogar ihr geliebtes Utrecht und zog sich ins Umland Utrechts zurück, ein Befreiungsschlag, wie sie es später in der „Eukleria" darstellt: *Am allersüßesten aber erschien mir mein Leben dann, als wir, nach den verschiedenen Unruhen, die in der Utrechter Kirchengemeinde entstanden waren und bei denen zwei vorzügliche Prediger aus der Stadt geworfen wurden, ein ruhiges Leben auf dem Land zu führen begannen. Hier waren wir für zwei Jahre, wenn ich mich recht erinnere, von allen weltlichen Bindungen befreit und bildeten mit meinen Tanten, meinem die Frömmigkeit und uns liebenden Bruder und zwei ganz anständigen Hausmädchen gleichsam eine kleine christliche Kirche.*[1] Eine eigene Kirche ist es also, was van Schurman hier in dem kleinen Dorf Lexmond bei Vianen, nur wenige Kilometer außerhalb von Utrecht, gründet. Zum ersten Mal wird hier offenkundig, dass van Schurman sich mit ihren religiösen Überzeugungen in der offiziellen reformierten Kirche nicht mehr zuhause fühlt, dass sie geographisch ebenso wie emotional Abstand nimmt. Sie vollzieht, wie sie es darstellt, auch einen gesellschaftlichen Bruch, zieht sich tatsächlich in ein abgeschiedenes Landleben zurück, in dem die praktische, spirituell fundierte Religiosität die dominierende Rolle übernimmt. Schon zuvor war ihr offenbar geworden, dass ein christliches Leben, wie sie es verstand, „der Welt ganz und gar ungleich wäre", wie es in der Yvon-Biographie heißt, und deshalb war sie auch „aller dieser beschwerlichen Visiten, Unterredungen, Bekannt- und Freundschaften dergestalt überdrüssig, daß sie öfters ein Mittel suchte, sich davon los zu machen, solches aber nicht fand". Deswegen war sie „recht froh, daß sie indessen auf das Land gehen und sich denselben entziehen konnte".[2]

Klar ist: Mit dem Jahr 1660 hat van Schurman eine Wende vollzogen, die im Laufe weniger Jahre zum Kontakt mit Jean de Labadie und schließlich 1669 zum endgültigen Bruch mit Utrecht und den allermeisten der früheren Bindungen führen wird. Es ist sicher nicht übertrieben, an dieser Stelle von einer Zäsur in der

Biographie van Schurmans zu sprechen, von einem Einschnitt, der noch durch den Tod der beiden pflegebedürftigen Tanten im folgenden Jahr 1661 verstärkt wird. Van Schurman spricht in ihrer Autobiographie selbst von einem Phase *von etwa zwanzig Jahren*, also etwa der Zeit vom Tod der Mutter 1638 bis zum Tod der Tanten 1661, in der sie *vom Fortschritt meiner Studien und der Ausübung meiner Kunst abgehalten* worden sei.[3] Vieles, dem van Schurman zuvor in ihrem Leben eine große Bedeutung zugeschrieben hatte, wird nun, ab 1660, wieder wichtiger für sie. In mancher Perspektive kehrt sie allmählich zu ihrem früheren Ideal vom „Leben im Studierzimmer" zurück. Sie wird weiterhin wieder mit Eifer künstlerisch arbeiten. Selbst noch in den 1670er Jahren, als Mitglied der Sekte Labadies, wird sie Porträts ihres religiösen Führers als Gouache und in Wachs anfertigen. Auch mit theologischen Fragen wird sie sich weiterhin und vielleicht mit neuer Energie intensiv auseinandersetzen, eine wissenschaftliche Arbeit mit ausgreifender Lektüre, die sich nicht zuletzt in den ausgedehnten theologischen und philosophischen Exkursen in der „Eukleria" niederschlagen wird. Gerade als Mitglied von Labadies Hausgemeinde wird sie wieder eine rege Korrespondenztätigkeit aufnehmen; besonders auch mit deutschen lutherischen Pietisten, mit denen sie viele gemeinsame religiöse Ansichten verbanden, wird sie sich austauschen. Und neben dem Schreiben in Prosa wird weiterhin die Dichtung ein Teil ihrer Arbeit sein. Es gibt also durchaus offenkundige Kontinuitäten über diese Zäsur hinweg, doch auch diese Kontinuitäten unterliegen einem Wandel. All ihre Tätigkeiten setzt van Schurman nun für ein neues Ziel, für eine neue Lebensorientierung ein: Sie beendet nicht ihr altes Leben, sondern sie transformiert es in ein neues, wiedererwecktes Leben, das nun der Hingabe an Gott allein dienen soll.

In einer Passage der „Eukleria" führt van Schurman am Beispiel der Malerei diese Transformation eindrücklich vor Augen. Sie knüpft dabei an eines der meistgelesenen mystischen Bekehrungsbücher des Spätmittelalters an, die „Nachfolge Christi" des Augustinermönchs Thomas a Kempis (gest. 1471). Voetius rühmte das Buch stets als einen seiner Lieblingstexte, und auch *mir*, bekennt van Schurman, *hatte das unvergleichliche Büchlein immer gefallen. Doch vermisste ich in der Abhandlung so manches, was der Titel versprach, und hoffte, dass ich dies auf irgendeine Weise erreichen könnte. Aber um die Wahrheit zu sagen: Niemals war ich mit dem, was ich hierbei erreichte, zufrieden, teils weil der Glanz dieser göttlichen Aufgabe mir oft den Geist und die Augen blendeten, teils weil ich meinte, mit Kohle die Sonne malen zu wollen. Ich begriff, dass allein das Leben eines Christen das beste Bild des Lebens Christi sein kann, doch das war in diesen Zeiten selten zu finden. Als ich die lebendigsten Züge eines solchen Lebens aber später bei unseren religiösen Führern erkannte, begriff ich, dass ich deren lebendiges Beispiel gegen all die Kunstgriffe aller Künstler eintauschen musste. Diesen meinen ernsthaften Entschluss schrieb ich in wenigen Worten und ganz dem entsprechend, wie ich es eben dargestellt habe, in einem Brief an einen Gönner der Wissenschaften und Künste (der mein Urteil über einige herausragende Gemälde erbat), kurz vor meinem Weggang aus Utrecht nieder –* der hier namentlich nicht genannte Freund ist Constantijn Huygens –, *und deshalb möchte ich diese Worte hier nochmals wiedergeben: „Nach einer ganz anderen Art von Malerei geht jetzt mein Sinn, eine Malerei, bei der ich das himmlische Bild der göttlichen Tugenden unseres höchsten und schönsten Königs und Erlösers Jesus nicht mehr mit einer Feder auf Papier (was ich lange vergeblich versuchte), sondern irgendwie in meine Seele zu zeichnen und nachzuahmen erstrebe. Zunehmend wird mir klar, wie lang diese Kunst und wie kurz das Leben ist, und wie selten die Gelegenheiten. Dennoch steht keinem, der nicht wenigstens ein bisschen dieses göttliche Urbild reflektiert, der Zugang zum Himmel offen. Wer aber auf dieser Leinwand auch nur die dünnsten Linien davon gut nachzuzeichnen versteht, der lässt ohne Schwierigkeiten* [Philosophen wie] *Protagoras oder* [Maler wie] *Apelles meilenweit hinter sich. Im Üben dieser Kunst möchte ich mein Leben beenden, und so schließe ich diesen Brief mit dem Wunsch, dass der Allmächtige Gott, der einzige Lehrer in dieser Kunst, ebendiese Kunst mich, Sie und all Seinen lehre, zu seinem Ruhm und zur Reformation seiner wahren Kirche, Utrecht, in den Iden des September 1669."*⁴

Eine neue Kunst schwebt van Schurman vor: Nicht mehr die Leinwand oder die mit dem Stichel gravierte Kupferplatte sollen in der Nachahmung die Illusion der Wirklichkeit erzeugen, sondern das eigene Leben soll gleichsam durchscheinend werden für das wahre Urbild, für die wahre Wirklichkeit Gottes und ein Leben in der Nachfolge Christi. Alles Tun, die bildende Kunst wie all ihre anderen Tätigkeiten, will van Schurman nun entschieden unter dieses höhere Ziel stellen. Dem Amsterdamer Johannes Schweling schreibt sie im selben Jahr 1669 ein Zitat des florentinischen Renaissancehumanisten Pico della Mirandola (1463–1494) ins Stammbuch: *Wahrheit – die Philosophie sucht sie, die Theologie findet sie, die Religion besitzt sie.*[5] Schon 1641 hatte sie dieses Zitat auch in einem Brief an Dorothy Moore erwähnt und dabei den „Rückzug ins Studierzimmer" als Mittel gegen die Unbeherrschbarkeit der weltlichen Ereignisse gerühmt.[6] Doch ein Leben, das allein um das Zentrum der Wissenschaft arrangiert ist, wird ihr jetzt mehr und mehr suspekt – die Religion ist wichtiger als die Theologie.

Auch van Schurmans Dichtung vollzieht einen Wandel. In den Jahren um 1660 entstehen einige Gedichte, nun nicht mehr auf Latein, sondern auf Niederländisch verfasst – frühere niederländische Gedichte sind möglicherweise verlorengegangen – und ausschließlich mit religiösen Inhalten. Geschrieben wohl für den engsten Kreis der Glaubensgenossen, wurden die Gedichte erst später in gedruckter Form veröffentlicht, aber sie zeigen teilweise, wie sehr van Schurman in diesen Jahren das Bedürfnis nach einer Reform der Kirche, nach einer Behebung der Missstände umtrieb. Eine „Verweltlichung" ihrer Religion meinte sie ausmachen zu können, und sie sah, wie aus ihren Versen zu erkennen ist, in der „Nadere reformatie" die notwendige Gegenbewegung zu dieser Tendenz. Eines dieser Gedichte trägt den Titel „Gedanken von Anna Maria van Schurman über das Kommen von Christi Königreich"; einer deutschen Übersetzung zufolge, die 1699 unter dem Titel „Mysterium magnum" erschien, entstand das Gedicht 1660, gerade im Jahr des eskalierenden Fünfkapitelstreits.

Thema des Gedichts ist die chiliastische Naherwartung, die Hoffnung auf ein tausendjähriges irdisches Reich, in dem Christus noch vor dem Ende der Welt regieren wird. Biblische Grundlage für den Chiliasmus, der seit der Antike immer wieder in verschiedenen Strömungen des Christentums heftig propagiert wurde, ist eine interpretatorisch dunkle Stelle in der „Offenbarung" des Johannes (Offb 20,1-6). Demnach wird nach dem Ende dieses tausendjährigen Reiches noch einmal Satan seine Macht auf

Erden entfalten, bis schließlich Gott dessen Macht endgültig bricht. Schon 1644 deutete van Schurman diese Bibelstelle in einem Brief an den „Opuscula"-Herausgeber Spanheim, nachdem dieser sie darum gebeten hatte. Komplizierte Zahlenspekulationen wurden an die Bibelstelle geknüpft, und gerade im 16. und 17. Jahrhundert hatte der Chiliasmus wieder Konjunktur, bei den verschiedenen Sekten der Wiedertäufer, im Pietismus etwa oder bei den Böhmischen Brüdern, selbst der Physiker Isaac Newton (1643–1727) beschäftigte sich intensiv mit biblischer Chronologie und der Deutung des Chiliasmus auf Grundlage der Apokalypse. Jan Amos Comenius, einer der bekanntesten Vertreter der Böhmischen Brüder, focht 1647 einen Streit um den Chiliasmus mit Jakob Valentin Andreae (1586–1614), dem mutmaßlichen Verfasser der Rosenkreuzerschriften, einer weiteren christlichen Reformbewegung jener Jahre. Auch Vertreter der „Nadere reformatie" und des lutherischen Pietismus standen den chiliastischen Vorstellungen aufgeschlossen gegenüber, Voetius freilich distanzierte sich von solchen Ideen.

Van Schurman greift in ihrem „Königreich"-Gedicht chiliastische Denkfiguren auf, verschiedene Deutungen, die über das tausendjährige Reich Christi angestellt wurden, ohne sich aber dabei klar für eine Deutung auszusprechen. Sicher ist für sie, dass Christus die irdische Herrschaft übernehmen wird. *Mag auch das Reich Jesu erst noch vom Himmel hernieder kommen / und mag es auch zu einem Teil von einer Zeit des Kreuzes begrenzt sein, / so sind ihm doch die Enden dieser Erde verheißen, / die er mit all seinem Volk als sein Reich einnehmen wird.* Noch ist es aber nicht so weit: *Denn siehe, der Satan herrscht mehr als der Menschensohn; / Wo bekommt er sein Erbteil? Wo entreißt er es ihm und zeigt es öffentlich?*[7] Doch Licht ist in Sicht, die *neue Morgenröte* bricht *mit aller Kraft an,*[8] ist in all der Finsternis schon zu erkennen: *Einem Blitz gleich* ist die Ankunft Jesu, und *wie der Sonnenschein* seine Anwesenheit. *Seine Herrlichkeit fängt an mit wunderhaft kleinen Strahlen, / aber in ihrem Aufgang hat diese Klarheit kein Ende, / zeigt in der Ewigkeit ihren höchsten Glanz.* So ermahnt die Dichterin ihre Glaubensgenossen, am Aufbau des „neuen Jerusalem", der neuen Kirche mitzuwirken: *Ein jedes Auge sieht, wie die hohen Mauern / des wahren Jerusalem bis auf den Grund zerfallen sind, /*

und wie das Haus des Herrn wieder aufgebaut werden muss, / zumal der irdische Mensch sich der Eitelkeit hingibt. / Kommt, Bürger dieser Stadt / ein jeder ist verpflichtet / ihre Türme und Mauern wieder aufzubauen. / Ihr Baumeister vor allem, euch ist bewusst, / dass die allerschwerste Last auf euren Schultern ruht. / Kommt, ein jeder bringe das Seine, bringe köstliche Steine, / bringe Hände für das Werk, bringe unermüdliche Beine.[9]

Etwa in der selben Zeit, um 1660 oder einige Jahre später, entsteht ein Gedicht van Schurmans „Über die geistliche Hochzeit von Christus mit der gläubigen Seele", publiziert erst 1732. Ähnlich wie in dem chiliastischen „Königreich"-Gedicht, in dem verschiedene gängige Apokalypse-Deutungen vorgestellt werden, mischen sich auch hier poetische Elemente mit einer durchaus von theologischem Fachwissen durchdrungenen, diskursiven Argumentation – weit mehr ein Lehrgedicht als eine emotionale, lyrisch-subjektive Andachtsdichtung, als bloße Erbauungslyrik. In dem sehr umfänglichen Gedicht, 70 Strophen, insgesamt 556 Zeilen, begegnet man wieder dem Motiv der „gekreuzigten Liebe"; das Verhältnis zwischen dem Gläubigen und Jesus ist zu denken als ein inniges Liebesverhältnis zwischen Braut und Bräutigam, eine Vorstellung, die Anregungen schon im alttestamentlichen „Hohenlied" finden konnte. Die mit van Schurman befreundeten Dichter Jacob Cats oder Jacob Revius schrieben Werke, die in ihrer Thematik durchaus vergleichbar sind, doch bei van Schurman bekommt die weibliche Perspektive der liebenden Frau, die hier zwangsläufig im Vordergrund steht, eine neue Dimension. Mit Metaphern und Analogien beschreibt sie das *höhere Leben* eines Christen in seiner Liebe zu Christus, ein Leben, das zwar analog zu weltlichen Umständen, aber zugleich diesen auch entrückt ist: *Doch im bürgerlichen Leben / gilt es als das höchste Glück, / wenn ein König eine Magd auswählt, / die er sich zur Braut nehmen will. / Sie soll willig sich vorbereiten / und den Hochzeitstag ersehnen, / dass denn endlich kommt der Tag, / an dem sie glücklich heiraten mag. / Doch es gibt noch ein höheres Leben! / Es gibt eine auserwählte Magd, / die Gottes Gunst erhöht, / so dass sie sogar Engel übertrifft. / Das ist die so sehr Geliebte, / die Gottes Sohn über alles liebt, / dass er schon vor Ewigkeit / ihr den Thron vorbereitet hat.*[10] Christus erwählt seine Geliebte, er befreit sie durch seinen Tod von der Erbsünde und schenkt ihr ewiges

Leben. Bereits am Anfang des Lebens, mit der Taufe, beginnt die Liebe zwischen Christus und der Seele. *Wenn ihr Name eingeschrieben wird / unter denen, die für Christus leben, / empfängt sie auch aus seiner Hand / das erste Trauungs- und Liebespfand! / Da ist die Ehe schon fast geschlossen / und mit Segen übergossen.* [...] *Das Leben wird ihn offenbaren, / wenn sie allmählich älter wird, / wenn sie Jesus kennenlernt / und er seine Worte an sie richtet, / wenn er seine Liebe gesteht / und auch ihre Liebe weckt, / wenn er sie auf seinen Geist vorbereitet, / so dass sie von Herzen „Ja" sagt.*[11] Auch hier wird die Liebe zu einer Form der Imitatio, zur Nachahmung Christi, wenn es am Ende des Gedichtes heißt: *Jesus, allerheiligstes Leben, / mir als Vorbild vorgegeben, / bist meiner Seele vorangestellt / als mein allerhöchstes Gesetz.*[12]

Das Gedicht bindet den christlichen Liebesbegriff ein in ein umfassenderes religionsphilosophisches Konzept. Dabei ist durchaus wesentlich, dass das Gedicht den Standpunkt der Dichterin, eine weibliche Perspektive einnimmt. Dies zeigt sich auch daran, dass das Gedicht nicht separat verfasst und publiziert wurde, sondern zusammen mit einem weiteren langen Gedicht „über die drei ersten Kapitel der Genesis", zu dem es durchaus – durch die Beschreibung der Schöpfung und des Sündenfalls etwa – thematische Verbindungen gibt. Gerade die Frage, welcher Rang den Geschlechtern zukommt, wurde seit je gerade im Hinblick auf diese Genesis-Passage beantwortet. Wie Elisabeth Gössmann gezeigt hat, skizziert van Schurman hier mit spitzer Feder und mit den subtilen Möglichkeiten der Dichtung eine christliche Anthropologie, die charakteristische Themen ihres Denkens reflektiert. Die Art, wie sie bei der Beschreibung der Schöpfung des Menschen gerade auch auf die leiblichen Aspekte abhebt, könnte gedeutet werden als eine Absage an den von Descartes vertretenen strikten Dualismus von Leib und Seele und den daraus abgeleiteten Ansprüchen an die menschliche Vernunft, die Rationalität seiner Weltorientierung: *Am Ende schuf Gott in seinem Rat das geistliche Bild, / das seinen Schöpfer selbst und diesen als Ganzes abbildet, / ein Bild aus Stoff und Asche, aus rotem Lehm gemacht, / doch in seinem besten Teil von oben gekommen. / Ein wunderliches Paar! Geist und irdisches Gefäß, / so dass alles, was es ist, in einem Punkt enthalten ist.*[13] Und auch das Frauenbild wird in auffälliger Weise justiert: Nicht nur, dass sie betont, Gott habe auch die Frau *mit seinem Bild geziert,* ja sogar bei der Erschaffung der Frau *aus einem zwei gemacht und aus zweien wieder einen*[14], also gleichrangige Wesen hervorgebracht, sondern sie spielt auch auf die hebräische Bedeutung „Leben" des Namens Eva an, auf die Gebärfähigkeit der Frau, eine Konnotation, die in der „Querelle des femmes" immer wieder zur Verteidigung der Frauen ins Feld geführt wurde: Der Mensch, also Adam, *scheint das, was ihm fehlt, bei seinem Geschlecht suchen zu wollen. / Er schaut die Mutter an, der er den Namen Eva gibt, / denn sein Same hat durch sie das Leben, / und Gott gefiel es, seinen Stolz noch weiter zu schmälern.*[15] Das Genesis-Gedicht ist durchaus auch eine profilierte theologische Stellungnahme zu Punkten, die in van Schurmans Denken von Belang sind. Doch die Schlusspassage, in der abermals der Aufruf zur lebendigen Nachahmung Christi formuliert wird, macht deutlich, dass van Schurman sich von einer bloß intellektuell fordernden Theologie verabschiedet hat: *Herr! Gib mir meinen Sinn, meinen Willen, mein Gut und meine Ehre, / meine Freunde, Liebe, und Seele, um sie vor Dir niederzulegen! / Damit ich mein Kreuz auf mich nehme und alles versuche, / um Dir nachzufolgen und aus Dir mein Alles zu machen.*[16]

Nicht alle Gedichte dieser Periode, wahrscheinlich eher die späteren, thematisieren die Reformbedürftigkeit der Kirche, van Schurmans Unzufriedenheit über den Zustand der Gemeinden, von der auch das „Königreich"-Gedicht getragen war. Doch mehr und mehr drängt sich dieses Anliegen in ihren Arbeiten in den Vordergrund. Am 9. April 1663 stirbt der Utrechter Pfarrer Justus van den Bogaart (ca. 1623–1663), ein Schüler von Voetius und Studienkollege von Jodocus van Lodenstein (1620–1677), beide wichtige Vertreter der „Nadere reformatie". Wie van Lodenstein verfasste auch van Schurman ein Trauergedicht auf den Verstorbenen. Schon in den Anfangsversen stellt sie dessen Tod als Teil eines fortdauernden Kirchenverfalls, einer Kette von Rückschlägen dar: *Tränenreiche Trauer trägt Zion an diesem Tag, / denn vom Himmel ertönte eine neuer Donnerschlag. / Welch schmerzlicher Tag! Die eine Wunde ist noch nicht verheilt, / da folgt schon die nächste und jagt uns noch mehr Furcht ein.* Gerade als *für Gottes Kirche betrüblich*[17] zeichnet sie den Tod des Pfarrers, weil sie doch noch immer an der ersten Wunde – vermutlich spielt sie auf die Ausweisung der beiden Pastoren drei Jahre zuvor an – leidet.

Ganz deutlich wird van Schurmans Pessimismus gegenüber der Kirchenentwicklung zwei Jahre später in einem Gedicht *über den traurigen Verfall der Christenheit*. Sie schrieb es am 6. September 1665 bei einem Besuch ihrer Verwandten, des Neffen Abraham van Schurman und seiner Familie, im friesischen Abbingastate. Die Reise unternimmt sie nicht allein aus privaten Gründen. Sie will sich auch ein Bild von den Zuständen in der Kirche außerhalb Utrechts machen. Bei ihrem Aufenthalt bereist sie die Umgegend, trifft sich mit Pfarrern, erkundigt sich nach der Lage in den Gemeinden. Schüler von Voetius sind auch darunter, das dürfte ihr manche Tür aufgeschlossen haben. Sie schöpft daraus auch Hoffnung, dass doch noch nicht alles verloren ist. Das Gedicht beginnt zwar mit einem alarmierenden Paukenschlag: *Verkommene Christenheit!*, heißt es da, *wo ist dein früherer Glanz? / Von Liebe, Hoffnung, Glaube? Warum ist dein Licht so verblasst?*[18] Die Christen *schlafen an der Spitze des Mastes, während das Meer stürmt,* und selbst die Hirten *kümmern sich nicht um das Seelenheil, vergessen ihre Pflicht,* glauben gar, *dass das Schaf den Hirten suchen sollte* und nicht umgekehrt.[19] Doch im zweiten Teil des Gedichtes keimt Hoffnung: Sie beschreibt fast hymnisch, dass es noch aufrechte, gottestreue Kirchenführer gebe. In Wortspielen bindet sie die Namen derjenigen Pfarrer ein, die sie hier getroffen hat und die sie Mut schöpfen ließen: Theodorus à Brakel (1608–1669) etwa im friesischen Makkum, ein Vertreter der „Nadere reformatie" mit einer großen Nähe zur Mystik, den sie schon zuvor kennengelernt hatte und den sie noch in der „Eukleria" als *besonderen Freund* beschreibt, dessen *aufrichtige Frömmigkeit, von der ich oft Augenzeugin wurde, ich sehr liebte und hoch schätzte*[20], oder Johannes van der Wayen (1639–1701), ehemals Student von Voetius und jetzt Pfarrer im nahegelegenen Leeuwarden. Einen ähnlichen Besuch in umliegenden Gemeinden unternimmt sie noch einmal 1668. Es herrscht bei van Schurman noch ein gewisser Optimismus vor, eine Zuversicht, die sich zunehmend verdüstern und in nur wenigen Jahren in eine endgültige Loslösung von der reformierten Kirche münden wird. Vielleicht in dieser Zeit entsteht auch ein langes französisches Gedicht, das im Mai 1669, wenige Monate, bevor van Schurman endgültig zu Labadies Sekte übertritt, in Amsterdam veröffentlicht wird. Es trägt dort den Titel „Gedanken Anna Maria van Schurmans über die jetzt notwendige Reform der Kirche Christi" und thematisiert abermals scharfzüngig und mit zorniger Vehemenz die *deformierte* Christengemeinde, die *Profanes wie einen Gott anbetet* und in der ein *menschlicher Geist* herrscht, der dem *Geist und dem Gesetz* Christi *direkt entgegensteht*.[21] Eine religiöse Heimat konnte eine solche Kirche für van Schurman nicht mehr sein.

Wenn in der „Eukleria" schon die Zeit in Lexmond beschrieben wird als eine glückliche Phase, in der van Schurman eine *kleine christliche Kirche* schuf, so findet sich darin, im autobiographischen Rückblick, bereits die Andeutung einer Separation. Private, häusliche Versammlungen, zum Bibelstudium, zur religiösen Besinnung, zum Austausch in Glaubensfragen, sind typische Erscheinungen im frühen Pietismus, doch sie wurden von der Kirchenobrigkeit vor allem auch deshalb, weil oft keine Pfarrer oder Theologen teilnahmen, kritisch beäugt. Diese Flucht aus der Kontrolle durch die Kirchenobrigkeit war sicher auch ein wichtiges Motiv für van Schurmans Rückzug nach Lexmond. Doch diese glückliche Zeit auf dem Land dauerte nicht allzu lange: Schon 1661, im Jahr nach dem Umzug, sterben die beiden Tanten Agnes und Sibylle von Harff hochbetagt. Gerade in dieser Umbruchsphase, in der van Schurman ohnehin viele Brücken in ihr früheres Leben abbricht, ist der Tod der beiden engen Familienmitglieder ein bitterer Schlag für sie. Am 2. Juli 1662 schreibt sie von Lexmond aus an eine Freundin nach Utrecht, sie habe *Gott dem Herrn zu danken, dass ich diesen zwei lieben und werten Personen, die mir wie Mütter waren, bis zum Schluss meine Liebe zum Ausdruck bringen konnte. Dennoch ist ihr Tod, ihre Abwesenheit für mich nicht ohne bittere Traurigkeit, wenn ich an das Fehlen dieser so treuen und angenehmen Gesellschaft denke, die ich hier ganz besonders vermisse. Ich versuche daher meine Gedanken aufzurichten, indem ich an den glücklichen Zustand denke, in dem sie jetzt die Früchte der Güter genießen, die wir in Hoffnung erwarten.*[22] Die Einsamkeit, von der van Schurman hier klagt, wird sie auch besonders hart getroffen haben, weil sich ihr Bruder Johan

Godschalk schon Ende Juli 1661, also wohl noch vor oder recht unmittelbar nach dem Tod der Tanten, zu einer Studienreise nach Deutschland und in die Schweiz aufmachte. Es war eine Reise, *die er sich schon lange vorgenommen hatte*. Die Schwester konnte sie ihm kaum abschlagen, doch die Reise hatte zur Konsequenz, dass van Schurman nun wieder *nach Utrecht in unsere vormalige Wohnung zurückkehren* musste.[23]

Mit Mitte fünfzig holt Johan Godschalk nun seine „Kavalierstour" nach, eine Studienreise ins Ausland, zu der sich junge Studenten gewöhnlich unmittelbar nach ihrem Abschluss an der Universität aufmachten. Am 27. Oktober 1661 schreibt er sich in die Matrikel der Universität Basel ein. Die Berühmtheit seiner Schwester scheint ihm zunächst hinderlich, er lässt sich lediglich bei seinen beiden Vornamen nennen, verschweigt, dass er Bruder „der van Schurman" ist. In Basel knüpft er vor allem Kontakt zu dem Theologieprofessor Lukas Gernler (1625–1675), der, ähnlich wie Voetius in Utrecht, die seiner Meinung nach um sich greifenden Laxheit in der Schweizer calvinistischen Kirche geißelte. Im Januar 1663 wird Johan Godschalk bei Gernler dann auch in der Theologie promovieren. In Basel hört er auch zum ersten Mal von Jean de Labadie. Gernler und sein Kollege Johan Buxtorf (1599–1664) berichteten ihm wohl von diesem Prediger, dem wortgewaltigen Ex-Jesuiten, der in Genf so enthusiastisch für eine sittliche Reform des Glaubens kämpfte. Und so macht sich Johan Godschalk, mit einem Empfehlungsschreiben von Buxtorf in der Tasche, zu Beginn des Jahres 1662 nach Genf auf. Er knüpft Bekanntschaft mit Labadie, wohnt sogar einige Wochen bei ihm. In Briefen an seine Schwester schwärmt er begeistert. Zwar ist von der fast sprichwörtlichen strengen Kirchenzucht, die Calvin in Genf selbst gut hundert Jahre zuvor eingeführt habe, nicht mehr viel zu spüren, doch obwohl er – wie es seine Schwester später zugespitzt formuliert – *vergebens Genf in Genf suche, so reue ihn doch seine Anstrengung, dorthin zu reisen, nicht, weil er diesen Mann Gottes dort gefunden haben*.[24] Labadies Charisma, seine Energie im Kampf für seine religiösen, kirchenreformerischen Ziele ziehen Johan Godschalk in ihren Bann. Er habe eine Predigt von ihm gehört, über Jesu Mahnung zur Umkehr (Luk 13,5), viereinhalb Stunden habe sie gedauert. Das Publikum habe ihm gebannt zugehört, berichtet er. Auf dem Rückweg nach Basel überbringt Johan Godschalk nun auch Briefe von Labadie an Buxtorf und Gernler, in denen er von den heftigen Widerständen berichtet, die er ihn Genf provoziert habe. Buxtorf schreibt ihm zurück, an eine Rettung der Kirche könne er selbst schon nicht mehr glauben, und Labadie antwortet wiederum, es sei die Überbetonung der christlichen Freiheit, die die Kirche ins Verderben stürze, sie „führt zur Tolerierung von Untaten und Sünden und erstickt jeden Eifer für gute Taten: Die meisten Leute tragen ihren Glauben im Mund, nicht im Herzen".[25] Es ist diese Abneigung gegen Entwertung und Missachtung des Glaubens im Alltag, gegen die nüchterne Veräußerlichung der Religion, die fast in der selben Tonlage aus Anna Maria van Schurmans niederländischen Gedichten der 1660er Jahre spricht. Johan Godschalks Berichte erfüllen daher die Schwester mit Hoffnung, sie erkennt in Labadie einen Geistesverwandten.

Nach der Rückkehr nach Basel hält Johan Godschalk an der Universität einen „Vortrag über den Eifer oder die Praxis der Frömmigkeit", der auch im selben Jahr in Basel im Druck erscheint. Die Rede erinnert in vielem an die Ansprache, die Voetius zur Eröffnung der Utrechter Universität gehalten hatte; die Frage nach der Verbindung von Glaubensüberzeugungen mit praktischer Lebensbewältigung, die Frage nach der Frömmigkeit, der Gottseligkeit steht im Vordergrund. Gegen Ende 1662 tritt er dann seine Rückreise in die Heimat an. Zunächst begibt er sich nach Straßburg, wo er im Januar 1663 ankommt. Von Buxtorf überbringt er Grüße an Philipp Jakob Spener (1635–1705), einen der Begründer des lutherischen Pietismus in Deutschland, der zu diesem Zeitpunkt, 28-jährig, noch ganz am Anfang seiner Karriere steht. Spener wird sich noch Jahre später an die „herzliche Liebe"[26] erinnern, die Johan Godschalk ihm bezeugt habe. Theologisch lagen die Ansichten der beiden eng beieinander. Im März 1663 besucht Johan Godschalk auf der Weiterreise die wenige Jahre zuvor gegründete Universität in Duisburg und kehrt dann noch im selben Monat nach Utrecht zurück. Durch die persönliche Beziehung zu Labadie, der bald auch mit Anna Maria selbst

Anschluss an Jean de Labadie: 1660–1669

Briefe wechselte, hatte Johan Godschalks Reise dem Lebensweg seiner Schwester eine entscheidende Wendung gegeben.

Doch die Freude über die Anwesenheit des Bruders währte nicht lange. Schon kurz nach seiner Rückkehr erkrankte Johan Godschalk. Voetius und andere Freunde eilen noch an sein Krankenbett, bevor er am 8. September 1664 stirbt. Wenige Tage später wird er auf dem Utrechter Friedhof beigesetzt. Seine Schwester schildert später seine letzten Stunden ausführlich, als Inbild eines *wahren christlichen Todes*. Der Tod des Bruders ist ein Einschnitt, der Schlusspunkt einer Phase des religiösen Innewerdens, wie sie es zu beschreiben versucht: *Durch dieses lebendige und häusliche Beispiel des standhaftesten Glaubens und der unbesiegbaren christlichen Liebe, durch die er, gleichsam im Angesicht des Todes und der Hölle, über alle seine Feinde triumphierte, bestärkte mich die göttliche Gnade in der Ausübung des wahren Glaubens und der Liebe, so dass mir fortan die irdischen Dinge nichts mehr bedeuteten.*[27] Nicht nur, dass Anna Maria van Schurman nun alle nahen Verwandten verloren hat. Sie hat auch durch Vermittlung des Bruders, als sein Vermächtnis gewissermaßen, Kontakt zu Jean de Labadie gefunden. Ihm und seinen religiösen Ideen wird sie nun den Rest ihres Lebens widmen.

Am 5. Oktober 1665 starb Jean Le Long, der Pfarrer der Wallonischen Gemeinde von Middelburg. Die „wallonische Kirche" war Teil der reformierten niederländischen Kirche. Sie ging auf französischsprachige Einwanderer zurück und hielt ihre Gottesdienste auch in dieser Sprache ab. In Middelburg, der Hauptstadt der Provinz Zeeland, hatte die „Nadere reformatie" schon lange, vor allem durch den dortigen Prediger Willem Teelinck, der bis zu seinem Tod 1620 dort wirkte, einen starken Rückhalt. Vincent Minutoli, der zweite Pfarrer der wallonischen Gemeinde, hatte 1664 drei Monate bei Labadie in Genf verbracht. So lag es nahe, dass die Gemeinde versuchte, den gebürtigen Franzosen Labadie für die vakante Stelle zu gewinnen. Im November 1665 erging die offizielle Anfrage nach Genf. Die persönliche Bekanntschaft der Geschwister van Schurman mit Labadie spielten bei dieser Wahl auch eine Rolle. Die Utrechter Pfarrer baten van Schurman, Labadie, mit dem sie ja nun schon geraume Zeit auch selbst Briefe wechselte, zu ermuntern, die Stelle anzunehmen. Labadie fiel die

Entscheidung nicht leicht. Zwar hatte er in Genf mit vielen Widerständen zu kämpfen. Und dies nicht nur innerhalb der Kirchenführung, es kam auch zu körperlichen Attacken gegen ihn und seine Anhänger. Gleichwohl zögerte er. Auch in Genf unternahm man Versuche, den streitbaren Kirchenmann zu halten. Im Januar 1666 schließlich erbat er vom Stadtrat seine Entlassung, doch es bedurfte noch einiger Briefe aus Middelburg, bis der Wechsel genehmigt war, und selbst danach musste die Abreise Labadie noch bis Juni warten. Zwei seiner engsten Mitarbeiter, Pierre Yvon und Pierre Dulignon, begleiteten ihn auf seiner Reise in den Norden, und sie erreichten schließlich nach einer Schiffsreise auf dem Rhein Mitte Juni 1666 Utrecht.

Ein fast triumphaler Empfang erwartete ihn. Die Theologen der Universität, allen voran Gisbert Voetius, begrüßen Labadie freundschaftlich, van Schurman lädt ihn ein, bei ihr im Haus neben dem Dom zu wohnen. Und nicht nur sie selbst ist begeistert, endlich den Mann persönlich kennenzulernen, von dessen Bemühen um eine Reformation der Kirche sie so viel hält. *Als er nun bemerkte, dass sein Besuch in dieser Stadt fruchtbar war, blieb er hier – wenn ich mich recht entsinne – zehn Tage. Im persönlichen Gespräch mit den Professoren, Predigern und anderen eifrigen Gläubigen sprach er über verschiedene Themen des heutigen Christentums und seine notwendige Reform, besonders beim Amt des Pfarrers. Und in der Öffentlichkeit hielt er ganz glänzende und für alle Zuhörer erbauliche Predigten, voll der reinsten Wahrheiten und der heiligsten Ermahnungen, die Geist und Herz zu einer wahren und unverbrüchlichen Frömmigkeit antrieben. So gelangten wir schließlich zu der Überzeugung, er sei ein von Gott selbst geschaffenes Werkzeug, nicht weniger zu unserer eigenen Führung zu einem reineren Christentum als zu einer umfassenden Reformation der Kirchen – solange man nur seinen Reden und Ermahnungen Glauben schenkt und Christus, der durch dessen Mund sprach, treu nachfolgt. Ich jedenfalls konnte mich kaum losreißen von solchen Reden, die so wenig nach Mühe und dem nächtlichen Lampenöl menschlicher Anstrengung rochen, sondern nach dem einfachen, wirkungsvollen und natürlichen Fluss irgendeines himmlischen Öls, das aus seiner Brust direkt in die Herzen der Zuhörer strömte.*[28] Der Pastor der Wallonischen Gemeinde von Utrecht, Louis Wolzogen, später erbitterter Gegner Labadies, ist zu dem Zeitpunkt nicht anwesend. Labadie darf statt seiner vor der Gemeinde predigen. In all der Verderblichkeit, die van Schurman in den kirchlichen Zuständen ihrer Zeit erkannte, war sie endlich auf ein Hoffnungszeichen gestoßen.

Labadie geht nicht direkt nach Middelburg, sondern macht zunächst eine Reise durch verschiedene große niederländische Städte: Amsterdam, Haarlem, Leiden, Den Haag, Delft, Rotterdam. Er will sich von den Verhältnissen in den Kirchengemeinden einen Eindruck verschaffen und Verbindungen knüpfen. Van Schurman reist ihm mit zwei Freundinnen eigens nach Amsterdam nach, um ihn dort predigen zu hören. Sein Urteil über die Lage der Kirche fällt nicht sehr positiv ist. Als er endlich im Juli 1666 in Middelburg eintrifft, schreibt er einen brieflichen Bericht an seine Utrechter Freunde. Von einer „heiligen Unzufriedenheit" ist da die Rede über die Art, wie die Pastoren hier oft ihre Ämter versehen. Nachlässigkeit und „Vetternschaft" stellt er fest, „Habsucht" und „Eitelkeit", doch unter den Gemeindemitgliedern rumore es auch wegen dieser misslichen Zustände: „Manche wünschen eine generelle Reformation", sagt er, „ich darf sagen: ich fand viele göttliche Samen und über Erwarten viel Vorbereitung besonders im Mittelstande".[29] Den Brief lässt er durch van Schurman in die Domstadt überbringen. Sie war mit ihren Freundinnen zwischenzeitlich nach Middelburg umgezogen, weil sie *einige Grundzüge eines ursprünglichen Christentums in seinen Predigten erkannt hatte und noch mehr das Verlangen spürte, dessen ganzes schöne Bild zu betrachten.*[30] Der Ausbruch einer Pest in Zeeland, *die schon in unserem Nachbarhaus angelangt war,* treibt die Frauen aber im September 1666 nach nur gut zwei Monaten wieder zurück nach Utrecht.

Die Zustände, auf die Labadie in der reichen Handelsstadt Middelburg traf, waren ebenfalls skandalös. Vincent Minutoli, der zweite Pfarrer der wallonischen Gemeinde, wurde vom Dienst suspendiert, weil er beim Ehebruch ertappt und mit Prostituierten gesehen worden war, und auch über seinen Kollegen Henry du Moulin, den Bruder von van Schurmans enger Freundin Marie du Moulin, gingen Beschwerden über sittliche Verfehlungen ein. Eine Reformation der Kirche, wie sie Labadie anstrebt, musste bei den Pastoren anfangen. Er verfasst eine Schrift mit dem Titel

„Die Reformation der Kirche durch das Pastorat", in der er Eckpunkte darlegt, wie die Pastoren ausgebildet werden sollen und welche Aufgaben sie in den Gemeinden zu übernehmen haben. Angesicht der Verhältnisse in Middelburg scheint gerade diese Reform bitter notwendig. Über das Amt des Predigers, über die Notwendigkeit der Buße und über seine Idealvorstellung vom Gemeindeleben predigt Labadie auch. Seine erstaunliche Sprachkraft, seine eindrucksvolle Rhetorik zieht die Gemeindemitglieder in ihren Bann. Die Kirchen sind bei seinen Predigten meist überfüllt, auch wenn sie sich oft über Stunden erstrecken. Schon im Oktober 1666 wird beim Magistrat die Erlaubnis für den Einbau einer Empore beantragt. Labadie betreibt eifrig Seelsorge, macht Hausbesuche. Lässt er sich einmal zum Essen einladen, vergisst er auch hier nicht, auf die Notwendigkeit des Fastens hinzuweisen. Im Familienkreis führt er religiöse Gesprächsrunden über Bibellektüre oder über die Themen aus seinen Predigten ein, wie sie Voetius ganz ähnlich in Utrecht propagierte. Zweimal am Tag, morgens und abends, hält er in der Kirche Andachten ab. Auch eine Art Seminar für die Pastorenausbildung richtet er ein. Junge Studenten ziehen bei ihm ein, er führt mit ihnen ein klosterähnliches Leben, unterweist sie in Theologie und Seelsorge, teilweise unterstützen sie ihn auch bei seiner Gemeindearbeit.

Sein Bemühen um eine innere Reformation scheint Wirkung zu zeigen. Als Anna Maria van Schurman 1668 wieder nach Middelburg reist und fortan engen Kontakt mit Labadie hält, ist sie begeistert. Sie stellt eine *sichtbare und große Veränderung in der wallonischen Gemeinde fest, nach außen hin eine ausnehmende Bescheidenheit und Demut, im Innern aber bei einigen eine besondere Kenntnis der himmlischen Wahrheiten.*[31] Doch dadurch macht sich Labadie nicht nur Freunde. Eine bissige Schmähschrift macht die Runde, Gerüchte waren im Umlauf: Seine Haushälterin, „ein hübsches Mädchen"[32], soll mit ihm ein intimes Verhältnis haben, man will gesehen haben, wie seine „Seminaristen" nachts heimlich Wein in sein Haus schmuggelten. Die Kirchenkollekte soll er zu eigenen Zwecken missbrauchen, einmal soll er gar bei einer Einladung, empört über soviel Prunk, der Gastgeberin ein wertvolles Ohrgehänge abgenommen und in seine Tasche gesteckt haben, ohne es bei der

Verabschiedung wieder zurückzugeben. Dass es zu intriganten Reaktionen auf einen Pastor kommen musste, der seiner Gemeinde in einer reichen, kulturbeflissenen Handelsstadt wie Middelburg Buße und Entsagung predigte, scheint psychologisch sehr verständlich. Doch auch theologisch eckte Labadie mehr und mehr an. Schon in seinen ersten Monaten in Middelburg wurden Beschwerden laut, er predige öffentlich chiliastische Vorstellungen von der Wiederkunft eines irdischen Reiches Christi. 1667 schrieb er ein Buch über „die glorreiche Herrschaft von Jesus Christus und seinen Heiligen und durch seine Heiligen auf Erden". Darin sprach er zwar nur von einer „geistigen", keiner tatsächlichen politischen Herrschaft Christi; es seien die Heiligen, schrieb er, die Christi irdisches Wirken ausführen würden. Dennoch ließen solche Vorstellungen, die in der reformierten Kirche immer abgedrängt wurden, viele Leseweisen zu: Wollte Labadie seiner vielleicht doch auch eigennützigen Reformarbeit einen theologischen, christologischen Anstrich geben? Und auch politisch konnten man solche Aussagen sehr gefährlich ausdeuten, zumal es in diesen Jahren ein Machtgerangel um die Einsetzung des jungen Oranierprinzen Willem III. gab. In Labadies Spuren ging sicher auch Anna Maria van Schurman, wenn sie in ihren religiösen niederländischen Gedichten dieser Jahre chiliastische Ideen poetisch aufgriff.

Bei Führungsorganen der Kirche gehen schon früh Anklagen gegen Labadies Chiliasmus ein. Nicht nur dieses Thema wird bei der Synode in Amsterdam im Mai 1667 verhandelt, zu der Labadie explizit vorgeladen worden war, auch seine liturgischen Änderungen, seine Andachten und Bibelkreise werden kritisch unter die Lupe genommen. Solche ungeordneten und ihrem theologischen Inhalt nach kaum zu überwachenden Konventikel waren den Kirchengremien suspekt. Nicht zuletzt sprach Labadie ja auch immer wieder von einer kongregationalistischen Ordnung der Kirche, mit flachen Hierarchien und einer starken Position der Pastoren, ein Ideal, das sich schon in Labadies Schrift über die Reform des Pastorats ausgedrückt hatte. Auf der Amsterdamer Synode lehnt es Labadie zunächst ab, die Kirchenordnung der wallonischen Gemeinde und die Konfessionsformeln zu unterzeichnen. Als Pastor ist er dazu verpflichtet. Doch zunächst mokiert er sich über Unterschiede zwischen der ihm vorgelegten französischen Übersetzung und dem lateinischen Original, dann fühlt er sich nicht wohl und lässt wegen Kopfschmerzen die Entscheidung verschieben. Als im September 1667 die Synode in Leiden tagt, erscheint Labadie trotz ausdrücklicher Einladung an den Middelburger Kirchenrat nicht. Zwei Mitglieder des Kirchenrats machten sich nach Leiden auf, um sich über die Verletzungen, über die unfaire Behandlung, die ihrem ersten Pastor bei den zurückliegenden Synoden widerfahren seien, zu beschweren und sein Fernbleiben zu rechtfertigen. Dennoch konstatierte die Synode offiziell Labadies Verfehlungen: Er habe durch Verbreitung von falschen Lehren gegen die Kirchenordung verstoßen, ohne Erlaubnis theologische Abhandlungen veröffentlicht, insbesondere seine irrige Lehre von der Wiederkunft des Reiches Christi verbreitet, und nicht zuletzt habe er sogar von der Kanzel herab polemische Beleidigungen gegen die Synoden und ihre Beschlüsse ausgesprochen. Im Oktober 1667 schließlich wurde Labadie vom Abendmahl ausgeschlossen und als Prediger in allen wallonischen Kirchengemeinden des Landes für abgesetzt erklärt. Eine endgültige Entscheidung sollte im kommenden Frühjahr eine erneute Synode fällen.

Trotz all dieser heftigen Widerstände, der offensichtlichen Verwicklungen und all der Verdachtsmomente, die sich hier auftaten, war Labadies Rückhalt nicht nur in den Gremien der reformierten Kirche überraschend groß, sondern auch bei den Regierenden hatte er einen einflussreichen Unterstützerkreis. Sogar der Adel schlug sich, wie van Schurman in der „Eukleria" bezeugt, oft ebenfalls auf seine Seite. Vielleicht schätzten gerade auch die weitsichtigeren Kirchenleute in ihm den feurigen Redner, den eigenwilligen Kämpfer, die kompromisslose, streitlustige Führernatur, wollten eine solch charismatische Gestalt in den eigenen Reihen verankert wissen. Jedenfalls wurde in der folgenden Synode von Vlissingen, die im Frühjahr 1668 tagte, überraschend ein Kompromiss gefunden. Vlissingen lag nur wenige Kilometer außerhalb von Middelburg, und das war sicher für Labadie von Vorteil. Der Anwesenheit seiner Anhänger konnte er sicher sein. Jedenfalls wurden alle früheren Streitpunkte für nichtig erklärt und aus den Protokollen gestrichen, Labadie erklärte sich bereit, den offiziellen Text der Glaubenskonfession zu unterzeichnen und die innerkirchliche Zensur anzuerkennen.

Doch der Frieden währte nicht lange. Ein neuer Streitpunkt tat sich auf, als noch im selben Jahr 1668 der Utrechter Wallonenpastor Louis Wolzogen (1635–1692) eine Schrift mit dem Titel „Der Ausleger der Schriften" veröffentlichte. Allein darin, dass Wolzogen die Philosophie Descartes' vertrat, zeigt sich, dass er in Utrecht der anti-voetianischen Partei zuzuordnen war. Viel Wert soll er auf sein Äußeres gelegt haben, gar einen katholischen Tanzlehrer zur Erziehung seiner Nichten und Neffen angestellt haben, warfen ihm seine Gegner vor. Geselligkeit und Tanz standen in denkbar starkem Gegensatz zu dem strengen religiösen Ernst des Kreises der „Nadere reformatie". Den rationalistischen Geist der cartesischen Philosophie atmete auch Wolzogens Buch über die Schriftinterpretation. In der Auseinandersetzung, die sich hieran zwischen Labadie und Wolzogen anschloss, kann man, wie der Kirchenhistoriker Wilhelm Goeters schrieb, den ersten, charakteristischen Konflikt zwischen „der pietistischen Fassung des Schriftprinzips mit dem Rationalismus"[33] erkennen. Wolzogen ging es um eine Lesart der Heiligen Schrift im Lichte der Vernunft, des *lumen naturale*, wie es Descartes genannt hatte. Dass es Glaubensmysterien gebe, die Trinität etwa oder die Menschwerdung Christi, stellt er nicht in Frage. Hier habe die von der Vernuft nicht einholbare Offenbarung Gottes, die in der Bibel gegenwärtig ist, zu gelten, und dass es Gott nicht entsprechen kann, den Menschen zu täuschen, hatte ja Descartes schon in seinem Gedankenexperiment des *deus deceptor* nachgewiesen. Einen täuschenden Gott anzunehmen, das widerspricht dem christlichen Gottesbegriff. Deshalb muss die Bibel auch der menschlichen Vernunft gemäß sein, muss von den Menschen „vernünftig" gedeutet werden können. Die Vernunft erlaubt es uns hier, falsche Lehren, irrige Glaubenssätze auszuscheiden. „Was der Vernunft in offensichtlichem Widerspruch zuwiderläuft," schreibt Wolzogen, „darf auch nicht als Lehre der Schrift angesehen werden."[34] Dieser rationalistischen Hermeneutik stellt

Labadie letztlich nicht nur eine andere Art der Schriftdeutung, sondern eine gänzlich andere Vorstellung des Christentums überhaupt entgegen, einen mystischen Spiritualismus: Der Heilige Geist, der in jedem Gläubigen wirkt, ist letztlich die einzige Instanz für die Bewertung und Beurteilung von Glaubenswahrheiten. Nur eine Bibellektüre, bei der der Heilige Geist den Leser von innen inspiriert, kann den Willen und das Wirken Gottes deutlich machen. Es gibt dadurch nicht nur irrationale Elemente im christlichen Glauben, sondern gerade der Kern des Christentums lässt sich nicht mit Mitteln der Vernunft erreichen, entzieht sich jeder rationalen Argumentationsstrategie. In den theologischen Exkursen der „Eukleria" van Schurmans werden wenige Jahre später solche Vorstellungen ganz ähnlich zur Sprache kommen.

Die nächste Synode, die im Herbst 1668 im nordholländischen Naarden tagte, sah in Wolzogens Buch, das von mehreren Gutachtern einer Untersuchung unterzogen worden war, keinen Widerspruch zu den Glaubengrundsätzen der reformierten Kirche. Labadie akzeptierte diesen Entschluss nicht und wurde nun wiederum vom Abendmahl und seinen kirchlichen Ämtern suspendiert. Dieses Mal sollte es zu keiner Einigung mehr kommen. Die Dordrechter Synode vom April des folgenden Jahres bestätigte den Ausschluss Labadies und seines gesamten Kirchenrates, der ihm die Treue gehalten hatte. Am 13. April sollte in der Wallonenkirche in Middelburg die Verurteilung und Absetzung Labadies verkündet werden, doch Labadie hielt mit seinen Anhängern die Kirche besetzt und sprach umgekehrt die Exkommunikation gegen seine innerkirchlichen Gegner aus. Auch der Magistrat der Stadt, der bisher zu Labadie gestanden hatte, musste nun seine Ausweisung aus Middelburg betreiben.

Der Stadtrat des kleinen Veere, fünf Kilometer nördlich von Middelburg, nimmt Labadie zunächst auf, *mit Zustimmung der dortigen niederländischen und englischen Gemeinde (denn eine wallonische gab es dort nicht)*.[35] Nach wie vor hatte Labadie viele Sympathisanten. Auch seine Gläubigen hielten ihm die Treue. Van Schurman und zahlreiche andere Mitglieder seiner ursprünglichen Gemeinde gingen mit nach Veere. Doch Middelburg konnte dem Treiben nicht einfach tatenlos zusehen. Veere hatte lange unter schottischer Herrschaft gestanden, hatte daher auch eine beträchtliche schottische Minderheit, die es gewohnt war, nicht ganz integriert zu sein. Neben den kulturellen Differenzen gab es auch handfeste wirtschaftliche Interessen, die die Middelburger verteidigen wollten. Die einflussreiche Stadt erhält zudem auch politische Unterstützung: *Als der Middelburger Magistrat den großen Zulauf seiner Bürger in diese Ortschaft, wo sie die neue Gemeinde bilden wollten, sah – innerhalb von zwei Tagen einer Woche gingen dreihundert bis vierhundert Menschen dorthin –, [...] erklärte ebendiese genannte Stadt als die weitaus größere und mächtigere, und nun auch durch zusätzliche Militärhilfe unterstützt, der kleineren gleichsam den Krieg.*[36] Labadie und seinen Anhängern bleibt keine Wahl. Nun wollen sie sich nach Amsterdam aufmachen. *Hunderte von Anhängern [...] versprachen fest, ihnen zu folgen und ebenfalls dorthin umzuziehen.* Auch van Schurman schließt sich an: *Was mich betrifft, so folgte auch ich ihnen, nachdem ich den betrübten Middelburgen Auf Wiedersehen gesagt hatte, einige Tagen später nach Amsterdam; dort hatte ich viele Freunde und Verwandte und konnte also bequem für einige Zeit Aufenthalt nehmen.*[37]

Die Aufnahme in der Hafenstadt an der Amstelmündung im August 1669 ist zunächst freundlich. Der Kaufmann Isaac Bernarts, berichte van Schurman später in der „Eukleria", *früher Senior oder Ältester der dortigen wallonischen Gemeinde, mit dessen Familie ich schon lange befreundet war,* beherbergt Labadie und seine engsten Mitarbeiter Pierre Dulignon und Pierre Yvon zunächst in seinem Haus. Der Bürgermeister der Stadt, Coenraad van Beuningen, nimmt die Flüchtlinge in Schutz, als erste Widerstände aufkommen. Als er gedrängt wird, die Labadisten wieder auszuweisen, antwortet er, „wenn Labadie hier als Bürger und Einwohner leben will, so kann man ihm dies nicht verwehren; sollte er aber eine Kirchenspaltung erstreben und versuchen, die Leute der Reformierten Kirche abspenstig zu machen",[38] so müsse man gegen ihn einschreiten.

Die Lage scheint für Labadie und seine Anhänger zunächst einmal sicher, und auch van Schurman stellt nun die Weichen für ihr künftiges Leben. *Als ich hörte, dass sie* [sc. die Labadisten] *recht menschlich vom Magistrat aufgenommen worden seien und ihr Fall durch die*

Anerkennung und den Schutz des Bürgermeisters jener Stadt Coenraad van Beuningen, den ich zu seiner Ehre hier namentlich nennen will, nicht ungerecht beurteilt wurde, eilte ich nach Utrecht, um meine Angelegenheiten zu regeln – in der Absicht, wenn auch Holland diese Sache nach den Vorgaben der Synode weiterhin zu unterdrücken versuchte, mit jenen wenigen Mitgliedern der seeländischen Kirche, die deswegen ihre Heimat verlassen hatten, mich dieser neugeborenen Kirche anzuschließen.[39]

Erwählung des besten Teils
In der Gemeinschaft Labadies: 1669–1678

Umzug nach Amsterdam. „Erkenne dich selbst": Bestürzung bei den Freunden. Brief an den Utrechter Kirchenrat. Im Schutz der Freundin Elisabeth: Neues Asyl in Herford. Flucht nach Altona. Eine öfentliche Stellungnahme: die „Eukleria". Tod Labadies. Briefkontakte mit Frankfurter Pietisten. Im Labadistenschloss in Wieuwerd. Besuch des Quäkerführers William Penn. Letzte Rechtfertigungen: die Fortsetzung der „Eukleria".

In Amsterdam stehen die Dinge für Labadie und seine Anhänger zunächst nicht schlecht. Isaac Bernarts vermittelt den Angekommenen ein geräumiges Haus zur Miete, vermutlich in der Amsterdamer Lauriergracht im Westen des Zentrums. Dort lässt sich Labadie mit seinen Anhängern nieder. Van Schurman regelt alle ihre Angelegenheiten in Utrecht – der Stadt, in der sie nun weit über fünfzig Jahre gelebt hatte – und versucht ebenfalls, nahe bei Labadies Haus ein Zimmer zu mieten. Doch in der Nähe etwas Geeignetes zu finden, stellt sich zunächst als schwierig heraus. Noch einmal muss sie nach Utrecht zurück, doch als Labadie ihr angeboten hatte, in seinem Haus zu wohnen, stimmt sie dem nach einigem Zögern zu. Im Herbst 1669 macht sie sich zusammen mit ihrem elfjährigen Neffen und Catherine Martini, einer Freundin aus Den Haag, die auch von Labadies Ausstrahlung in den Bann gezogen worden war, erneut auf nach Amsterdam. Sie bezieht *ein sehr bequemes und von den anderen abgesondertes Zimmer* im Erdgeschoss des Hauses, wo noch *eine sehr ehrbare und betagte Witwe aus Middelburg zusammen mit ihren beiden Töchtern, die den Haushalt besorgten, lebte.* Van Schurman war sich sehr wohl bewusst, *welche rasende Wut übelmeinender Menschen es erregen werde, wenn wir in Labadies Haus einziehen.* Doch hier war es ihrer Meinung nach *notwendig, den besten Entschluss zu fassen; Fleisch und Blut oder menschliche Klugheit waren hier keine guten Ratgeber.*[1]

Amsterdam, als bedeutende Hafen- und Handelsstadt äußerst tolerant und kulturell schillernd, war in diesen Jahren ein Refugium für zahlreiche spiritualistisch, mystisch und pietistisch orientierte religiöse Separatistengruppen und Sekten. Die aus dem flämischen Lille stammende Antoinette Bourignon (1616–1680) etwa, die als mystische Visionärin eine Gruppe von Anhängern um sich scharte und sich seit 1667 auch in der Stadt aufhielt, hatte zu Labadie schon zu seiner Zeit in Middelburg Kontakt geknüpft und mit van Schurman Briefe gewechselt. Nun trafen sich die beiden Frauen, deren Lebenslinien in vielen Punkten ähnlich verlaufen waren, auch persönlich. Bourignon wollte sich in Kürze mit ihrer Gemeinschaft auf der nordfriesischen Insel Nordstrand bei Husum, wo einer ihrer Anhänger einen größeren Besitz hatte, niederlassen, und die Labadisten dachten darüber nach, sich der Gruppe anzuschließen. Doch die menschlichen und theologischen Differenzen zwischen der katholisch geprägten, visionär-enthusiastischen Bourignon und den Labadisten waren nicht zu überbrücken. Polemisch äußerte sich Bourignon später über Labadie, und van Schurman wird auf ihre Auffassungen im zweiten Teil ihrer „Eukleria" noch einmal eingehen. Eine ähnlich schillernde Gestalt wie Bourignon war der aus Regensburg stammende Theosoph Johann Georg Gichtel (1638–1710), der, ebenfalls von einer kleinen Schar von Anhängern umgeben – den „Engelsbrüdern", wie sie sich selbst nannten – ganz in der Nähe des Labadisten-Hauses Unterkunft gefunden hatte. Gichtel war vor allem von Jacob Böhme beeinflusst, dessen gesammelte Schriften er 1682 in Amsterdam erstmals herausgab. Pierre Yvon traf sich gelegentlich mit Gichtel, um über einen Zusammenschluss der Gruppen zu sprechen, aber letztlich kam es auch hier zu keiner Einigung.

Für Jean de Labadie ist die Zeit in Amsterdam eine produktive Phase. Nicht weniger als neun Schriften verfasst er in dieser Zeit. Für die Veröffentlichung kauft er sich eine eigene Druckerpresse, die eines seiner Gemeindemitglieder, der aus Paris stammende Laurens Autein, ein gelernter Buchdrucker, bedient. Vermutlich rund fünfzig Personen zählte die Hausgemeinde Labadies. Auch viele Mitglieder der reformierten Gemeinden in Amsterdam und der Umgebung interessieren sich für die Ideen Labadies. Der Lutheraner Heinrich Schlüter, ein Diakon aus Wesel am Niederrhein, der sich in Amsterdam zusammen mit seinem Bruder Peter und seiner Schwester Elisabeth Labadie angeschlossen hatte, machte eine Reise nach Deutschland, wo er versuchte, Mitglieder zu gewinnen. Der Elsässer Johann Heinrich Horb (1645–1695) zum Beispiel, später einer der einflussreichsten deutschen Pietisten und Schwager von Philipp Jakob Spener, kommt auf seiner Kavalierstour nach Amsterdam und lernt dort Labadies Gemeinde kennen. Doch so recht begeistern kann er sich für die Separatistengruppe nicht.

Auch in Amsterdam stoßen die Labadisten allmählich auf Widerstände. Die Konventikel und Andachtsstunden, die Labadie in seinem Haus oder bei Freunden abhielt, zogen immer mehr Interessierte an, der Amsterdamer Kirchenrat betrachtete dies mit zunehmender Sorge und machte gegen die Labadisten Stimmung. Auch politisch wird Druck ausgeübt, schließlich ist der Bürgermeister gezwungen, Labadie öffentliche Versammlungen zu verbieten. Die Atmosphäre heizt sich auf, auch in der Bevölkerung, die nun die religiösen Separatisten kritisch beäugt. Van Schurman schildert dazu in der „Eukleria" eine paradigmatische Episode: Eine Anhängerin Labadies aus Middelburg war in hohem Alter gestorben. Man bettete den Leichnam in einen Sarg und stellte diesen, bedeckt mit einem schwarzen Tuch, in den Flur des Labadisten-Hauses. Zufällig waren an diesem Tag auch Handwerker auf dem Anwesen, die im Garten einen Abflusskanal graben sollten. *Als diese nun drei oder vier Fuß lang gegraben hatten und die ausgehobene Erde mit ihren Karren wegfuhren, gingen gerade zwei Frauen an der offenen Haustür vorbei, und die eine sagte zur anderen: „Hier ist eine neue Kirche, denn jeden Tag werden hier Predigten gehalten." Daraufhin traten sie ins Haus ein, wo sie den verhüllten Sarg stehen und die Arbeiter ein Loch ausheben sahen. „Ganz offensichtlich muss hier eine Kirche sein", sagte da die andere, „weil sie hier ja auch Tote begraben." Dies hörten einige Jungen auf der Straße, gingen nacheinander auch hinein und riefen beim Herausgehen: „Hier im Garten wollen sie einen Toten begraben." Nun liefen deswegen immer mehr Schaulustige zusammen (weder wir noch die Arbeiter konnten es ihnen verbieten), und einige fingen nun an – ich weiß nicht ob aus bloßer Mutwilligkeit oder weil sie von böswilligen Leuten dazu angestiftet wurden – auf der Straße zu rufen: „In diesem Haus bringen sie Menschen um und begraben sie dann in ihrem Garten."* Nun fühlten sich die Labadisten bedroht und riefen einen städtischen Beamten zu Hilfe, der den Menschenauflauf auflöste. Doch kaum war dieser wieder gegangen, *als das Volk in noch größerer Menge als zuvor zusammenlief, so dass gegen Abend die Straßen zu beiden Seiten des durchfließenden Kanals mit allen möglichen Leuten angefüllt waren. Die frechsten von ihnen warfen Steine in unsere Fenster, klopften gegen die Türen und standen kurz davor, sie aufzubrechen, um, wie es schien, ihrer Gewalt freien Lauf zu lassen, so dass keiner von uns es wagen konnte, aus dem Haus zu gehen.* Die Lage drohte zu eskalieren. Abermals musste der Magistrat den Labadisten zu Hilfe kommen und schickte nun *einen Trupp Soldaten zum Schutz für unser Haus, die mit Händen und mit Zungen ständig im Einsatz sein mussten: Drei ganze Tage mussten sie alle Zugänge zum Haus umstellen und verbarrikadieren.*[2] Als die Beerdigung schließlich stattfinden konnte, musste das Militär den Trauerzug auf dem Weg zum Friedhof eskortieren, um Ausschreitungen zu verhindern.

Im Alter von über sechzig Jahren sah sich Anna Maria van Schurman wieder konfrontiert mit einer lebensbedrohlichen gewalttätigen Gefahr, die ihr allein wegen ihres religiösen Bekenntnisses erwuchs, einer Gefahr, der sie in ihrer Kindheit erst durch die Auswanderung ihrer Familie in die Niederlande entkommen war. *Doch das Volksgetümmel*, konstatiert sie in der „Eukleria", *beunruhigte uns so wenig, wie Leute beunruhigt sind, wenn sie sich nahe bei einem Wasserfall am Ufer niederlegen – sie werden dadurch nur zu einem umso süßeren Schlaf verleitet.*[3]

Dieser Vorfall blieb nicht der einzige, der die Hausgemeinde Labadies in Verruf brachte. Eines der Gemeindemitglieder, Jean Ménuret, wurde krank und verfiel in geistige Umnachtung. Er musste, weil er immer wieder aggressiv wurde und laut schrie, bewacht in einem Nebenhaus wohnen. Als er starb, setzten einige ehemalige Mitglieder der Labdistengemeinde Mordgerüchte in Umlauf: Labadie habe *dem Kranken so heftig mit dem Fuß in die Brust gestoßen, dass daraufhin sein Tod eingetreten sei.*[4] Solche Vorwürfe fanden sich dann auch in einer Schrift wieder, die Antoine Lamarque, ein früherer Anhänger Labadies, der sich von der Gruppe im Streit gelöst hatte, im August 1670 in Amsterdam veröffentlichte. Darin gab er – so der Titel der Schrift – anklagend die „Gründe" an, die ihn „dazu veranlasst haben, das Haus von Jean de Labadie zu verlassen", und Labadie konterte umgehend mit einer Rechtfertigungsschrift gegen die erhobenen Vorwürfe. Aus dieser Kontroverse lassen sich einige Information über das alltägliche Leben der Hausgemeinde in Amsterdam ermitteln. Andachten fanden morgens zwischen 7 und 10 Uhr und abends zwischen 17 und 19 Uhr statt. Drei Gruppen von Anhängern wurden unterschieden: die „Auserwählten", zu denen neben Labadie, Yvon und Dulignon auch van Schurman zählte, die Gemeindemitglieder und die Gäste. Beim Essen saßen sie an unterschiedlichen Tischen, wobei Labadie die besten Stücke abbekam. Auch soll er in seinem Schrank ein geheimes Weindepot angelegt haben. Bei der Kleidung wurde auf größte Schlichtheit Wert gelegt, die Labadie immer wieder kontrolliert habe, und überhaupt soll eine strenge, hierarchische Disziplin geherrscht haben. Im selben Jahr 1670 veröffentlichte auch der Groninger Theologieprofesser Samuel Maresius eine polemische „Histoire curieuse" gegen Labadie. Bald auch munkelte man, van Schurman und Labadie hätten geheiratet – ein besonders gehässiges Gerücht, wenn man bedenkt, wie sehr van Schurman ihre Ehelosigkeit stets als Zentrum ihres Lebensentwurfs betont hatte. All das Gerede und die kursierenden Pamphlete verstärkten freilich die Stimmung gegen Labadie, die der reformierte Kirchenrat in Amsterdam ohnehin unterstützt hatte.

Der Wirbel um die Kirchenseparation nahm auch deshalb so große Ausmaße an, weil mit Anna Maria van Schurman eine nach wie vor prominente Gestalt des niederländischen Kulturlebens, eine strahlende Identifikationsfigur des Goldenen Zeitalters, in die Debatte hineingezogen wurde. Sie habe „ihren guten Namen dieser Gruppe gegeben", schrieb der Utrechter Professor Johannes Graevius an einen Freund; er sei enttäuscht, dass sie Utrecht, „diese Stadt, die sie so viele Jahre verehrt hatte, verlassen" habe.[5] So ist es nicht verwunderlich, dass gerade auch der Utrechter

Freundeskreis van Schurmans allerlei unternahm, um sie Labadies Einfluss zu entziehen. Voetius nahm sie eindringlich ins Gebet: In der „Eukleria" schreibt van Schurman, sie erinnere sich noch genau der *Auffassung meines alten Freundes und Ratgebers in Gewissensfragen Voetius, die er zuvor schon öffentlich und unmissverständlich zum Ausdruck gebracht hatte.* Das Beispiel der Römerin Paula, die im 4. Jahrhundert mit dem hl. Hieronymus, *dem gelehrtesten Lehrer ihrer Zeit, der ihrer Erbauung so geeignet erschien,* nach Palästina ging, *wurde von mir gerühmt, von ihm aber abgelehnt, weil sie dadurch ihren guten Ruf verdorben habe, indem sie etwas Unerhörtes und Beispielloses tat.*[6] Kaum hatte van Schurman Utrecht in Richtung Amsterdam endgültig verlassen, ließ Voetius von seinen Studenten drei Thesen disputieren, deren Stoßrichtung unmissverständlich war: Dass niemand die Kirche verlassen sollte, nur weil in ihr auch Ungläubige zu finden seien, dass sich niemand einer klosterähnlichen Gruppe anschließen sollte, die sich allein um Meditationen und Konventikel kümmert, und dass jeder die privaten Zusammenkünfte einer solchen Gruppe meiden sollte, um nicht Irrtümern zu erliegen. Diese Thesen zeigen: Die Unterschiede zwischen der kirchenkritischen Haltung, der pietistischen, mystischen, subjektivistischen Orientierung von Voetius und Labadie lag nicht so sehr in eigentlichen theologischen Fragen; was bei Voetius letztlich den Bruch mit Labadie und auch mit van Schurman mit sich brachte, war die Frage der Kirchenorganisation. Separation und Kirchenspaltung, eine Auflösung landeskirchlicher Formen – das war eine Option, die für Voetius bei aller Kritik nie in Frage gekommen wäre.

Auch Constantijn Huygens war bestürzt. Mit einer so radikalen Entscheidung seiner Freundin hatte er nicht gerechnet. Im Februar 1670 schrieb er ein mehr als hundert Zeilen langes, literarisch zugespitztes Gedicht in elegischen Distichen, dem Versmaß der Trauer, „an Anna Maria van Schurman, sie möge sich selbst erkennen". Erkenne dich selbst, die Mahnung, die am Apollo-Tempel in Delphi geschrieben stand: Hier wird zum Leitmotiv des Gedichts, was stets als höchstes Ziel der Philosophie galt. Van Schurman sei „nicht mehr sie selbst, sie erkennt sich nicht, stellt sich taub und hört nicht einmal auf die vielen Mahnungen ihre Freunde". „Warum nur?", ruft ihr Huygens hinterher. „Die alte Stadt, die immer so stolz auf Sie als Bürgerin war, trägt nun eine schwere Wunde", schreibt er. „Womit hat Voetius das verdient, der Sie mit seiner Milch aufgezogen hat, so dass Sie schließlich den gebildetsten Männern gleichkamen? Und womit hat Utrecht das verdient?" Huygens erinnert sie an die Universität ihrer Heimatstadt, die Stätte von van Schurmans Bildung, an der sie über Jahrzehnte mit Akribie gelernt und geforscht hatte, ihre akademischen Freunde – „Wie können Sie all diese Magister jetzt gegen so ein Magisterchen eintauschen?", fragt er ungläubig. Schlimmer noch, die Freundin, so Huygens, sei „übergelaufen in das Heer eines nichtsnutzigen Kriegsherrn", eines Kirchenspalters, der in den Niederlanden „brandschatzt" und „Zwiespalt sät". Einen „Esel mit zwei Füßen" nennt Huygens diesen Labadie und – in einem Wortspiel mit der doppelten Bedeutung des lateinischen Wortes *gallus* für „Hahn" oder auch „Franzose" – einen „Gockel, der aufhören soll, eine Hühnerschar um sich zu sammeln". Doch „wer er auch immer ist: Er mag an einem menschenleeren Königshof herrschen, und Anna Maria van Schurman herrsche wieder über sich selbst".[7] Doch während die Freunde van Schurman nicht wiederzuerkennen meinen, glaubt jene, sich jetzt erst selbst gefunden, die „gute Wahl" getroffen zu haben.

Was die Freunde verstört, ist nicht so sehr die von Labadie provozierte Kirchenseparation, verstörend ist aber, dass van Schurman sich vorbehaltlos auf die Seite des Sektieres schlägt, der auch in anderen Städten des Landes Tochtergemeinden gründen lässt. Die reformierte Kirche setzt alle Hebel der Diplomatie in Bewegung. Der Voetianer Jacobus Koelman (1632–1695) etwa wendet sich brieflich an van Schurman und Labadie und bittet sie um ein Einlenken. Guilelmus Saldenus (1627–1694), gebürtiger Utrechter, Schüler von Voetius und zu dieser Zeit Pastor in Delft, veröffentlicht im selben Jahr ein „Bescheidenes Ersuchen an Fräulein Anna Maria van Schurman", verfasst unter dem Pseudonym Desiderius Pacius, übersetzt also etwa der „Friedenswünscher", mit dem Ziel, den Konflikt beizulegen. Eine Reihe von Streitschriften und theologischen Erörterungen erscheinen in diesen Monaten. Im Sommer 1670 wendet sich dann der Utrechter Kirchenrat brieflich an van Schurman und bittet sie, die ja eigentlich noch Gemeindemitglied ist, angesichts der Verdachtsmomente, die vorliegen, „ihren Willen zu versichern, weiterhin in der Gemeinschaft der Reformierten Kirche zu verbleiben". Interessanterweise ist van Schurman in ihrer Antwort nicht auf Konfrontation aus, sondern versucht, teils versöhnlich, teils auch etwas spitzfindig den Konflikt zu entschärfen. Von einer „Spaltung" könne man nicht sprechen, schreibt sie am 5. August 1670 nach Utrecht zurück, schon gar nicht sehe sie sich außerhalb der Kirche, denn Labadies Gemeinde sei Kirche, wie van Schurman mit Verweis auf die Niederländische Konfession nachzuweisen versucht. Vielmehr seien die Kirchengemeinden in Amsterdam zu sehr „verweltlicht", als dass man sie noch als eigentliche Teile der Kirche ansehen könne. Man möge also *nicht nach unzuverlässigen Gerüchten und bloßen Meinungen,* sondern *nach der Wahrheit urteilen* und deshalb auch nicht *von einer Spaltung sprechen; denn ich warte noch immer auf die notwendige Reformation der Amsterdamer und ihrer Tochterkirchen und sehe mich eher als eine Zuschauende. Standfest verbunden bleibe ich aber mit den Wahrheiten des Evangeliums und dem Inhalt unserer reformierten Konfession.*[8]

Van Schurmans Reaktion auf Kritik ihrer Lebensentscheidung blieb stets maßvoll. Im Brief an den Kirchenrat ebenso wie in der „Eukleria" stellt sie ihre Entscheidung nüchtern dar, als eine Ausrichtung an religiöser Wahrheit, deren Gründe sie theologisch präzise benennen kann. Es war eine Wahl aus Überzeugung, sicher nicht ohne Emotionen – auch das geht aus den begeisterten Äußerungen van Schurmans über Labadie und dessen Ausstrahlung hervor –, aber immer reflektiert und ohne jede aufgeregte Hast. Daher ist es auch glaubwürdig, wenn sie in der „Eukleria" über die Widerstände, denen sie sich nach ihrer Entscheidung gegenübergestellt sah, aufrichtig schreibt: *Aber in der Tat konnten uns dieser äußerlichen Dinge nicht mehr von unserem Weg der Nachfolge Christi abbringen, als wenn uns ein Mückenschwarm entgegengeflogen wäre, der einem Daherkommenden auch leicht ausweicht und anderswohin fliegt. Ich leugne nicht, dass ich auf jenen bürgerlichen Schmuck, den Anstand, den guten Ruf, wie man so sagt, und auch auf eine gewisse wahre Tugendhaftig-*

keit mein ganzes Lebe hindurch viel Wert gelegt hatte; doch in diesem Fall konnte mich nichts aufhalten, ich hielt es für etwas Vergängliches im Vergleich zum Göttlichen oder für ein Geschenk oder eine Gabe des Himmels, und ich fasste den edlen Beschluss, dies [...] dem Spender all dessen als Opfer darzubringen.[9] Zumindest van Schurmans äußerliches Leben als Teil von Labadies Gemeinde war mit ihrem vorherigen Leben in nichts zu vergleichen. Zwar nahm sie innerhalb der Gruppe sicher eine exponierte Stellung ein, und auch die Besuche gelehrter Bewunderer rissen nicht ab: Noch 1670 besuchte der deutsche Dichter Martin Kempe (1642–1683) aus Königsberg van Schurman in Amsterdam, um ihr, der „Weisheitsfackel"[10], wie er sie in einem Lobgedicht nannte, einen seiner Gedichtbände zu überreichen. Doch gleichwohl hatte van Schurman einen Bruch mit vielem vollzogen, was über viele Jahre das Zentrum ihres Lebens gebildet hatte. Den Verlust all dessen begriff sie als Form eines Märtyrertums – und spannt damit einen autobiographisch vielleicht bewusst konstruierten Bogen zu ihren ersten Kindheitserinnerungen, zu ihrer Sehnsucht nach dem Märtyrertod: *In diesem Verhalten bestärkte mich immer nicht nur das Beispiel der ersten Christen, die ohne Mühe alles Äußerliche und sogar selbst ihr Leben um der Sache Gottes willen verleugneten und verloren, sondern auch die edelmütigen Taten der Gläubigen unserer Zeit, unter anderem jene großmütige Schottin: Als sie vor ihren Richtern die Namen einiger anderer Diener Gottes aus Gewissensgründen nicht verraten konnte und ihr dann auf Befehl der Richter in grausamster Folter das Schienbein zerquetscht wurde, sagte die Christin diese tapferen Worte: „Ich danke Dir, mein Gott, dass Du mir ein Schienbein gegeben hast, das ich Dir für Deine Sache zurückgeben kann."*[11]

Für van Schurman war ihr Anschluss an die Hausgemeinde Labadies ein tatkräftiges Bekenntnis zum Christentum, zu dem es trotz der einschneidenden, mitunter schmerzlichen Konsequenzen keine Alternativen geben konnte. Biographen konstatierten hier einen Bruch im Leben van Schurmans: die Gelehrte in der ersten, die Theologin und religiöse „Eiferin" in der zweiten Lebensphase. Mochte es auch zu einem Bruch mit Voetius, Huygens und anderen Personen, die lange Jahre großen Einfluss auf sie hatten, gekommen sein: Auch unter den Labadisten blieb van Schurman jedenfalls die Intellektuelle, die schriftstellerisch Aktive, die Korrespondenzpartnerin, die sie stets gewesen war. Schon in frühen Jahren hatte sie der „Welt" durch ihren Entschluss zur Ehelosigkeit, durch ihr Lebensmotto und auch durch die Ausrichtung ihrer wissenschaftlichen Arbeit am Maßstab der Theologie entsagt. Van Schurman sah sich und die Gruppe der Labadisten nicht als Kirchenspalter an, sondern betrachtete das eigene Handeln als einen Schritt hin zu einer „Nadere reformatie", zu einer „zweiten Reformation" ihrer Kirche – allein darin schon zeigt sich die Kontinuität ihrer Biographie.

Doch die Widerstände gegen Labadie und die Seinen nahmen zu. Dass sie über kurz oder lang auch Amsterdam wieder würden verlassen müssen, wurde immer deutlicher. Nun begann van Schurman, diplomatische Fäden zu spinnen und ihre Verbindungen abzurufen. Elisabeth von der Pfalz, die enge Vertraute schon aus den frühen Utrechter Jahren, lebte seit 1667 als Äbtissin im evangelischen Frauenstift Herford in Westfalen. Im August 1670 fragt Elisabeth bei Friedrich Wilhelm I., dem Kurfürsten von Brandenburg, einem ihrer Cousins mütterlicherseits, um die Erlaubnis an, die Labadisten im Territorium ihres Stifts unterzubringen. Pierre Doulignon reist als Unterhändler nach Westfalen, und schon im Oktober begibt sich der Großteil der Labadistengemeinde, darunter auch van Schurman, die während der Reise unter schwerem Fieber zu leiden hatte, per Schiff nach Bremen und reiste von dort zum Herforder Stift, wo sie Ende Oktober 1670 ankam. Der Rest der Gemeinde reist auf dem Landweg nach Westfalen.

Von Anfang an war auch der Aufenthalt in Herford von Widerständen und gewalttätigen Ausschreitungen begleitet. Schon am Tag, als die Gruppe in der Abtei ankam, wurde eine Gesandtschaft des Magistrats bei der Äbtissin vorstellig, die gegen die geplante Ansiedlung der Flüchtlinge Protest einlegte. Brieflich wandten sich die Oberen der Stadt auch an den Kurfürsten persönlich. Ein vor den lutherischen Pfarrern und Vertretern des Magistrats abgelegtes öffentliches Glaubensbekenntnis der Labadisten, das Elisabeth arrangierte, erreichte nicht viel: Das Misstrauen, die offene Ablehnung blieben. Der Kurfürst sah sich gezwungen, im November 1670 eine Kommission einzusetzen, die den Fall begutachten sollte. Immerhin dies konnten die Interventionen des Herforder Magistrats erreichen. Doch die Stellungnahme, die schließlich dann Mitte des folgenden Jahres abgegeben wurde, hatte insgesamt eine positive Tendenz. Selbst die um ihre Meinung gebetenen Theologen konnten zwar Labadies Auffassungen, insbesondere seine Neigung zum Mystizismus und Spiritualismus, nicht recht verstehen, aber einen Grund, die Glaubensgemeinschaf zu verfolgen oder auszuweisen, vermochten sie darin nicht zu erkennen.

Doch es gab auch von theologischer Seite kritische Stimmen. Der ortsansässige protestantische Superintendent, der Bielefelder Pastor Christian Nifanius (1629–1689), veröffentlichte 1671 eine Labadie gegenüber kritische Streitschrift mit dem Titel „Kurzes Bedenken, was von der Religion der neulich zu Herford angekommenen Versamlung zu halten sei". Wie stark van Schurmans Mitgliedschaft die öffentliche Ausstrahlung der Labadistengruppe prägte, zeigt sich etwa darin, dass dieses Buch in der Lektüreliste des deutschen Universalgelehrten Gottfried Wilhelm Leibniz (1646–1716) als „Nifani von der Religion Schurmännin" auftaucht.[12] Gottlieb Spitzel berichtet Leibniz brieflich ausführlich von seiner Lektüre der „Histoire curieuse" von Samuel Maresius. Überhaupt spielt das Schicksal der Labadisten in Leibniz' Korrespondenz immer wieder eine Rolle. Philipp Jakob Spener erstattet Leibniz im Dezember 1670 Bericht, die Sekte um Labadie sei nun in Herford untergekommen; wenige Tage später schreibt er ihm zu diesem Thema, er warte darauf, „die Katastophe des Labadie-Dramas, das schon auf so verschiedenen Schauplätzen gespielt wird, zu sehen. In Herford kann er sich ja, wie ich gehört habe, mit van Schurman und seinen Gefolgsleuten auf den Schutz durch die erhabene Äbtissin [Elisabeth] stützen."[13] Immer wieder diskutieren Spener und Leibniz in diesen Monaten das Schicksal der Labadisten. Die deutsche Gelehrtenrepublik verfolgte die Sache mit Spannung.

In Herford arbeitete van Schurman, die auch hier immer wieder durch Krankheiten ans Bett gefesselt wurde, wohl schon an ersten Entwürfen zur „Eukleria". Nach den Turbulenzen der zurückliegenden Jahre hat sie hier vermutlich auch wieder die Ruhe für das Schreiben gefunden, scheint auch das Gefühl gehabt zu haben, an einem Ziel, in einem sicheren Asyl angekommen zu sein: *In allem jedenfalls erkannte ich* bei der Ankunft in Herford *das göttliche Wohlwollen uns gegenüber*, wo es nun *möglich war, frei und öffentlich unsere Religion bekennen und auszuüben*.[14] Der Tagesablauf der gesamten Gemeinde, die zu diesem Zeitpunkt um die fünfzig Mitglieder umfasste, war klar strukturiert. Die regelmäßigen Morgen- und Abendandachten wurden abgehalten, Prinzessin Elisabeth ließ Labadie auch Predigten in der Kapelle ihrer Abtei halten, die Heinrich Schlüter ins Deutsche übersetzte. Hunderte von interessierten Gläubigen kamen, um den so heftig diskutierten charismatischen Sektenführer hier sprechen zu hören. Ansonsten arbeiteten die Labadisten daran, die Wohngebäude, die ihnen von Elisabeth zur Verfügung gestellt worden waren, zu renovieren. Sie hegten die Hoffnung, in Herford eine dauerhafte Bleibe gefunden zu haben. Trotz dieses unauffälligen und zurückhaltenden Lebenswandels hatte die Gruppe mit Aggressionen der Bevölkerung zurecht zu kommen. Von den Händlern der Stadt wurden die „Holländer" boykottiert, auch das Wasserholen aus den öffentlichen Brunnen wurde ihnen verboten. Wer von den Labadisten sich in der Stadt zeigte, wurde offen angefeindet, immer wieder kam es zu Gewalttätigkeiten.

Außerdem machten Berichte die Runde, die leicht auch zu Ungunsten der Gruppe ausgelegt werden konnten. Von verzückten Tänzen war die Rede, die Sektenmitglieder sollen bisweilen in einen rauschhaften, tranceartigen Glückszustand verfallen sein, in dem sie laut jubeln und sich gegenseitig küssen. Van Schurman beschreibt dies als ein Gefühl der *Abtötung des alten Menschen und ein Lebendigmachen eines neuen*, eine *Auferstehung*, die die Labadisten in Herford erlebten und die in ihnen *eine unbeschreibliche Freude und einen Jubel hervorrief, der der Welt unbekannt ist*.[15] Wie leicht ließ sich angesichts solcher Verzückungen Jean de Labadie als ein Hexenmeister verteufeln! Und auch um die Sittlichkeit der Gruppe schien es nicht zum Besten zu stehen. Die Labadisten konnten es nicht lange verheimlichen, als ihr Mitglied Catharine Martini schwanger geworden war. Vater des zu erwartenden Kindes war Pierre Yvon, einer der Führer der Gruppe. Prinzessin Elisabeth drängte auf eine rasche Heirat, um den Unwillen der Bevölkerung zu besänftigen. Ehen zwischen Mitgliedern hatte es bislang nicht gegeben, doch nun sah man auch Eheschließungen als ein Mittel, um den inneren Zusammenhalt zu fördern. Wieder kursierten Gerüchte, dass Anna Maria van Schurman ihre Ehelosigkeit aufgegeben und sich mit Jean de Labadie verehelicht habe. Doch solches Gerede zielte nur darauf ab, den Ruf der Labadisten zu schädigen. Labadie, mittlerweile 61 Jahre alt, heiratete tatsächlich, doch seine Frau wurde die zweiundzwanzigjährige Lucia van Aerssen van Sommelsdyck, eine von drei sehr begüterten Schwestern, die sich schon in Amsterdam der Gruppe angeschlossen hatten. Der dritte Sektenführer, Pierre Dulignon, heiratete Aemilie van der Haer, eine entfernte Verwandte van Schurmans, ebenso vermählten sich Heinrich Schlüter und sein Bruder Peter mit anderen Mitgliedern der Gruppe. Solcherlei Gerüchte und Neuigkeiten zogen natürlich das Interesse auf sich. Nicht nur aus der näheren Umgebung kamen Leute nach Herford, um Labadie predigen zu hören. Auch aus *Utrecht, Zeeland und zum Teil noch entfernteren Orten*[16] kamen Interessierte, doch nur sehr wenige schlossen sich letztlich der Gruppe auch an.

Im Oktober 1671 suchte William Penn (1644–1718) den Kontakt zu Labadie und seiner Gemeinde. Penn war einer der Führerfiguren der Quäker, einer Religionsgemeinschaft, die sich erst wenige Jahre zuvor in England ausgebreitet hatte und sich gleichermaßen von der noch stark am Katholizismus orientierten anglikanischen Kirche und vom protestantischen Puritanismus distanzierte. Labadie wie Penn sahen in den etablierten kirchlichen Strukturen einen Verlust, eine Verflachung der Religion, aber in ihren theologischen Vorstellungen lagen sie doch weit auseinander; 1672 distanzierte sich Labadie in einem Schreiben an den Theologen Adrian Pauli ausdrücklich und in einer ausführlichen Stellungnahme vom Quäkerismus. Vielleicht lag es an diesen Differenzen oder auch am Gerede, das zu befürchten war, wenn sich Labadie mit einem prominenten Quäker traf: Jedenfalls empfing er den englischen Gast in Herford sehr kühl, sprach mit ihm nicht in seinem Haus, sondern bei strömendem Regen in einem Garten. Prinzessin Elisabeth hingegen empfing den Fremden mit der selben Offenheit, die sie auch gegenüber den Labadisten zeigte, einer Offenheit, der jegliche Feindseligkeit, jegliche religiöse Verbohrtheit fremd war.

Auch in ihrer eigenen Familie – mit zahlreichen europäischen Adelsgeschlechtern hatte Elisabeth ja familiäre Bindungen – warb die Äbtissin für religiöse Toleranz und Aufgeschlossenheit. So waren im Mai 1671 zwei ihrer Geschwister in Herford zu Gast: ihr Bruder Karl Ludwig (1617–1680), der Kurfürst von der Pfalz, und ihre Schwester Sophie, Kurfürstin von Braunschweig-Lüneburg. Auch die adligen Gäste waren nicht zuletzt durch die in Deutschland kursierenden Nachrichten und Gerüchte über Labadie und seine Anhänger angelockt worden. Paul Hachenberg (1642–1680), Historiker und Erzieher am Heidelberger Hof von Karl Ludwig, berichtet in einem Brief später von diesem Treffen. „Der Ruf und die Schicksale dieses neuen Apostels", schreibt Hachenberg, „hatten uns so neugierig gemacht, dass wir uns gleich nach unserer Ankunft erkundigten, was er mache, wie er lebe, durch was für Gesetze dieser strenge Sittenrichter der Christen die Gemüter der Menschen fessle, wie es um den Anwachs dieser göttlichen Gemeinde stünde, und durch was für Mittel sie ihre Heiligkeit ausbreite." Als man sich beim Abendessen über die ersten Eindrücke, die man vom Leben der Labadisten gewonnen hatte, lustig macht, greift die Äbtissin Elisabeth ein: „Mit Unwillen" unterbricht sie das „Geschwätz" versichert, dass die Gäste „diesem heiligen Mann das größte Unrecht täten"[17] und verteidigt ihn lange und ausführlich. Am nächsten Morgen „verfügte sich die ganze Gesellschaft nach Labadies Haus. Gleich an der Tür zeigte sich das Fräulein van Schurman, in einem sehr sehr schlechten Anzuge, welche die Hereingehenden mit einem kalten Kusse empfing." Verachtung des Weltlichen – das muss der erste Eindruck der Besucher sein, als sie das wohl prominenteste Gemeindemitglied kennenlernen, doch als sie van Schurmans Zimmer betreten, ändert sich dieser Eindruck: „Man führte sie hierauf in ihr Zimmer, wo die herrlichsten Dinge ihre Augen an sich zogen: denn sie sahen hier die Gemälde dieser gelehrten Jungfrau, die an Ausdruck und Wahrheit mit der Natur selbst wetteiferten, und Bilder von Tieren in Holz und Wachs, die sie nicht genug bewundern konnten." Mehr, als man meinen mochte, war van Schurman auch im Exil sich und ihren Neigungen, ihrer künstlerischen Begabung und Kreativität treu geblieben. Bald betritt auch Labadie den Raum, „ein alter Mann", mit „langsamen und demütigen Schritten". Sein „Gesicht schien durch Leiden abgehärmt, und seine Miene vekündigte, dass seine Seele ich weiß nicht mit was für göttlichen Dingen schwanger ginge". Der Superintendent von Osnabrück, der auch Teil der Besuchsgesellschaft ist, diskutiert „mit großer Hitze" mit Labadie, bis die Äbtissin, „des Geschreis müde, dem Zank ein Ende machte".[18] Am Nachmittag trifft man sich abermals und debattiert, und während der Superintendent den Separatimsmus und die Weltabgewandtheit der Sekte, auch den rigorosen Führungsanspruch Labadies und seine Arroganz kritisiert, „gleich als ob Christus jetzt so arm geworden, dass er mit seiner ganzen Kirche nur ein kleines Haus in Herford bewohne"[19], versuchen Labadie, Yvon und auch Schlüter eine Rechtfertigung. „Alles aber, was sie sagten", berichtet Hachenberg, „lief darauf hinaus: Wir müssten die Welt verlassen, um mit Christo zu leben und die Gläubigen müssten sich der Gesellschaft der Ungläubigen entziehen, um nicht durch Gemeinschaft mit denselben ihre Reinigkeit zu beflecken."[20]

Als die Gäste später einer Andacht der Labadisten beiwohnen dürfen, sind sie verblüfft über die Zusammensetzung der Gruppe: „Frauen und Mädchen fanden sich ein, alles die niedlichsten Püppchen, die man nur im Bette zu haben wünschen kann; es kamen auch Schuster, Matrosen und schmutzige Gerber, denn keine andere Mannsperson [...], die sich durch gute Kleidung oder durch bessere Miene ausgezeichnet hätte, war in dieser so reizenden weiblichen Versammlung zu sehen."[21] Labadies Predigt bringt „einige weichherzigere Mädchen" dazu, „Ströme von Tränen" zu vergießen. Es ist gerade dieser große Anteil an Frauen unter den Labadisten, der Anlass zu Diskussionen gibt. Denn „wir konnten uns nicht genug wundern, dass vornehme, reiche Mädchen, in der Blüte des Alters und der Schönheit, den Wahnsinn so weit treiben können, dass sie sich von einem nichtswürdigen verächtlichen Pfaffen so gänzlich einnehmen, blenden und betören lassen, dass sie weder ihres väterlichen Hauses noch der

Bitten ihrer zärtlichen Eltern noch des süßen Mutternamens achteten."[22]

Schon die zeitgenössischen Kritiker Labadies verwiesen auf den hohen Anteil von Frauen, besonders von wohlhabenden und adligen Frauen, zu denen auch van Schurman zählte, in der Sekte. Anlass genug, immer wieder sexuelle Anspielungen zu machen, Labadie als den „Gockel" unter seinen Hennen zu karikieren. Es mag viele Gründe geben, warum die Gemeinde gerade Frauen attraktiv erschien: Schon die Antike meinte, bei Frauen eine größere Neigung zu spirituellen und mystischen Religionsformen feststellen zu können. Hinzu kam sicher die rhetorische Überzeugungskraft und das von Zeitgenossen vielfach bezeugte überwältigende Charisma Labadies. Auch mochten manche Frauen vielleicht im Anschluss an Labadie eine Form der Selbstbestimmung erkennen, die ihnen in den vorgegebenen sozialen Strukturen verwehrt bleiben musste: 1669 beklagte sich der Kirchenrat von Den Haag, dass bei Konventikeln der Labadisten Frauen „das Wort führten" und andere Teilnehmer „examinierten", und Voetius kritisierte, dass Frauen aus dem Kreis Labadies auch als „Ausleger seiner Predigten und Erörterungen" aufträten.[23] Das widersprach dem klassischen Rollenbild: Frauen hatten in der gesellschaftlichen Öffentlichkeit, in Politik und Staatsverwaltung, in Militär und Kirche keine Stimme. So erschien vielleicht unter diesem Blickwinkel vielen Frauen die Sekte als ein Freiraum für ihre religiöse Praxis. Im übrigen sah sich Labadie durch die notgedrungenen Eheschließungen, die in Herford vollzogen wurden, gezwungen, auch über die Institution der Ehe, die Liebe und die Stellung der Geschlechter theologische Überlegungen, gleichsam als Apologie, anzustellen und zu veröffentlichen, und die Essenz dieser Reflexionen war letztlich eine zumindest spirituelle Gleichheit der Geschlechter unter den Gläubigen, den „Wiedergeborenen", wie sich die Labadisten selbst nannten.

Überhaupt findet Labadie nach den ersten turbulenten Monaten in Herford auch wieder Zeit für das Schreiben. Er veröffentlicht eine Schrift mit dem Titel „Die sich selbst rechtfertigende Wahrheit", eine Sammlung von lateinischen Übersetzungen früherer Schriften, die seine Glaubensüberzeugungen insgesamt umreißen sollen, sowie die Schrift „Der aufgeschlossene Tabernakel Gottes", eine Rechtfertigung für seine Abspaltung von der Kirche, die, wie van Schurman später schreibt, *so vorgetragen und verteidigt wird, dass sie bisher noch von niemandem angefochten wurde.*[24]

Doch die Gegner der Labadisten ließen nicht locker. Schon im Oktober 1671 hatten Vertreter des Herforder Magistrats beim kaiserlichen Reichskammergericht in Speyer vorgesprochen. Das Gericht erließ eine Aufforderung an Prinzessin Elisabeth, die Labadisten binnen sechzig Tagen aus ihrem Gebiet auszuweisen. Elisabeth war empört, schrieb augenblicklich an ihren Cousin in Berlin einen Protestbrief, reiste kurz darauf auch selbst dorthin, um persönlich die Sache durchzukämpfen. Als ersten Ausweg schlug Elisabeth vor, die Labadisten sollten in ihr in der Nähe gelegenes Landhaus umsiedeln, was diese nach anfänglichem Zögern auch akzeptierten.

Doch der Kurfürst hatte größere Sorgen als das Schicksal der kleinen Sekte in Herford. Ein Krieg mit Frankreich stand bevor, und wenn es so weit käme, wäre Westfalen sicher von den Kämpfen betroffen. Auch die innere Ruhe der Labadisten wird gestört, als der bisher so eifrige Heinrich Schlüter und andere Mitglieder im Frühjahr 1672 die Gruppe nach heftigen Auseinandersetzungen verlassen. Schlüter wird nun auch zu einem energischen öffentlichen Kritiker Labadies.

Als es Elisabeth am 7. Mai 1672 endlich gelingt, einen Brief des Kurfürsten an den Herforder Magistrat zu erwirken, in dem dessen Vorgehen, insbesondere die Appellation beim Speyerer Gericht, scharf beanstandet wird, ist es schon zu spät. Labadie sieht ein, dass die Lage in Herford immer gefährlicher wird. *Die Ruhe dieser Gegend,* schreibt van Schurman in der „Eukleria", *und also auch unsere Ruhe wurde durch die Kriegsgerüchte gestört, die von Tag zu Tag so überhandnahmen, dass sie bald eine deutliche Warnung für uns wurden, auf unseren Abzug von hier ernstlich bedacht zu sein. Da wir nun schon lange vergebens auf die Rückkehr der Prinzessin von jenem Hofe* [in Berlin] *gewartet hatten und wir uns jetzt nicht mehr die geringste Hoffnung machen konnten,* [...] *meldeten wir in einem gemeinschaftlichen Schreiben der Prinzessin unseren Entschluss, dankten ihr für den uns während unseres dortigen Aufenthalts erwiesenen Schutz, erläuterten ihr die Gründe für unsere Abrei-*

se und sagten ihr und wenig später auch ganz Westfalen Lebewohl.[25] Ein festes Ziel hatten die Labadisten nicht vor Augen. Sie folgten *wie vormals der Patriarch Abraham Gottes Ruf zur Abreise, ohne zu wissen, welchen Ort seine göttliche Vorsehung uns zum Aufenthalt und zur Wohnung anweisen würde.*[26] Eine Reise ins Ungewisse also, die gerade den älteren, immer wieder auch erkrankenden Mitgliedern wie van Schurman oder Labadie nicht leicht gefallen sein wird. Der größte Teil tritt *mit Wagen die Reise an, die übrigen aber, [...] besonders die, die für die Beförderung des notwenigen Hausrats, der Bibliothek und der Druckmaschine am besten abgestellt werden konnten, blieben noch eine Weile zurück.*[27]

Die Gemeinde wendet sich nach Norden, zunächst Richtung Bremen, wo ein Teil der Gruppe für einige Monate Aufenthalt nehmen wird. Labadie, Yvon und auch van Schurman machen sich nach Altona auf, das der dänischen Krone untersteht, seit wenigen Jahren das Stadtrecht besitzt und bekannt ist für seine tolerante Haltung gegenüber Flüchtlingen. Zwei Häuser in unmittelbarer Nähe zueinander werden in Altona gemietet, und man stellt im September 1672 beim Rat der Stadt den Antrag, ein Aufenthaltsrecht bewilligt zu bekommen. Dies wurde offensichtlich gestattet, denn wenige Monate später folgt auch der Rest der Gemeinde nach Altona. Ende 1672 bekommen die Labadisten hochrangigen Besuch, Graf Ulrik Frederik Gyldenløve, Halbbruder des dänischen Königs Christiaan V. Er zeigt sich beeindruckt von der tiefen Religiosität der Sekte und wird sich später noch als nützlicher und einflussreicher Unterstützer erweisen.

Labadie erkrankt nach der Ankunft zunächst schwer, mit dem Schlimmsten ist zu rechnen, doch dann erholt er sich wieder. Die Gruppe aus Bremen ist nun *sowohl äußerlich als auch innerlich wieder mit uns vereint*, schreibt van Schurman in Altona, *und die Sache selbst lehrte uns also, dass es Gottes Wille sei, dass wir den nun eingetretenen Frieden genießen sollten.*[28] Nach den Strapazen der Reise kehrt ein ruhigeres Leben ein. Doch van Schurman spürt nun ihr fortgeschrittenes Alter und die Anstrengungen der zurückliegenden Monate. *Von den Arbeiten im Haushalt*, berichtet sie, *bin ich nun wegen meines Alters befreit.* Doch umso mehr scheint sich van Schurman wieder den Arbeiten am Schreibtisch zu widmen. Sie hält noch immer

Kontakte in die Niederlande aufrecht: Im September 1673 schickt sie einen Brief an ihren engen Freund Daniel Meyer, einen Prediger in Zierikzee. Sie kannte ihn schon von seiner Studienzeit in Utrecht und hatte ihn auch in den 1660er Jahren mehrmals besucht. Ihm schwärmt sie von dem *neuen Jerusalem*[29] vor, das Labadie in Altona errichtet habe und sendet ihm ein druckfrisches Exemplar ihrer „Eukleria". Auch den Verwandten schickt sie immer wieder Briefe, wie ein Schreiben aus Altona an ihre Nichte in Abbingastate vom Herbst 1673 belegt, auch wenn sie darin sagt, sie *schreibe nur noch wenig in die Niederlande.*[30] Über das Schicksal der Labadisten in Deutschland ist man dort nicht sehr gut informiert. Man hat auch andere Sorgen: 1672 hatten Franzosen und Engländer den Vereinigten Niederlanden den Krieg erklärt, Utrecht wird von den feindlichen Truppen eingenommen. Im März berichtet Huygens Utricia Swan von der Kriegsituation und bittet auch um Informationen über seine alte Freundin: „Wenn es möglich wäre, in die Geheimnisse der Labadisten durch ein aufrichtiges Bekenntnis ihrer alten Sybilla [= van Schurman] vorzudringen, besonders was die heiligen Paare und Hochzeiten angeht, die so verurteilt werden, wie man uns hier sagt, dann wären wir sehr froh, wenn Sie, werte Dame, sich darum kümmern könnten."[31]

Van Schurman war auch in der Altonaer Zeit bei weitem nicht die in sich gekehrte, nur der Kontemplation ergebene religiöse Sucherin, als die sie später als Jüngerin Labadies oft beschrieben wurde. Sie schrieb viel, knüpfte Kontakte und interessierte sich auch weiterhin sehr für unterschiedlichste Wissenschaften. Der Universalgelehrte Christian Franz Paullini (1643–1712), der zu dieser Zeit als Arzt in der Nähe von Altona praktizierte, berichtet in seinem erst im Jahr 1700 erschienenen „Philosophischen Feierabend", er habe „einst die Ehre und Gelegenheit" gehabt, „zu Altona mit ihr zu sprechen". Sie sei „unter andern wegen der ‚Pathologiae animatae Langii' sehr curieus [neugierig] gewesen" und er habe ihr die „dazumal noch ungedruckten ‚Animadversiones' leihen" müssen, „worüber sie ein großes Vergnügen spüren ließ".[32] Die „Pathologia animata" war eine frühe spekulative Theorie der Krankheitserreger und wurde in der erst 1688 gedruckten

„Pathologia animata seu Animadversiones in Pathologiam spagiricam" des Leipziger Medizinprofessors Christian Lange (1619–1662) eingehend behandelt.

In erster Linie aber arbeitete van Schurman in Altona an ihrer autobiographischen „Eukleria". Die 1673 auf der Druckmaschine der Sekte produzierte Schrift ist unter vielen Aspekten ein außerordentlicher und bemerkenswerter Text. Er wird in ganz Europa mit großem Interesse aufgenommen – weil er ein großes Werk der berühmten und gelehrten van Schurman ist, aber vor allem auch, weil es eine herausragende Stellungnahme der prominentesten Anhängerin Labadies ist, dessen Schicksal in Deutschland und auch im Ausland nach wie vor mit gespanntem Interesse verfolgt wird. Die einst als so zurückhaltend und öffentlichkeitsscheu wirkende van Schurman gibt sich nun geradezu extrovertiert: Sie tritt in eigener Sache auf, stellt den eigenen Standpunkt, das eigene religiöse Bekenntnis mehr oder minder kompromisslos ins Zentrum der Schrift. Die „Eukleria" – die im Untertitel auch eine „kurze Darstellung des Lebens" der Autorin ankündigt – ist insofern eine Autobiographie, als sie die subjektive Darstellung und auch die Apologie einer Konversion ist. Dabei bleibt der tatsächlich biographische Anteil allerdings recht gering. Aus der Zeit bis in 1660er Jahre hinein berichtet van Schurman nur wenig von ihrem Leben, und selbst die Schilderungen der Episoden seit dem Kontakt mit Jean de Labadie sind zum größten Teil nicht Darstellungen realer Ereignisse, sondern bilden durch die eingestreuten theologischen Reflexionen, durch Inhaltsangaben von Predigten und exegetische Exkurse, durch die Schilderung von wundersamen Begebenheiten und Erweckungserlebnissen eher eine spirituelle Geschichte der Labadistengemeinde.

Vor allem ist die „Eukleria" eine bewusst gesetzte Zäsur: Van Schurman löst sich von vielem, was ihr früheres Leben bestimmt hatte. Sie versucht mit dieser Schrift – so der Beginn des ersten Kapitels –, den *berühmten Männern, die mir bis vor kurzem außerordentlich gewogen waren*, die aber *meine neue Lebensweise in höchstem Maße missbilligen*, die *Gründe, warum ich meinen Lebenswandel in so bedeutsamer Weise verändert habe, kurz und aufrichtig darzulegen*.[33] Das ist die Intention ihres Schreibens, ein öffentliches und begründetes Bekenntnis zu all den Wendungen, die ihr Leben seit der Begegnung mit Jean de Labadie genommen hat. Mit der „Eukleria" vollzieht van Schurman ausdrücklich den Bruch mit jener „gelehrten Dame", jener „zehnten Muse", die sie einst verkörperte. Das gesamte erste Kapitel ist eine Auseinandersetzung mit diesem Selbstbild, das van Schurman nicht als ein Selbstbild beschreibt, sondern als ein ihr von außen übergestülptes Fremdbild, das sie nie gänzlich akzeptiert hatte und das abzuschütteln ihr jetzt noch Mühe macht: Sie habe sich damals *ganz allmählich auf die Theaterbühne jener glänzenden Berühmtheit, die nachher wieder zu verlassen sehr schwer war, führen lassen*, unter *dem Anschein irgendeiner Tugend* oder *eines bestimmten Bildungsguts*. Es sei vielleicht *Unbesonnenheit* gewesen oder *Verblendung*, dass sie dies zugelassen habe.[34] Jedenfalls habe man sie am Ende *in den Himmel erhoben, nicht nur in gottvergessener Weise in die Reihe der heidnischen Gottheiten gestellt, sondern auch mit Attributen des wahren allwissenden Gottes und ich weiß nicht mit was für abscheulichen, gotteslästerlichen Titeln versehen*.[35] Wie in den berühmten „Bekenntnissen" des Kirchenvaters Augustinus (354–430), dessen Theologie van Schurman stets hochschätzte, gehen in der „Eukleria" das Eingeständnis von Verfehlung, die Beschreibung einer Bekehrung und das Bekenntnis zu einer bestimmten Religion einher. Und wie Augustinus in seinen „Widerrufen" distanziert sich van Schurman von all ihren Schriften: *Dies ist es also, was ich jetzt – zwar spät, aber umso ernsthafter und mit Bezeugung meiner innersten Reue über eine so lange Pflichtvergessenheit – zu tun für meine Pflicht halte: Ich widerrufe daher hier vor den Augen aller Welt (nach dem Beispiel des redlichsten Kirchenvaters Augustinus) alle diejenigen meiner Schriften, die mit einer so schändlichen Gedankenlosigkeit oder in jenem eitlen und weltlichen Geist verfasst sind, und erkenne sie nicht mehr als die meinigen an.*[36] Es ist van Schurmans Empfindung, dass sie jetzt erst dieses Fremdbild endgültig abgeschüttelt hat, dass sie nun auch öffentlich als der Mensch auftreten kann, der sie ihrer Veranlagung nach immer war. Die Kindheitsschilderungen, die sich in der „Eukleria" nun anschließen, sollen aufweisen, dass dieses verdeckte, nun erst wirklich zum Vorschein gekommene Ich das ursprüngliche ist. Die gesamte Schrift spannt einen Bogen: Die Neigung des kleinen Mädchens zum Märtyrertum findet ihre

Entsprechung im Martyrium der gesellschaftlich und politisch geächteten, immer wieder vertriebenen Hausgemeinde Labadies. Jetzt erst erfüllt sich, was schon die kleine Anna Maria als ihr Lebensideal entdeckt hatte.

Doch es geht van Schurman nicht nur darum, sich von ihrem „alten" Leben zu distanzieren. Sie will auch die notwendigen Korrekturen in all den Feldern nachtragen, die ihr bisheriges Lebens bestimmt hatten. Insbesondere auf die „Dissertatio" über Frauenbildung geht sie ein, eine Schrift, die sinnbildlich stehen kann für ihr früheres Leben und die sie nun nur noch mit Kopfschütteln betrachten kann. *Nicht ohne Schamröte* könne sie diese Schrift heute lesen, müsse sich wundern über die *frühere Unmäßigkeit in den Wissenschaften, mit der ich gearbeitet habe.*[37] Doch van Schurman stellt auch eindeutig klar, dass sie aus der rückblickenden Perspektive keine Kritik an ihrer Neubewertung der Frauenbildung zu üben habe. Nicht die Öffnung der Wissenschaften für Frauen erscheint ihr nun verkehrt, sondern ihr damaliger Begriff von Wissenschaft überhaupt: *Ich will hiermit gar nicht sagen*, schreibt sie ausdrücklich, *dass alle wahren Wissenschaften und nützlichen oder notwendigen Künste ohne Unterschied verwerflich seien oder dass nicht die Reinen sich auf eine reine und nützliche Weise einiger von ihnen bedienen könnten, sondern nur, dass die meisten von ihnen eitel oder überflüssig sind, indem sie geistlose Geister von Menschen vollkommen einnehmen und sie davon abhalten, nach höheren Dingen zu streben, auch dass selbst die guten nicht für alle gut sind.*[38] Die Sprachengelehrtheit, auf die sich der Ruhm und die Bekanntheit van Schurmans zu allererst stützten, die sie sich in harten Studienjahren erkämpft und erarbeitet hatte, ist für sie nun *überflüssiger Hausrat*, eine *Ummäntelung aus edlen Stoffen*[39], aber nicht der Kern der Religion. Dem stehen die *einfachen Leute, sozusagen die Einfältigen* gegenüber, *die durch eine einzige Ansprache mehr Menschen zu Gott bekehrten als die heutigen Prediger mit Tausenden ihrer gelehrten und wohlüberlegten Predigten*[40] – ein Echo der Einwände Rivets gegen das intensive Studium der Sprachen, für das van Schurman seinerzeit so heftig gestritten hatte. Und wie die Sprachengelehrsamkeit, so hat sich für van Schurman auch die scholastische Wissenschaftsmethodik, die gerade auch die Quaestionenform ihrer „Dissertatio" geprägt hatte, als ein folgenreicher Irrtum herausgestellt. Sie wettert nun gegen all die *elenchtischen und eristischen Übungen* an der Universität, bei denen *nicht selten der Teufel auf die Bühne gestellt wird*, sie warnt, *keiner möge glauben, man könne durch menschliche Vernunftgründe oder kunstvolle Schlussfolgerungen die Wahrheit erfassen* oder dass *Irrtümer durch spitzfindige Disputationen wahrlich und auf heilsame Weise ausgelöscht werden können*. Religion sei kein Projekt der Vernunft, der menschlichen Geisteskraft, was auch immer dieser *doctor angelicus*, der von ihr so eifrig studierte Thomas von Aquin, *von der Verteidigung der Religion durch die Vernunft behaupten mag*.[41]

Ein gesamtes Kapitel der „Eukleria", das dritte, widmet sie nun der Kritik einzelner Wissenschaften. Die Metaphysik sieht sie durch Logik und Dialektik überfrachtet und *versperrt damit den göttlichen Wahrheiten oft den Weg*,[42] und was die Naturwissenschaft angeht, zu der sie noch gegenüber Rivet geäußert hatte, sie offenbare in besonderer Weise Gott in seiner Schöpfung, hat sie nun abermals die Auffassung ihres damaligen Lehrers übernommen, der vor der bloß wissenschaftlichen Naturforschung als einem Weg zum Atheismus gewarnt hatte. Van Schurman schreibt nun, dass, *wer sich ohne göttliche Erleuchtung mit der Erforschung der Natur beschäftige, sich so in ihren Abgrund versenke und darin steckenbleibe, sehr oft zu einem Atheisten werde*.[43] Eine Ethik schließlich, ein überzeugender Maßstab unseres Handelns, lässt sich für van Schurman ebenfalls nicht wissenschaftlich, mit *philosophischen Schlussfolgerungen und menschlicher Vernunft* begründen, sondern nur *im Lichte der Gnade und der Heiligen Schrift* und *durch die göttliche Liebe*.[44] Insgesamt also leisten die „menschlichen" Wissenschaften nur wenig auf dem Weg zu einem christliche Leben. Genau das ist es aber, worauf van Schurman nun Wert legt. Unter diesem Blickwinkel waren ihr früheres Leben, ihre ausgreifenden wissenschaftlichen Studien und Korrespondenzen also die Zeit nicht wert. Die „Eukleria" ist daher die nachgetragene notwendige Revision dieser Lebenshaltung.

Die beiden nun anschließenden Kapitel umreißen in groben Zügen wesentliche Elemente ihrer an Labadies Ideen inspirierten Theologie. Van Schurman beschreibt ihre Idealvorstellung kirchlicher Gemeinschaft, wie sie von den Aposteln und der Urkirche verkörpert worden sei. Diese wahrhafte Kirche, den lebendigen Tempel Christi, erkennt sie in der kleinen Glaubensgemeinschaft, der sie sich angeschlossen hat, nicht aber in der bestehenden, verweltlichten und eitlen reformierten Kirche ihrer Zeit. Insbesondere geht sie auf die im Labadismus zentrale Stellung des Heiligen Geistes und sein Wirken ein. Gemäß dieser Pneumatologie ist es eben gerade nicht die eigene menschliche vernünftige Kraft, die uns leitet und die uns erkennen lässt, sondern es ist das Wirken dieses Geistes, das uns lenkt und die richtigen Entscheidungen nahelegt. Auch das Sabbatgebot, eine in der zeitgenössischen Theologie heftig umstrittene Frage, wird von van Schurman eingehend erörtert und provozierte gesonderte Reaktionen. John Brown etwa, Pastor der schottischen Gemeinde in Amsterdam und mit den Labadisten bekannt, veröffentlichte dagegen umfangreiche Einwände.

Mit dem sechsten Kapitel der „Eukleria" greift van Schurman nun wieder ihre eigene Lebensgeschichte, ihr *früheres Leben* auf, versucht, an ihrem eigenen Beispiel den *Übergang zu meinem jetzigen Lebenszustand* darzustellen.[45] Sie schildert, wie sie durch den Tod der Mutter allmählich aus ihrem kontemplativen, dem Studium gewidmeten Leben zu einem tätigen Leben geführt wurde und sieht dies als eigentlichen Beginn ihrer religiösen Selbstreflexion. Der Akzent liegt hier auf Jean de Labadie: Van Schurman beschreibt, wie sie ihn, durch die Reise ihres Bruders in die Schweiz, kennenlernt und schließlich auf die Middelburger Predigerstelle vermittelt. Die restlichen drei Kapitel der „Eukleria" schildern die Stationen der Hausgemeinde in Amsterdam, Herford und Altona. Der apologetische Charakter bleibt dabei erhalten: Es geht van Schurman nicht darum, die äußere Geschichte der Labadisten, die Ereignisse und Auseinandersetzungen an den verschiedenen Niederlassungen festzuhalten, sondern sie schildert ihre zurückliegenden vier Lebensjahre im Kreise Labadies gleichsam als eine Heilsgeschichte, die ihren glücklichen äußerlichen wie spirituellen Abschluss in Altona findet.

Van Schurman legt Wert darauf – und darin zeigt sich abermals die literarisch-autobiographische Formung –, ihr Leben nun, an dieser Station als an einem Zielpunkt angekommen zu beschreiben. Es sind keine Fragen mehr offen, keine Bedürfnisse ungestillt, keine Gefühle unaufgelöst. Sie ist zufrieden mit ihrem Leben – endlich. Sie blickt auf Utrecht zurück, auf ihre *dortigen Studien und kleinen Beschäftigungen, die mir vornehmlich wegen ihrer Manigfaltigkeit gefielen,* und bekennt: *Mir ist wahrlich die Verleugnung der gar zu großen Wissbegierde jetzt unendlich lieber [...] als alle Einsichten in das so verwickelte Labyrinth der Wissenschaften.* Auch die künstlerischen Arbeiten sieht sie nun als eine lächerliche, mittlerweile abgeschlossene Lebensphase an: *Betrachte ich meine Künste und macherlei Handarbeiten, die in meinen Augen zuvor keinen geringen Wert hatten, so erröte ich jetzt, sie durch das schlechteste Netz einer Spinne übertroffen zu sehen,* durch die *Weisheit der Bienen* und *ihre mit so bewundernswürdigen Kunst und Genauigkeit gebauten Waben.* Und auch um die verlorenen Freunde ist es van Schurman nicht schade: *Betrachte ich ferner die Gesellschaft derer, mit denen ich meine Tage zubringe, so sehe ich in unserem Hause nie andere als lebendige Ebenbilder Christi.*[46]

Der Kreis schließt sich. Was in Utrecht noch unerfüllt war, hat jetzt seinen Abschluss gefunden: Van Schurman ist immer noch das Kind, das im Martyrium ein Lebensideal erkennt, sie ist noch immer der „gekreuzigten Liebe" zu ihrem Bräutigam Christus treu. Und so schließt die „Eukleria" nicht nur mit einem autobiographischen Resümee, in dem all diese Fäden wieder zusammengesponnen werden, sondern zugleich auch mit Vers 20 des 22. Kapitels der neutestamentlichen „Offenbarung", dem letzten Vers der Bibel: *Nachdem ich also bewiesen habe, dass mein gegenwärtiger Zustand der glücklichste ist und dass ich wirklich das beste Teil, das beste Schicksal gewählt habe, das ich hier mit „Eukleria" bezeichnet habe, schließe ich nun und antworte, gemeinsam mit der Kirche Christi, auf die Worte ihres Bräutigams (Offb 22,20) ‚Ja, ich komme bald, Amen' mit den Worten der Braut ‚Komm, Herr Jesus'.*

Das literarisch ebenso wie intellektuell anregende Buch der berühmtesten Labadie-Anhängerin stieß auf großes Interesse. 1684 erschien eine niederländische Übersetzung. Die Autorin selbst verschickte die „Eukleria" an ihre Freunde und versuchte so, ihre apologetische Bekenntnisschrift nach außen zu tragen. Allein dies zeigt, dass van Schurman auch im Kreise der Labadisten weiterhin gezielt ihre Bildung und ihre geistigen Fähigkeiten einsetzte.

Keinesfalls zog sie sich in ein kontemplatives Leben fern jeglicher wissenschaftlicher und literarischer Arbeit zurück. Im Gegenteil, in eigener Sache und selbstbewusst wie kaum zuvor vertrat sie offensiv ihre neue religiöse Haltung. Wie zu erwarten war, blieb die öffentliche, positive wie negative Kritik an der „Eukleria" nicht aus. Der Jurist Herman Conring aus Herford etwa, der vermutlich die Vorgeschichte persönlich miterlebt hat, lobte die Aufrichtigkeit ihrer Darstellung. Anders der Hallenser Theologe Johann Gabriel Drechsler (gest. 1677). Zwei Jahre nach Erscheinen von van Schurmans Autobiographie schrieb er eine scharfe Replik mit dem Titel „Eukleria eukeatos", zu deutsch die „leicht widerlegbare gute Wahl oder eine Vernichtung der Wahl des besseren Teils". Als ihm der Lüneburger Professor Wilhelm Mechovius (1618–1678) widersprach, verfasste Drechsler abermals einen offenen „freundschaftlichen Brief", in dem er seine „gegen die Schurman gerichtete Eukleria maßvoll verteidigt". Vor allem auch aus den Niederlanden kamen Einwände. Auch Voetius veröffentlicht unmittelbar nach dem Erscheinen der „Eukleria" abermals eine harsche Kritik am kirchlichen Separatismus seiner ehemaligen Schülerin. Dem Kieler Juristen Samuel Rachelius (1628–1691) schickte van Schurman ein Exemplar ihres Buches, und in einem Briefwechsel mit dem Akademiker – dem, wie sie schreibt, *manches in meinem Buch gefallen habe und manches nicht* – rechtfertigt sie unter anderem nochmals ihre wissenschaftstheoretische Position: *Ich erinnere mich jenes Zitats des Thomas von Aquin, dass ‚Religion nicht allein durch den Glauben aufrechterhalten, sondern auch durch die Vernunft verteidigt werde'. Doch was soll das für eine Verteidigung sein außer einer rein menschlichen?*[47]

Heftige Kritik also weiterhin von vielen Seiten, und auch in Altona steht die Lage der Sekte zunächst nicht zum Besten. Nach einer Eingabe der lutherischen Geistlichen von Altona beim dänischen König erlässt dieser die Aufforderung, Labadie und die Seinen hätten bis Weihnachten 1673 die Stadt an der Elbe zu verlassen. Auf Bitten der Sekte, den vielen älteren Mitgliedern keine Winterreise zuzumuten, wird ihnen eine Fristverlängerung gewährt. Doch im Januar 1674 erkankt Jean de Labadie schwer, und nach einer kurzen Erholung stirbt er schließlich am 13. Februar

1674, genau an seinem 64. Geburtstag. Pierre Yvon wird zu seinem Nachfolger ernannt. Das Begräbnis ihres geistlichen Führers macht den Labadisten allerdings Schwierigkeiten: Weder auf dem reformierten noch auf dem lutherischen Friedhof von Altona wird ihnen, trotz Intervention des Königs, eine Beerdigung des Leichnams erlaubt. Schließlich lässt der König den Labadisten ein Stück Land hinter ihrem Haus zuweisen, auf dem sie ihre Toten bestatten können. Die Stimmung gegenüber den Labadisten beginnt zu kippen, Graf Gyldenløve scheint seinen Einfluss am Hof geltend zu machen. Gleichwohl kümmert sich die Sekte um eine neue Bleibe: Kontakte nach Hamburg und auch nach England werden geknüpft. In Altona stoßen die friedliebenden und unauffällig lebenden Zuwanderer aber nun mehr und mehr auf Respekt und Akzeptanz. Auch der Hof in Kopenhagen kümmert sich abermals um die Angelegenheit, und so wird im November 1674 den Labadisten schließlich ein Bleiberecht in der Stadt zugesprochen.

Eine wirkungsgeschichtlich bedeutsame Entwicklung fällt noch in die Altonaer Zeit. In Frankfurt hatte sich in den 1670er Jahren eine pietistische Gruppe herausgebildet, deren Führerfigur neben Philipp Jakob Spener, der die Stadt am Main zu einem Zentrum des deutschen Pietismus machen sollte und der ja sowohl Johan Godschalk van Schurman als auch in Genf Jean de Labadie kennengelernt hatte, der Jurist Johann Jakob Schütz (1640–1690) war. Schütz bekam van Schurmans „Eukleria" in die Hände und war von dem Buch so begeistert, dass er brieflichen Kontakt mit der Autorin suchte. Zehn Briefe van Schurmans aus der sich nun anschließenden, regelmäßigen Korrespondenz sind in der Basler Universitätsbibliothek erhalten. Der erste davon stammt vom Juli 1675, also aus der Zeit kurz nach Labadies Tod. Bis zu ihrem Lebensende wird van Schurman die Verbindung zu Schütz halten. Man tauscht Bücher aus, debattiert Glaubensfragen, reflektiert über praktische persönliche Frömmigkeit. Immer aber ist klar: Van Schurman ist die Führende, die Ratgebende, Schütz der Lernende, der aus dem Erfahrungsschatz der berühmten Gelehrten schöpfen will. Parallelen zwischen der von Labadies initiierten Bewegung und dem Pietismus gab es freilich viele: Beide Strömungen strebten – mit mehr oder minder kirchenkritischer Tendenz – eine Individualisierung des Glaubens, eine persönliche geistliche Entwicklung an, gründeten kleine Bibellesekreise und Konventikel und versuchten, die Rolle der Laien in der Kirche zu stärken. Schütz stellt sich auch in den Dienst der Labadisten: Zur Frankfurter Buchmesse 1675 erscheint die Übersetzung eines französischen Buches, in dem das Leben der Gruppe in positivem Licht geschildert wird. Der Übersetzer des Buches bleibt anonym, doch der Briefwechsel mit van Schurman belegt, dass Schütz das Werk ins Deutsche übertragen hat. Auch Labadies Schrift über die Reform des Pastorenstandes fällt bei Schütz auf fruchtbaren Boden, und auch Spener vertritt in seinen zeitgleich, ebenfalls 1675 erschienenen „Pia desideria", gewissermaßen einer frühen Programmschrift des deutschen Pietismus, in vielen Hinsichten ganz ähnliche Auffassungen in dieser Frage wie Labadie.

Van Schurman betreibt Werbung für die Labadisten, ist aktiv, diskutiert, tauscht sich aus und sucht Allianzen mit Christen, die ähnlich denken wie sie. Auch mit der in Frankfurt lebenden Pietistin Eleonora von Merlau (1644–1724), die enge Beziehungen zu Schütz und Spener hatte, beginnt van Schurman in dieser Zeit einen Briefwechsel, der allerdings nicht erhalten blieb oder noch nicht aufgefunden wurde. Eleonora von Merlau wird mit ihren „Herzensgesprächen mit Gott" später eine autobiographische Bekenntnisschrift verfassen, wie überhaupt immer wieder deutsche Pietistinnen ihre persönlichen Lebens- und Glaubenserfahrungen niederschrieben. Van Schurmans „Eukleria" ist auch in diese Tradition zu stellen, wenngleich andere Autorinnen wohl nur selten an die intellektuelle Präzision und literarische Geschliffenheit der Niederländerin heranreichen konnten.

Die Zeit in Altona wurde so insgesamt zu einer sehr produktiven Phase in van Schurmans Leben. Durch die „Eukleria" und die vielen Briefkontakte setzte sie ihre Fähigkeiten und ihren Ruf zugunsten der Gemeinde ein. Doch trotz der Bleibeerlaubnis standen die Zeichen in Altona nicht günstig. Zwischen Schweden und Dänemark stand Krieg bevor, eine von zahlreichen Auseinandersetzungen zwischen den beiden Ländern in diesen Jahrzehnten. Zwar wird der Sekte in der Freistadt Hamburg Zuflucht angeboten, doch unvermutet tut sich eine neue Möglichkeit auf.

In der Gemeinschaft Labadies: 1669–1678

Cornelis van Aerssen van Sommelsdyck, der Bruder der drei Labadisten-Schwestern Lucia, Anna und Maria, hatte in Friesland ein Landschloss geerbt. Anstatt seine Schwestern testamentsgemäß auszuzahlen, einigte man sich darauf, dass die Schwestern das Schloß für die Sekte übernehmen und dafür umgekehrt dem Bruder eine entsprechende Summe erstatten sollten. So wurde Schloss Walta in Wieuwerd unweit vom herrschaftlichen Leeuwarden, der Residenzstadt der Provinz Friesland, zum neuen Sitz der Labadisten. Im Frühjahr 1675 begab sich die Hausgemeinde in mehreren Gruppen zurück in die Niederlande, im Juni war sie wieder vereint. Widerstände gegen die Ansiedlung aus den Reihen der reformierten Kirche bleiben nicht aus, aber eine Kommission der Provinzverwaltung prüft die religiösen Ansichten der Neuankömmlinge, *ganz aufgeschlossen und freundschaftlich*,[48] wie van Schurman hernach berichtet, und erhebt keine Einwände.

Die ökonomische Lage der Sekte in Friesland war komfortabel. Das Anwesen gab alles her, was die Gruppe zur Selbstversorgung brauchte, alle Mitglieder fanden innerhalb der Besitzung im Ackerbau, in der Viehhaltung, in der Produktion der Kleidung, beim Errichten und Instandhalten von Gebäuden und anderswo ihre Arbeit. Geleitet wurde das Zusammenleben der Gruppe nun umso mehr vom Ideal der Weltabsonderung, der Lösung von der Selbstliebe. Dies äußerte sich etwa darin, dass kein Mitglied stets die selbe Tätigkeit oder das selbe Handwerk ausübte, um dem Gefühl des Stolzes auf das Hervorgebrachte zuvorzukommen. Disziplin, Gehorsam und Bescheidenheit prägten das Zusammenleben. Bisweilen wurde die Ordnung auch durch harte Strafen aufrechterhalten. Für die nun immer zahlreicheren Kinder in der Gemeinde wurde eine Schule eingerichtet, in der eine ähnlich harte Zucht herrschte. Das geistliche Leben zentrierte sich weiterhin um die täglichen Andachten und Bibelstunden. Einige der labadistischen Prediger waren auch in Kirchen rund um Wieuwerd von den Kanzeln zu hören.

Die knapp vier Jahre, die van Schurman noch in Wieuwerd verbrachte, waren von Krankheiten und einer zunehmenden Altersschwäche geprägt. Doch dies konnte sie nicht davon abhalten, weiterhin eifrige Kontakte nach außen zu halten. Zahlreiche Briefe verfasst sie auch noch in dieser Zeit, so weiterhin an Schütz in Frankfurt, ihren niederländischen Freund Daniel Meyer, an den Arzt Bernard Swalve in Leeuwarden, auch an Pierre Poirot, den engsten Vertrauten von Antoinette Bourignon. Überhaupt tauschen sich van Schurman und andere Führungsmitglieder der Labadisten mit den anderen religiösen Gruppierungen, die in ihren Auffassungen ähnlich ausgerichtet sind, intensiv aus. 1677 besucht abermals der Quäkerführer William Penn die Gruppe. In seinem Reisebericht führt er später aus, er habe Anna Maria van Schurman sprechen wollen, „doch sie schienen sehr zu zögern, mich zu ihr zu lassen, wegen ihrer Schwäche, ihrem Alter, ihrer angegriffenen Gesundheit". Doch als er erwähnt habe, „wie unfreundlich man mit ihm in Herford umgesprungen sei", hätten sie dies „sofort bedauert, gingen hinein und ließen sie wissen, wer sie sprechen wollte, kamen dann auch schnell zurück und baten mich herein". Am nächsten Morgen traf sich Penn mit Yvon und einigen anderen Labadisten im Zimmer von van Schurman. Penn wollte aus erster Hand Informationen über die Labadisten gewinnen, fragte offen nach dem Grund ihrer Separation von der Kirche. Yvon erzählte ihm nun die Lebensgeschichte Labadies, wie er zu seiner kirchenkritischen Haltung gekommen sei und schließlich mit seinen Anhängern eine Hausgemeinde gegründet habe. Im Anschluss daran, so Penn in seinem Bericht weiter, „habe van Schurman das Wort ergriffen und gesagt: ‚Ich sehe mich genötigt, auch selbst ein kurzes Bekenntnis abzulegen.' Sie erzählte uns von ihrem früheren Leben, von ihrer Freude an der Wissenschaft und von der Liebe zur Religion, in der sie erzogen wurde, bekannte aber auch, dass sie damals Gott oder Christus nicht wirklich kannte. Und obwohl Gott sie von Kindheit an bisweilen aufgesucht hatte, habe sie niemals eine so starke Erschütterung erfahren wie unter der geistlichen Führung Jean de Labadies. Sie sah ihr Studium als Eitelkeit an, ihre Religion als einen toten Körper. Sie entschloss sich, ihre Scham zu überwinden, sich von ihrer vorherigen Lebensweise und ihrer Bekanntheit zu lösen und sich dieser kleinen Familie anzuschließen, die sich aus der Welt zurückgezogen hatte. Sie wünschte, darin zu einem lebendigen Opfer zu werden, das gänzlich dem Herrn dargebracht wird. All das trug sie sehr ernsthaft vor, mit manchen Unterbrechungen und nicht ohne Erschütterung. Dies ist nur ein kurzer Abriss dessen, was sie sagte."[49]

Penn protokolliert damit gleichsam ein Lebensresümee van Schurmans, ein Bekenntnis, dessen Umrisse mit denen der „Eukleria" identisch sind: die kindliche Religiosität, das ebenfalls religiös bestimmte Studium, das Bedürfnis, sich selbst märtyrerhaft dem religiösen Bekenntnis zu opfern, die schmerzhafte, aber unumgängliche Loslösung von der „Welt" und die Geborgenheit in der Familie der Labadisten. Dies war die autobiographische Botschaft, die van Schurman in ihren letzten Lebensjahren verbreitete und von der sie hoffte, dass sie, gerade aus der persönlichen, subjektiven Perspektive vorgetragen, auf Akzeptanz stoßen konnte.

Die Labadisten installierten nach der Ankunft in Wieuwerd auch umgehend ihre Druckerpresse, auf der sie weiterhin sehr eifrig Bücher produzierten. Diese ließen sie nun aber nicht mehr im eigenen Verlag erscheinen, sondern brachten sie nach Amsterdam, wo sie im Haus des Buchhändlers Jacob van de Velde veröffentlicht wurden. Auf diesem Wege versuchte die Sekte, die eigene Lehre zu verbreiten und nicht zuletzt auch theologisch zu begründen. Und dies hatte auch Erfolg: Innerhalb weniger Jahre entstanden in verschiedenen deutschen und niederländischen Städten kleine, von den Labadisten angeregte Gruppen, die Konventikel abhielten und sich eng miteinander austauschten.

Van Schurman blieb bis zu ihrem Tod literarisch aktiv. 1677 erschien in Amsterdam ein Sammelband mit „Geistlichen Liedern" verschiedener Autoren. Enthalten ist auch ein niederländisches Gedicht von van Schurmans Hand. Es behandelt eine labadistische Thematik und entstand daher wohl in den 1670er Jahren. Die Verse richten sich, so der Titel, „Gegen die Gesellschaft mit der Welt" und stellen *die zwei Menschen* in den Mittelpunkt, *die jeder Christ ist* und von denen *einer gegen den anderen* arbeite: *Der eine steht an der Seite Christi, der andere bleibt im Schutz des Teufels.* Nur der *neue*, der *wiedergeborene* Mensch, der sich der Welt entziehe, das sei der wahre Christ: *Den Glanz der Welt zu meiden, das muss der Christen Leben sein.*[50] Es war abermals diese religiöse Thematik, die van

Schurman bewusst propagierte: Anders als die meisten anderen Beiträger ließ sie ihr Gedicht mit ihrem vollen Namen unterzeichnen.

Die vier Jahre in Wieuwerd nutze van Schurman aber vor allem für die Abfassung des zweiten Teils ihrer „Eukleria", der allerdings erst 1685, einige Jahre nach ihrem Tod, veröffentlicht wurde. Die unvollendet gebliebene Schrift zeigt nicht mehr die konzeptuelle Einheitlichkeit des ersten Teils. Die spirituelle Geschichte der Labadisten, vom Tod Labadies bis zur Ankunft in Friesland, zeichnet van Schurman in den ersten drei Kapiteln nach, die übrigen vier Kapitel widmet sie der wissenschaftlichen, insbesondere theologischen Auseinandersetzung mit ihren Gegnern. Den theologischen Kern des Labadismus, etwa im Hinblick auf die Gnaden- und Prädestinationslehre, grenzt sie ab von anderen Auffassungen, etwa den Quäkern. Auch geht sie direkt und inhaltlich konkret auf Kritiker ein: Kapitel 5 ist eine öffentliche Replik auf die Briefe von Antoinette Bourignon, Kapitel 6 wendet sich gegen Drechslers „Eukleria eukeatos". Ausdrücklich und mit einer Heftigkeit, wie sie nur selten in ihren Schriften zu finden ist, wendet sie sich nochmals gegen das Missverständis, sie lehne die Wissenschaften ab. *Dieser außerordentlich gelehrte Mann*, schreibt van Schurman ironisch über Drechsler, *hat sich aus den nicht ganz verstandenen Sätzen in meiner ‚Eukleria' etwas zusammengeschustert, um meine Irrmeinung zu belegen. Wer aber ihr Buch mit offenen Augen liest, könne niemals zu solchen Schlussfolgerungen kommen*, wie sie Drechsler aufstellt: dass „die Schurman" die Lektüre profaner Autoren ablehne. *Niemals*, kontert sie sarkastisch, *käme es der Schurman in den Sinn, alle Wissenschaften abzulehnen, die Lektüre und den Gebrauch aller profaner Bücher vollkommen in Abrede zu stellen*. Stattdessen führt sie nochmals kurz ihre Auffassung aus – dass es auf das Alter der Leser ankomme, darauf, was mit der Bildung beabsichtigt sei, die man sich erwirbt, auch auf die Art der Literatur –, bricht dies aber *wegen meiner schwachen Gesundheit und der fehlenden Zeit* ab. Der Autor, so schließt sie, *verdient eher mein Bedauern als eine ordentliche und strenge Widerlegung*.[51]

Schließlich widmet sie das letzte Kapitel dem Bruch mit Voetius. Seine anti-labadistischen Disputationen an der Utrechter Universität, der große Einfluss, den er damit auf den weiten Kreis seiner Schüler ausübte, gleichsam ein Dammbruch in der öffentlichen Kritik an Labadie, *haben mich, wie ich gestehen muss, nicht wenig geschmerzt.* Noch dazu habe Voetius die Thesen zusammen mit einer ablehnenden Interpretation der „Eukleria" auch noch gedruckt veröffentlicht. *Ich war der Meinung, es sei nicht unpassend oder unnütz, dass ich einem Mann, der früher über so lange Jahre ein engster Freund war, in herzlichem, freundlichem und maßvollem Ton meine Auffassungen über das, was er dort dogmatisch und historisch über uns ausführt, darlege.* Doch nun habe sie von seinem Tod erfahren – Voetius war Ende 1676 gestorben –, und gegenüber Toten sei anderes Verhalten angebracht als gegenüber Lebenden. *Doch weil ich keinen Zweifel daran habe,* schreibt sie weiter, *dass ihm die Wahrheit, wenn er sie gekannt hatte, lieb gewesen wäre, kann ich, wenn ich dieses hier niederschreibe, auch nicht schweigend darüber hinweggehen.*[52] Sie sei nicht dem Beispiel der Paula, die sich dem hl. Hieronymus anschloss, gefolgt. Voetius hatte dies im dritten, in seinem Todesjahr 1676 erschienenen Band seiner „Politica ecclesiastica", einer umfangreichen kirchentheoretischen Abhandlung, gemutmaßt. Ausführlich geht er hier auf den kirchlichen Separatismus ein, deutet die Geschichte von Paula und Hieronymus und berichtet hier auch, ohne Namen zu nennen, „von der wegen ihrer Bildung und Frömmigkeit berühmten Frau", die sich „bei mir die Lebensbeschreibung des Hieronymus, die Erasmus verfasst und dem ersten Band seines Hieronymus vorangestellt hatte, ausgeliehen hatte" und sich „nur wenig später in Amsterdam der Hausgemeinde" des in Voetius' Schilderung ebenfalls anonym bleibenden Labadie anschloss – obwohl Voetius „sie davor gewarnt und sie gebeten" habe, dies nicht zu tun.[53] Das Vorbild der Paula also, meint Voetius, noch dazu aus einem von ihm entliehenen Buch, habe van Schurman verleitet, doch sie betont in der „Eukleria" nun, es seien ausschließlich ihre innere Überzeugung gewesen, *die stärksten inneren Regungen*[54], die sie zu diesem Schritt bewogen hätten, ein bewusster Entschluss also. Kurz geht sie noch auf Voetius' ausführliche Ablehnung der Kirchenseparation ein, doch eine theologische Widerlegung nimmt sie nicht mehr auf. Zwar wendet sie ein, *auch nach der orthodoxen Theologie* ließen sich *Gründe und*

Autoritäten zur Rechtfertigung unseres Handelns anführen, doch die *letzliche Entscheidung in dieser Kontroverse überlasse ich Gott.*

Der Tod nahm Anna Maria van Schurman die Feder aus der Hand. „Nur wenige Tage vor ihrem Tod", heißt es im Postscriptum der Herausgeber des zweiten Bandes der „Eukleria", „hat sie diese Schrift abgeschlossen." Am 4. Mai 1678 stirbt Anna Maria van Schurman. Ihrem Wunsch gemäß wird sie auf dem Friedhof in Wieuwerd bestattet. Ihren Besitz vermacht sie der Labadistengemeinde, die noch einige Jahrzehnte in Wieuwerd weiterexistieren wird. Die Sekte blieb auch weiterhin für intellektuelle Frauen ein Zufluchtsort. Maria Sybilla Merian (1647–1717), die Tochter des berühmte Frankfurter Kupferstechers und Verlegers, schloss sich 1685 mit ihren Töchtern, vielleicht inspiriert am Vorbild der berühmten Utrechterin, für einige Jahre der Gruppe an. Ähnlich wie van Schurman war sie ebenso Künstlerin wie Wissenschaftlerin. Schon als Jugendliche hatte sie die Metamorphose von Insekten entdeckt, durch ihre prächtigen illustrierten Insektenbücher wurde sie zu einer Wegbereiterin der modernen Zoologie. Und ähnlich wie van Schurman wurde ihr gesamtes Schaffen angetrieben von einer tiefen Religiosität, vom Bedürfnis, Gott in der Schönheit und Geordnetheit seiner Schöpfung zu finden.

Kann Gelehrtheit, kann redliche Wissenschaft ohne die Frage nach Gott auskommen? Anna Maria van Schurman hätte diese Frage verneint. Mehr noch: Mit ihrer Arbeit, mit ihrem gesamten Leben zog sie die konsequente Schlussfolgerung aus dieser Einsicht. Die Unausweichlichkeit der Frage nach Gott, nach dem rechten Christentum war die Triebfeder ihres Lebens. Dieser Frage hat sie sich in den verschiedenen Phasen ihres Lebens immer wieder neu gestellt, und der Lauf ihres Lebens wand sich entlang der immer wieder neuen Antworten, die sie auf diese Frage fand.

Zeittafel

1586	Anna Maria van Schurmans Großeltern mütterlicherseits aus dem Adelsgeschlecht von Harff flüchten sich aus dem rheinischen Neuss nach Köln.
1593	Van Schurmans Großeltern väterlicherseits, Frederik van Schurman und Clara van Lemens, aus Antwerpen stammend, treffen mit ihren Kindern als Glaubensflüchtlinge in Köln ein.
1602	5. November: Heirat der Eltern, Frederik van Schurman und Eva von Harff in Köln
1607	5. November: Geburt Anna Maria van Schurmans
um 1610	Wegzug der Familie nach Schloss Dreiborn bei Schleiden, einem alten Familienbesitz der Familie von Harff
um 1614	Umzug der Familie in die Republik der Vereinigten Niederlande, nach Utrecht
um 1620	Der berühmte Dichter und Staatsmann Jacob Cats führt die 14-jährige van Schurman in die literarischen Kreise der Niederlande ein. Die Dichterin Anna Roemers Visscher lobt 1621 ihre Fähigkeiten in einem ihr gewidmeten Gedicht.
1623	Umzug der Familie in die friesische Universitätsstadt Franeker, wo Johan Godschalk ein Medizinstudium aufnimmt. – 15. November: Überraschender Tod des Vaters Frederik van Schurman.
um 1626	Rückkehr der Familie van Schurman nach Utrecht
1631	Beginn des Briefwechsels mit André Rivet, der einer ihrer wichtigsten wissenschaftlichen Mentoren wird
1632	Tod des Bruders Hendrik Frederik
1634	Beginn des Kontakts zu dem Utrechter Theologieprofessor Gisbert Voetius, der van Schurman in Theologie und in orientalischen Sprachen unterrichtet
1637	Zu Beginn des Jahres stirbt die Mutter Eva von Harff. – Van Schurman muss sich vermehrt um die Führung des Haushalts

	kümmern. – Zugleich debattiert sie mit André Rivet brieflich über den Bildungsanspruch von Frauen.
1638	Veröffentlichung der „Amica dissertatio" in Paris, einer Sammlung von Briefen aus der Korrespondenz zwischen van Schurman und Rivet über die Frage der Frauenbildung.
1639	Johan van Beverwijck veröffentlicht van Schurmans Abhandlung „De vitae termino" über die Frage göttlicher Vorsehung im dritten Band seiner Sammlung „Epistolica quaestio de vitae termino, fatali an mobili?". Zugleich erscheint eine niederländische Übersetzung. – Im selben Jahr publiziert van Beverwijck seine Schrift „Von der Besonderheit des weiblichen Geschlechts", dessen zweiter Band van Schurman gewidmet ist.
1641	Veröffentlichung der „Dissertatio" über Frauenbildung
1646	Unter dem Titel „Question celebre" gibt Guillaume Colletet in Paris eine französische Sammlung von Briefen van Schurmans zur Frauenfrage heraus.
1648	Die „Opuscula", eine Ausgabe der gesammelten Werke van Schurmans, erscheinen im Druck. Erweiterte Auflagen folgen 1650 und 1652.
1653	Reise in die Geburtsstadt Köln, zusammen mit ihrem Bruder Johan Godschalk und den beiden Tanten Agnes und Sibylle von Harff. Die Rückkehr erfolgt im folgenden Jahr.
1659	Eine englische Übersetzung der „Dissertatio" von Clement Barksdale of Witchcombe erscheint in London unter dem Titel „The Learned Maid or, Whether a Maid may be a Scholar? A Logick Exercise".
1660	Nach heftigen Auseinandersetzungen in der Utrechter Kirchengemeinde zieht sich van Schurman mit ihrem Bruder, ihren beiden Tanten und zwei Dienstmädchen nach Lexmond, wenige Kilometer außerhalb von Utrecht, zurück.
1661	Aufbruch des Bruders Johan Godschalk zu einer Studienreise, die ihn zunächst nach Basel und dann nach Genf führte. Dort lernt er Jean de Labadie kennen.
1662	Während der Abwesenheit des Bruders zieht Anna Maria van Schurman von Lexmond wieder in das Haus nach Utrecht.
1663	Rückkehr Johan Godschalks nach Utrecht
1664	8. September: Tod des Brudes Johan Godschalk

Zeittafel

1666	Jean de Labadie kommt auf Vermittlung van Schurmans als Prediger in die wallonische Gemeinde von Middelburg in den Niederlanden. Anna Maria van Schurman geht für einige Wochen nach Middelburg, flieht dann aber im September vor einer Pestepidemie wieder nach Utrecht. Sie hält weiterhin engen Kontakt mit ihm.
1669	Erster Besuch bei Labadie in Amsterdam. Da keine Wohnung zu finden ist, kehrt van Schurman vorübergehend nach Utrecht zurück. – Im Herbst, bei ihrem zweiten Besuch, bezieht Anna Maria van Schurman das Erdgeschoss von Labadies Amsterdamer Haus.
1670	Ausreise der Labadisten von Amsterdam nach Herford unter den Schutz der Äbtissin Elisabeth von der Pfalz, einer alten Freundin van Schurmans. Hier beginnen vermutlich die Arbeiten an der „Eukleria".
1672	Die Labadisten müssen die Abtei in Herford wieder verlassen und siedeln sich im dänischen Altona an.
1673	Der erste Teil der Autobiographie „Eukleria oder die Wahl des besseren Teils" erscheint in Altona im Druck.
1674	13. Februar: Auf den Tag genau an seinem 64. Geburtstag, stirbt Jean de Labadie in Altona. – Beginn von van Schurmans Korrespondenz mit den lutherischen Pietisten Johann Jakob Schütz und Eleonora von Merlau in Frankfurt/Main.
1675	Wegen eines drohenden Krieges müssen die Labadisten Altona verlassen. Sie lassen sich im Mai auf Schloss Walta bei Wieuwerd in Friesland nieder.
1678	14. Mai: Anna Maria van Schurman stirbt in Wieuwerd. – Im selben Jahr erscheint eine deutsche Übersetzung ihres Briefes „De vitae termino".
1685	Postum wird der zweite Teil der „Eukleria" in Amsterdam veröffentlicht.

Literatur

Werke, Werkausgaben, Übersetzungen
(Auswahl, chronologisch)

Anna Maria van Schurman, *Amica dissertatio inter nobilissimam virginem Annam Mariam a Schurman et Andraeam Rivetum, De ingenii muliebris ad scientias, et meliores literas capacitate,* Paris 1638

Anna Maria van Schurman, *De vitae termino,* in: J. van Beverwijck (Hg.), Epistolica quaestio de vitae termino, fatali, an mobili? Cum doctorum Responsis. Pars tertia et ultima, nunc primum edita: Seorsim accedit [...] Annae Mariae à Schurman de eodem argumento epistola, totius disputationis terminus. Item eiusdem argumenti alia, Leiden (Johannes le Maire) 1639, S. 117-136

Anna Maria van Schurman, *Nobiliss. Virginis Annae Mariae a Schurman Dissertatio De Ingenii Muliebris ad Doctrinam, & meliores Litteras aptitudine. Accedunt Quaedam Epistolae eiusdem Argumenti,* Leiden (Elsevier) 1641

Anna Maria van Schurman, *Question celebre. S'il est necessaire, ou non, que les Filles soient sçavantes, agitée de part et d'autre, par Mademoiselle Anne Marie de Schurman Hollandoise, et le Sr. André Rivet Poiteuin, Le tout mis en François par le Sr. Colletet,* Paris (Rolet le Duc) 1646

Anna Maria van Schurman, *Nobiliss. Virginis Annae Mariae à Schurman Opuscula Hebraea, Graeca, Latina, Gallica: prosaica adque metrica,* Editio tertia, auctior & emendatior, Trajecti ad Rhenum [= Utrecht] (Johannes Waesberge) 1652

Anna Maria van Schurman, *The Learned Maid or, Whether a Maid may be a Scholar, A Logick Exercise, Written in Latine by that incomparable Virgin Anna Maria à Schurman of Vtrecht, With some Epistles to the famous Gassendus and others,* London (John Redmayne) 1659

Anna Maria van Schurman, *Pensées d'A. M. van Schurman sur la Reformation necessaire à present à l'Eglise de Christ,* Amsterdam (Jacob van Velsen) 1669

Anna Maria van Schurman, *ΕΥΚΛΗΡΙΑ seu melioris partis electio. Tractatus brevem eius delineationem exhibens,* Altona (Cornelius van der Meulen) 1673

Anna Maria van Schurman, *Märck=Stein / von der Zeit unsers Lebens / Erstlich in Lateinischer Sprache gar zierlich beschrieben,* s. l. 1679

Anna Maria van Schurman, *ΕΥΚΛΗΡΙΑ seu melioris partis electio. Pars secunda. Historiam vitae eius usque ad mortem persequens,* Amsterdam (Jacobus van de Velde) 1685

Literatur

Anna Maria van Schurman, *Mysterium Magnum. Oder: Grosses Geheimnüs / Das ist: Ein sehr herrliches und im heiligen Wort GOttes wohlgegründetes Bedenken / Über die Zukunfft des Reiches Christi / Durch die hochgelehrte* [...] *Jungfer/ Juffr. Anna Maria von Schurmann,* Wesel, Duisburg und Frankfurt/Main (Andreas Luppius) 1699

Anna Maria van Schurman, *Uitbreiding over de drie eerste Capitels van Genesis beneffens een vertoog van het Gestelyk Huwelyk van Cristus met de gelovigen,* Groningen (Jacobus Sipkes) 1732

Anna Maria van Schurman, *Opuscula hebraea, latina, graeca, gallica, prosaica et metrica / recensuit animadversionibus instruxit additaque praefatione denuo emisit Traugott Christ[iane] Dorothea Loeberia,* Leipzig (M. C. F. Muller) 1749

Anna Maria van Schurman, *Der Anna Maria von Schurman EYKΛHPIA oder Erwählung des besten Teils. Eine Schrift, die zugleich einen kurzen Abriß ihres Lebens enthält. Aus dem Lateinischen übersetzt,* Dessau und Leipzig (Buchhandlung der Gelehrten) 1783

Rethaan Macaré, C. A., *Onuitgegeven brieven en gedichten van Anna Maria van Schurman, Willem Staackmans, Constantijn Huygens,* in: Kronijk van het Historisch Genootschap gevestigd te Utrecht 1 (1855), S. 202-214

Universiteitsbibliotheek Utrecht (Hg.), *Handschriften en oude drukken van de Utrechtse Universiteitsbibliotheek,* Utrecht 1984

Verbastert christendom. Nederlandse gedichten van Anna Maria van Schurman (1607-1678), herausgegeben und eingeleitet von Pieta van Beek, Houten 1992

Anna Maria van Schurman, *Verhandeling over de anleg van vrouwen voor wetenschap,* herausgegeben von Jacob Bouwman, übersetzt von Renée ter Haar, eingleitet von A. C. M. Roothaan, Groningen 1996

Anna Maria van Schurman, *Whether a Christian woman should be educated and other writings from her intellectual circle,* herausgegeben und übersetzt von Joyce L. Irwin, Chicago 1998

Anne Marie de Schurman, *Femme savante (1607–1678) –Correspondance,* herausgegeben von Constant Venesoen, Paris 2004 (= Textes de la renaissance 80: Serie education des femmes)

Anna Maria van Schurman, *Dissertatio de ingenii muliebris ad doctrinam et meliores litteras aptitudine – Abhandlung über die Befähigung des Geistes von Frauen für die Gelehrsamkeit und die höheren Wissenschaften (1641),* herausgegeben, eingeleitet, übersetzt und kommentiert von Michael Spang, Würzburg 2009

Zu Leben und Werk van Schurmans

Albrecht, Ruth, *Konfessionsprofil und Frauen: Anna Maria van Schurman (1607–1678) und Antoinette Bourignon (1616–1680),* in: Jahrbuch der Gesellschaft für Niedersächsische Kirchengeschichte 96 (1998), S. 61-75

Baar, Mirjam de, *Verleid of verkozen? Anna Maria van Schurman en het huisgezin van Jean de Labadie,* in: D. van Paassen, A. Passenier (Hg.), Op zoek naar vrouwen in ketterij en sekte: een bronnenonderzoek, Kampen 1993, S. 116-141

Baar, Mirjam de, *„En onder 't hennerot het haantje zoekt te blijven" De betrokkenheid van vrouwen bij het huisgezin van Jean de Labadie (1669–1732)*, in: Ulla Jansz (Hg.), Vrouwenlevens 1550–1850. Achtste Jaarboek voor Vrouwengeschiedenis, Nijmegen 1987, S. 11-43

Baar, Mirjam de; Löwensteyn, M.; Monteiro, M.; Sneller, A. A. (Hg.), *Choosing the better part. Anna Maria van Schurman (1607–1678)*, Dordrecht – Boston – London 1996

Baar, Mirjam de, *„God has chosen you to be a crown of glory for all women!". Anna Maria van Schurman's international network of learned women*, in: Suzan van Dijk, Petra Bromans, Janet F. van der Meulen, Pim van Oostrum (Hg.), 'I have heard about you'. Foreign women's writing crossing Dutch borders. From Sappho to Selma Lagerlöf, Hilversum 2004, 108-135

Becker-Cantarino, Barbara, *Die „gelehrte Frau" und die Institutionen und Organisationsformen der Gelehrsamkeit am Beispiel der Anna Maria van Schurman (1607–1678)*, in: Wolfenbütteler Arbeiten zur Barockforschung 14 (1987), S. 559-576

Becker-Cantarino, Barbara, *„Erwählung des bessern Teils". Zur Problematik von Selbstbild und Fremdbild in Anna Maria van Schurmans „Eukleria" (1673)*, in: Magdalene Heuser (Hg.) Autobiographien von Frauen: Beiträge zu ihrer Geschichte, Tübingen 1996, S. 24-48

Beek, Pieta van, *„One tongue is enough for a woman" The correspondence in Greek between Anna Maria van Schurman (1607–1679) and Bathusa Makin (1600–1678)*, in: Dutch Crossing. A Journal of Low Countries Studies 19,1 (1995), S. 24-48

Beek, Pieta van, *Een vrouwenrepubliek der Letteren? Anna Maria van Schurman (1607–1678) en haar netwerk van geleerde vrouwen*, in: Tydskrif vir Nederlands en Afrikaans 3 (1996), S. 36-49

Beek, Pieta van, *O engelachtige maagdelijkheid: de correspondentie in Grieks tussen de wijze maagd Anna Maria van Schurman (1607–1678) en Meletios Pantogalus, Bisschop van Efeze (1595–1645)*, in: Acta Patristica et Byzantina 10 (1999), S. 180-198

Beek, Pieta van, *Het Babel van haar tijd: Anna Maria van Schurman (1607–1678) en haar kennis vam (oosterse) talen*, in: Tydskrif vir Nederlands en Afrikaans 6 (1999), S. 97-119

Beek, Pieta van, *„Ardens Martyrii Desiderium": On the Martyrdom of Anna Maria van Schurman (1607–1678)*, in: Arie-Jan Gelderblom, Jan L. de Jong, Marc van Vaeck (Hg.), The Low Countries as a crossroads of religious beliefs, Leiden-Boston 2004, S. 247-265

Beek, Pieta van, *„Pallas Ultrajectina, bis quinta dearum": Anna Maria van Schurman en haar Neolatijnse dichtkunst*, in: Jan Bloemendal (Hg.), De Utrechtse Parnas: Utrechtse Neolatijnse dichters uit de zestiende en zeventiende eeuw, Amersfoort 2003, S. 45-67

Literatur

Beek, Pieta van, *De eerste studente: Anna Maria van Schurman (1636)*, Utrecht 2004

Birch, Una, *Anna van Schurman, Artist, scholar, saint*, London u.a. 1909

Bovenschen, Silvia, *Die imaginierte Weiblichkeit. Exemplarische Untersuchungen zu kulturgeschichtlichen und literarischen Präsentationsformen des Weiblichen*, Frankfurt 1979

Brasneken, Christianus (= Rotger zum Bergen), *Vita bonum fragile est sive Supremus honor nobilissime clarissimae virgini Annae Maria a Schurman, Sacro-sancto sexus sui stupori, unico summae eruditionis exemplari: quae magno literati orbi damno ex hac vita excessit*, Königsberg 1655

Buchell, Arend van, *Diarium van Arend van Buchell*, hg. von G. Bron und L. A. van Langeraad, Werken uitgeven door het Historisch Genootschap gevestigd te Utrecht, 3e serie, 21, Amsterdam 1907

Buchell, Arend van, *Notae quotidianae*, hg. von J. W. C. van Campen, Utrecht 1940

Buchell, Arend van, Arnoldus Buchelius' ‚Res pictoriae': aantekeningen over kunstenaars en kunstwerken voorkomende in zijn Diarium, Res Pictoriae, Notae Quotidianae (1583–1639), herausgegeben von G. J. Hoogewerff und J. Q. van Regteren Altena, Quellenstudien zur holländischen Kunstgeschichte 15, 's-Gravenhage 1928

Bulckaert, Barbara, *Vrouw en eruditie: Het Problema Practicum van Anna Maria van Schurman (1607–1678)*, in: Miscellanea Jean-Pierre vanden Branden, Archives et bibliothèques de Belgique 49, Brüssel 1995, S. 145-195

Bulckaert, Barbara, *L'education de la femme dans la correspondance d'Anna Maria van Schurman (1607–1678) et Andre Rivet (1572–1651)*, in: Michel Bastiaensen (Hg.), La femme lettrée a la Renaissance, Leuven 1997, S. 197-209

Deyon, Solange, „*S'il est nécessaire que les filles soient sçavantes*", *un manifeste féministe au XVII siècle*, in: Michelle Magdelaine (Hg.), De l'humanisme aux lumières, Bayle et le protestantisme. Mélanges en l'honneur d'Elisabeth Labrousse, Paris 1996, S. 381-394

Douma, Anna Margaretha Hendrika, *Anna Maria van Schurman en de studie der vrouw*, Amsterdam 1924

Duker, A. C., *Briefwisseling tusschen den Utrechtschen kerkeraad en Anna Maria van Schurman*, in: Archief voor kerkgeschiednis 2 (1887), S. 171-178

Evers, G. A., *Dichterswoningen te Utrecht, 3. Anna Maria van Schurman*, in: Maandblad van Oud-Utrecht 19 (1946), S. 17-19

Gössmann, Elisabeth; Huber, Maria, *Anna Maria van Schurman (1607–1678). Ihre frauenspezifischen und ihre theologisch-anthropologischen Schriften*, in: Elisabeth Gössmann, Das wohlgelahrte Frauenzimmer, 2. erw. Auflage, München 1998 (= Archiv für philosophie- und theologiegeschichtliche Frauenforschung 1)

Irwin, Joyce, *Anna Maria van Schurman: From feminism to pietism*, in: Church History 46 (1977), S. 48-62

Irwin, Joyce, *Womanhood in Radical Protestantism 1525–1675*, New York 1979

Irwin, Joyce, *Anna Maria van Schurman. The star of Utrecht (1608–1678)*, in: Brink,

J. R. (Hg.), *Female Scholars: A tradition of learned women before 1800*, Montreal 1980 S. 68-85

Linde, S. van der, *Anna Maria van Schurman en haar Eucleria*, in: Theologia Reformata 21 (1978), S. 117-145

Mollerus, Johannes, *Cimbria literata sive scriptorum ducatus utriusque slesvicensis et holsatici, quibus et alii vicini quidam accensentur, historia literaria tripartita*, Band 2, Kopenhagen 1744

Mülhaupt, Erwin, *Anna Maria von Schürmann, eine Rheinländerin zwischen zwei Frauenleitbildern*, in: Monatshefte für evangelische Kirchengeschichte des Rheinlandes 19 (1970), S. 149-161

Rang, Brita, *In Distanz zur Moderne: Die gelehrte Anna Maria van Schurman*, in: Querelles 1 (1996) (Gelehrsamkeit und kulturelle Emanzipation), S. 23-47

Rethaan Macaré, C. A., *Onuitgegeven brieven en gedichten van Anna Maria van Schurman, Willem Staackmans, Constantijn Huygens* in: Kronijk van het Historisch Genootschap gevestigd te Utrecht 1 (1855), S. 202-214

Roothaan, Angela, *Kritiek op het antropocentrisme. De rol van de ethiek bij Van Schurman en Spinoza*, Delft 1991 (= Mededelingen vanwege het Spinozahuis 66)

Saxby, Trevor J., *The quest for the new Jerusalem: Jean de Labadie and the Labadists, 1610–1744*, Dordrecht 1987

Schotel, Gilles Denys Jakob, *Anna Maria van Schurman*, 's-Hertogenbosch 1853

Spang, Michael, *Anthropologie und Geschlechterbild in Anna Maria van Schurmans „Dissertatio" über Frauenbildung*, in: Zeitsprünge 13 (2009), S. 99-130

Stighelen, Katlijne van der, *Anna Maria van Schurman (1607–1678) of 'Hoe hooge dat een maeght kan in de konsten stijgen'*, Louvain 1987 (Symbolae Facultatis Litterarum et Philosophiae Lovaniensis Series B, Vol. 4)

Stighelen, Katlijne van der, *Constantijn Huygens en Anna Maria van Schurman: veel werk, weinig weerwerk ...*, in: De Zeventiende Eeuw 3 (1987), S. 138-148

Stighelen, Katlijne van der, *„Et ses artistes mains ..." The art of Anna Maria van Schurman*, in: Baar, Mirjam de; Löwensteyn, M.; Monteiro, M.; Sneller, A. A. (Hg.), Choosing the better part. Anna Maria van Schurman (1607–1678), Dordrecht – Boston – London 1996, S. 55-68

Voisine, Jean, *Un astre éclipsé: Anna Maria van Schurman (1607–1678)*, in: Etudes Germaniques 27 (1972), S. 501-531

Sonstiges

Andreas, Valerius, *Bibliotheca Belgica, de Belgis vita scriptisque claris, Praemissa Topographica Belgii totius seu Germaniae inferioris descriptione. Editio renovata, et tertia parte auctior*, Löwen 1643 (Nachdruck Nieuwkoop 1973)

Angelus Silesius, *Sämtliche poetische Werke in drei Bänden*, herausgegeben und eingeleitet von Hans Ludwig Held, 2. Aufl., München 1924

Barlaeus, Caspar, *Poematum pars II, Elegiarum et Miscellaneorum Carminum*, Amsterdam 1655

Berg, Johannes van den, *Die Frömmigkeitsbestrebungen in den Niederlanden*, in: Martin Brecht (Hg.), Geschichte des Pietismus, Band 1: Der Pietismus vom siebzehnten bis zum frühen achtzehnten Jahrhundert, Göttingen 1993, S. 57-112

Bijvoet, Maya, *Marie de Gournay: Editor of Montaigne*, in: Katharina M. Wilson, Frank J. Warnke (Hg.), Women Writers of the Renaissance and Reformation, Athens-London 1987, S. 3-29

Blackwell, Jeannine, *Herzensgespräche mit Gott. Bekenntnisse deutscher Pietistinnen im 17. und 18. Jahrhundert*, in: Gisela Brinker-Gabler (Hg.), Deutsche Literatur von Frauen. Vom Mittelalter bis zum Ende des 18. Jahrhunderts, Band 1, München 1988, S. 255-289

Brink, Jean R., *Bathsua Reginald Makin: „Most Learned Matron"*, in: The Huntington Library Quarterly 54 (1991), S. 313-326

Descartes, René, *Œuvres*, herausgegeben von Charles Adam und Paul Tannery, Neuausgabe in 11 Bänden, Paris 1964–1974

Dibon, Paul, *Die Republik der Vereinigten Niederlande*, in: Friedrich Ueberweg (Hg.), Grundriss der Geschichte der Philosophie, Band 2/1, „Frankreich und Niederlande", herausgegeben von Jean-Pierre Schobinger, Basel 1993, S. 42-86

Dietmar, Carl; Jung, Werner, *Kleine illustrierte Geschichte der Stadt Köln*, begründet von Franz Bender und Theodor Bützler, achte, völlig neu bearbeitete Auflage, Köln 1996

Duker, A. C., *Gisbertus Voetius*, 4 Bände, Leiden 1897–1914 (Nachdruck Leiden 1989)

Goebel, Max, *Geschichte des christlichen Lebens in der rheinisch-westfälischen evangelischen Kirche*, 2 Bände, Koblenz 1849 und 1852 (Nachdruck Gießen 1992)

Goeters, Wilhelm, *Die Vorbereitung des Pietismus in der reformierten Kirche der Niederlande bis zur labadistischen Krisis 1670*, Leipzig 1911

Gournay, Marie de, *Oeuvres complètes*, Édition critique par Jean-Claude Arnould et al., 2 Bände, Paris 2002

Groot, Aart de, *Jean de Labadie*, in: Martin Greschat (Hg.) Gestalten der Kirchengeschichte, Stuttgart 1982, Band 7, S. 191-203

Groot, Aart de, *Gisbertus Voetius*, in: Martin Greschat (Hg.), Gestalten der Kirchengeschichte, Stuttgart 1982, Band 7, S. 149-162

Groot, Aart de; Jong, Otto J. de (Hg.), *Vier eeuwen theologie in Utrecht. Bijdragen tot de geschiednis van de theologische faculteit aan de Universiteit Utrecht*, Zoetermeer 2001

Huizinga, Johan, *Holländische Kultur im siebzehnten Jahrhundert. Eine Skizze*, deutsch von Werner Kaegi, Fassung letzter Hand mit Fragmenten von 1932, Basel-Stuttgart 1961

Huygens, Constantijn, *De Briefwisseling: 1608–1687*, 6 Bände, 's-Gravenhage 1911–1917

Huygens, Constantijn, *Gedichte*, zitiert nach der Online-Edition unter http://www.let.leidenuniv.nl/Dutch/Huygens/HUYG00.html, Zitierweise nach Erschenungsjahr und Gedichtnummer

Ingen, Ferdinand van, *Philipp von Zesen*, Stuttgart 1970

Ingen, Ferdinand van, *Böhme und Böhmisten in den Niederlanden im 17. Jahrhundert*, Bonn o. J. (1984)

Klesch, Daniel, *Exulanten Wunsch und Segen*, Dresden 1675

Langer, Robert, *Pallas und ihre Waffen. Wirkungskreise der Henriette Catharina von Gersdorff*, Dresden 2008

Lehms, Georg Christian, *Teutschlands galante Poetinnen mit ihren sinnreichen und netten Proben*, Frankfurt am Main 1715

Leibniz, Gottfried Wilhelm, *Sämtliche Schriften und Briefe*, Darmstadt u.a. 1923ff.

Lieburg, F. A. van, *Johan Godschalk van Schurman (1605–1664)*, in: J. B. H. Alblas et al. (Hg.), Figuren en thema's van de Nadere Reformatie III, Rotterdam 1993, S. 55-68

Maclean, Ian, *Women triumphant: Feminism in French Literature 1610–1652*, Oxford 1977

Merian, Matthäus, *Topographia Archiepiscopatuum Moguntinensis, Trevirensis et Coloniensis,* [s. l.] 1646, Nachdruck Frankfurt/Main 1925

Mersenne, Marin, *Correspondance du P. Marin Mersenne, religieux minime*, herausgeben von Paul Tannery, Cornelis de Waard und Bernard Rochot et al., 17 Bände, Paris 1933–1988

Montaigne, Michel de, *Essais*, erste moderne Gesamtübersetzung von Hans Stilett, Frankfurt/Main 1998

Nauta, D., et al. (Hg.), *Biografisch Lexicon voor de geschiedenis van het Nederlandse protestantisme*, 6 Bände, Kampen 1978–2006

Nellen, H. J. M., *De Vitae termino: An Epistolary Survey by Johan van Beverwijck (1632–1639)*, in: Ann Moss et al (Hg.), Acta Conventus Neo-Latini Hafniensis. Proceedings of the Eighth International Congress of Neo-Latin Studies, (= Medieval and Renaissance texts and studies 120) New York 1992, S. 731-740

Niet, C. A. de, *„Gode leven". De ‚Oratio de studio seu praxi pietatis' van Johan Godschalk van Schurman, Basel 1662*, in: Documentatieblad Nadere Reformatie 26 (2002), S. 99-124

Oeing-Hanhoff, Ludger, *Descartes und Elisabeth von der Pfalz*, in: Philosophisches Jahrbuch 91 (1984), S. 82-106

Paullini, Christian Franz, *Philosophischer Feyerabend in sich haltende Allerhand anmuthige / seltene cu=rieuse / so nütz als ergetzliche / auch zu allerley nachtrücklichen Discursen anregende Realien und merckwürdige Begebenheiten*, Frankfurt/Main 1700

Penn, William, *Journal of his Travels in Holland and Germany in 1677 in the service of the gospel*, London 1835

Rivet, André, *Opera theologica*, 3 Bände, Rotterdam 1651–1660

Ruler, Johannes A. van, *The Crisis of Causality: Voetius and Descartes on God, Nature, and Change*, Leiden 1995

Schama, Simon, *Überfluss und schöner Schein. Zur Kultur der Niederlande im Goldenen Zeitalter*, München 1988

Schupp, Johann Balthasar, *Aurora oder Morgen-Lust. Das ist: Geist= und Andachtsvolle Gedanken [...]. Aus dem Lateinischen in das reine Teutsche übertragen von Zacharias Hermann*, Ulm 1668

Spijker, W. van 't, *Vroomheid en wetenschap bij Voetius* (= Apeldoornse Studies 37), Appeldoorn 1998

Vanderauwera, Ria, *Maria Tesselschade: A Woman of More Than Letters,* in: Katharina M. Wilson, Warnke, Frank J. (Hg.), Women writers of the seventeenth century, Athens 1989, S. 141-163

Voetius, Gisbertus, *Disputationes selectae theologicae,* 5 Bände, Utrecht 1648–1669

Voetius, Gisbertus, *Politica ecclesiastica. Pars tertia et ultima*, Amsterdam 1676

Walker, Daniel P., *Mersenne's musical competition of 1640 and Joan Albert Ban*, in: Daniel P. Walker, Studies in musical science in the late Renaissance, London 1978, S. 81-110

Wallmann, Johannes, *Philipp Jakob Spener und die Anfänge des Pietismus*, 2. Aufl., Tübingen 1986

Wallmann, Johannes, *Labadismus und Pietismus. Die Einflüsse des niederländischen Pietismus auf die Entstehung des Pietismus in Deutschland*, in: id., Theologie und Frömmigkeit im Zeitalter des Barock, Tübingen 1995, S. 171-196

Zesen, Philipp von, *Sämtliche Werke*, herausgegeben von Ferdinand van Ingen, 17 Bände, Berlin – New York 1970–2003

Zimmermann, Margarethe, *Christine de Pizan*, Reinbek bei Hamburg 2002

Zumthor, Paul, *Das Alltagsleben in Holland zur Zeit Rembrandts*, Leipzig 1992

Personenregister

Aerssen van Sommelsdyck, Cornelis van 211
Aerssen van Sommelsdyck, Lucia van 195
Agrippa, Heinrich Cornelius 101
Alba, Herzog von 21
Albertus Magnus 132
Alewyn, Frederick 57, 150
Amalie zu Solms-Braunfeld 132
Amerongen, Margaretha Borre von 153
Ames William 36f., 39, 58, 160
Andreae, Jakob Valentin 165
Andreas, Valerius 34, 77
Angelus Silesius 152
Aristoteles 99, 118–121, 125f.
Arminius, Jacobus 79
Arnold, Gottfried 59
Augustinus 82, 120, 203
Autein, Laurens 184
Ban, Joan Albert 134f.
Barlaeus, Caspar 49f., 52–55, 57, 73–75, 77, 81, 141
Barlaeus, Susanna 54
Barre, François Poullain de la 107
Basilius der Große 91, 126
Bernarts, Isaac 181, 183
Beuningen, Coenraad van 181f.
Beverwijck, Johan van 68, 78, 80–85, 87, 117, 122, 141, 143
Beyerland, Abraham Willemsz van 151
Birch, Una 58
Boccaccio, Giovanni 100
Boësset, Antoine 134
Bogaart, Justus van den 168
Böhme, Jacob 151f., 184
Bosschaert, Ambrosius 35f.
Bourbon-Condé, Anne Geneviève de 146

Bourignon, Antoinette 184, 212, 214
Boyle, Robert 111
Brakel, Theodorus à 169
Brasneken, Christianus *siehe* Rotger zum Bergen
Brown, John 205
Buchell, Arend van 49, 55, 65f., 122,
Buxtorf, Johan 171f.
Calvin, Johannes 19, 60, 171
Caravaggio (Michelangelo Merisi) 45
Cardano, Girolamo 66
Cats, Jacob 38f., 47–50, 52, 62, 68, 78, 166
Cesena, Gilberto da 85
Charles I., König von England 108
Christiaan V., König von Dänemark 200
Christina von Schweden 156
Christine de Pizan 100f.
Clemens von Alexandria 124
Cloppenburg, Johannes 76, 148
Colletet, Guillaume de 53, 103,
Colvius, Andreas 65f., 69f., 75, 78, 117, 122, 144, 157
Comenius, Jan Amos 33, 111f., 165
Conring, Herman 208
Coornhard, Jan 34
Coutel, Madame 133
Cranach, Lucas 42
Crucius, Jacob 87, 140
Curtius, Quintus 66
Cyprian 41
D'Ewes, Simonds 130
D'Urfé, Honoré 140
Descartes, René 33, 58, 65, 67–69, 78, 82, 112, 115-121, 134, 144, 156, 167, 179
Drechsler, Johann Gabriel 208, 214
Duchesne, André 99, 130

Personenregister

Dulignon, Pierre 174, 181, 187, 195
Durandus de Sancto Porciano 122
Egmont, Lamoral Graf von 21
Elisabeth Stuart („Winterkönigin") 46, 133
Elisabeth von der Pfalz 46, 108, 113-115, 117, 119f., 144, 192–196, 199
Epiktet 82
Episcopius, Simon 81
Erasmus von Rotterdam 41, 79, 91, 215
Ernst von Bayern, Erzbischof von Köln 23
Etienne de Castel 100
Euripides 82
Fabritius, Christopher 20
Fondi, Abate 102
Fonte, Moderata 102
Frankenberg, Abraham von 152
Frederik Hendrik von Nassau und Oranien 50, 59
Friedrich Wilhelm I., Kurfürst von Brandenburg 192, 199
Friedrich V. („Winterkönig") 46
Galilei, Galileo 112
Gassendi, Pierre 67, 120f., 130, 144
Gebhard von Waldburg-Trauchburg, Truchsess von Waldburg 22f.
Gernler, Lukas 171f.
Gersdorff, Henriette Catharina von 85
Gichtel, Johann Georg 184
Goeters, Wilhelm 179
Gomarus, Franciscus 79
Gonzaga, Louisa Maria (Königin von Polen) 145, 147
Gössmann, Elisabeth 167
Gournay, Marie de 103–107
Graevius, Johannes 187
Gregor von Nazianz 82
Grey, Jane 40f.
Grotius, Hugo 80, 148
Guicciardini, Francesco 66
Gyldenløve, Ulrik Frederik 200, 209
Habert, Germaine 134
Hachenberg, Paul 196f.
Haer, Aemilia van der 195
Hals, Frans 52
Harff, Agnes von (Tante) 28, 86, 152, 161f., 170, 171

Harff, Agnes von (Tante, Ehefrau von Johan van Schurman) 57
Harff, Eva von (Mutter) 25, 30, 36, 39f., 44, 57f., 70, 86–88, 133, 136, 140, 162, 206
Harff, Sybilla von (Tante) 28, 86, 152, 161f., 170, 171
Hartlib, Samuel 111f.
Harvey, William 78
Heinsius, Daniel 39, 50, 52,
Herodot 82
Hieronymus 106, 188, 215
Hobbes, Thomas 67, 147
Homer 31
Honthorst, Gerard von 45f.
Hooft, Pieter 52f.
Hoorne, Philipp II. Graf von 21
Horaz 48
Horb, Johann Heinrich 185
Huygens, Constantijn 39, 50, 52f., 57, 65, 67, 69, 73f., 78, 109, 117, 133, 135–138, 141f., 144, 153–155, 163, 188f., 191, 201
Ibn Esra 82
Ignatius von Antiochien 40
Isabeau von Bayern, Königin von Frankreich 101
Jacchaeus, Gilbertus 121
Jacob, Luis 103
Jakob I., König von England 46
Joly, Chanoinie 146
Karl I. Ludwig, Kurfürst von der Pfalz 196
Karl V., Kaiser 19
Karl V., König von Frankreich 100
Kempe, Martin 191
Klesch, Daniel 85
Koelman, Jacobus 189
Labadie, Jean de 10f., 15, 17f., 37, 40, 47, 59, 63, 114, 118, 152, 157, 161f., 170–181, 183–210, 212, 214f.
Lamarque, Antoine 187
Lange, Christian 202
Lehms, Georg Christian 62
Leibniz, Gottfried Wilhelm 193
Lemens, Clara van (Großmutter) 21
Leyster, Judith 54
Locke, John 33
Lodenstein, Jodocus van 168

Loeber, Dorothea 81, 143
Long, Jean Le 173
Ludolf, Hiob 64
Ludwig XIII., König von Frankreich 99, 104
Luther, Martin 60, 79, 158f.
Lydius, Jacob 75–78, 122, 148
Makin, Bathsua 108f., 130
Mansfeld, Agnes von 23
Maresius, Samuel 187, 193
Margarethe von Parma 20
Marinella, Lucretia 102
Marinelli, Guiseppe 102
Martena, Hessel van 36
Martens, Carel 140
Martin Le Francs 103
Martini, Catherine 183, 194
Mayer, Johann Friedrich 64
Mechovius, Wilhelm 208
Medici, Maria de' 145
Menasseh ben Israel 80f.
Ménuret, Jean 186
Mercier, Anne de 133
Merian, Maria Sybilla 216
Merian, Matthäus 26, 154, 216
Merlau, Elonora von 210
Mersenne, Marin 67, 69, 98, 102, 111f., 116, 134f.
Meyer, Daniel 201, 212
Minutoli, Vincent 173, 175
Mirandola, Pico della 82, 164
Molière 52
Monconys, Balthasar 147f.
Montaigne, Michel de 78, 104
Moore, Arthur 111
Moore, Dorothy 111–113, 130, 133, 164
Moréri Louis 138
Moritz von Nassau 35, 80
Morus, Thomas 91, 147
Moulin, Henry de 175
Moulin, Marin de (Ehefrau André Rivets) 133
Moulin, Marin de (Nichte André Rivets) 109f., 175
Moulin, Pierre de 109
Newton, Isaac 165
Nifanius, Christian 193

Ogle-Swann, Utricia 109, 136, 153–155, 201
Oldenbarnevelt, Johan van 80
Olivier, Jacques siehe Trousset, Alexis
Oosterwijck, Maria van 54
Ovid 74, 104
Pacius, Desiderius siehe Saldenus, Guilelmus
Pantogalos, Meletios 149f.
Parthenay, Catherina de 110
Passe, Crispin van de 44, 49
Passe, Magdalena van de 44f., 49, 58
Passi, Giuseppe 102
Paul V., Papst 79
Paula von Rom 188, 215
Pauli, Adrian 195
Paullini, Christian Franz 201
Paulus (Apostel) 75f., 127
Penn, William 195, 212f.
Perkins, William 36
Petersen, Elonora siehe Merlau, Elonora von
Philipp II., König von Spanien 19–21
Pindar 82
Plutarch 66
Poirot, Pierre 212
Rachelius, Samuel 208
Rambouillet, Marquise de 53
Regius, Henricus 116
Rembrandt van Rijn 52
Revius, Jacob 50, 52, 58, 166
Richelieu, Amand-Jean du Plessis, duc de 99, 104
Rivet, André 39, 41, 53, 57, 59, 64, 66, 69, 72, 77f., 81, 85, 88f., 93–99, 102f., 105, 107-110, 113, 116, 122-130, 132f., 136, 139, 142–144, 147, 204f.
Rivière, Guillaume de la 35, 44f.
Rohan, Anne de 110
Ronsard, Pierre de 104
Roogmann, Geertruid 54
Rotger zum Bergen 138
Ruysch, Rache 54
Saldenus, Guilelmus 189
Sallust 70, 104
Saumaise, Claude 80, 82, 133, 148
Scaliger, Johannes 82

Personenregister

Scheffler, Johannes *siehe* Angelus Silesius
Schlüter, Elisabeth 185
Schlüter, Heinrich 185, 194f., 197, 199
Schlüter, Peter 185, 195
Schupp, Johann Balthasar 77
Schurman, Abraham van (Neffe) 169
Schurman, Anna Margaretha van (Cousine) 150
Schurman, Clara van (Tante) 57
Schurman, Frederik van (Großvater) 18-22, 27
Schurman, Frederik van (Vater) 8, 18, 25–27, 30f., 35–45, 47, 50, 53f., 57f., 60, 63, 87, 140, 145, 160
Schurman, Hendrik Frederik van (Bruder) 25, 30, 36
Schurman, Joanna de la Cava (Cousine) 140
Schurman, Johan Godschalk van (Bruder) 10, 25, 28, 30, 36, 45, 49, 57, 60f., 69, 86, 146, 156, 158f., 171–173, 209
Schurman, Johan van (Onkel) 57
Schurman, Samuel van (Onkel) 57
Schurman, Willem van (Bruder) 25
Schütz, Johann Jakob 209f., 212
Schweling, Johannes 164
Scudéry, Madeleine de 53, 133
Seneca 30, 73, 82, 110
Sévigné, Marquise de 53
Sextus Empiricus 147
Sleidanus, Johannes 66
Smetius, Johannes 65, 133
Sophie von der Pfalz, Kurfürstin von Braunschweig-Lüneburg 115, 196
Sorbière, Samuel 147
Spanheim, Friedrich 144f. 165
Spener, Philipp Jakob 172, 185, 193, 209f.
Spinoza, Baruch de 33
Spitzel, Gottlieb 193
Staackman, Willem 37
Stighelen, Katlijne van der 133
Sueton 66
Swalve, Bernard 212
Sylvius, Franciscus 58
Tacitus 66
Teellinck, Johannes 160
Teellinck, Willem 160
Thibaut, Gerard 36
Thomas a Kempis 162
Thomas von Aquin 82, 122, 205, 208
Thott, Birgitte 110f.
Thou, Jacques-Auguste de 66
Torshell, Samuel 109
Trousset, Alexis 103
Velde, Abraham van der 160
Velde, Jacob van de 213
Vergil 31, 48, 104
Verinus, Simplicius *siehe* Saumaise, Claude
Vermeer, Jan 52
Viète, François 110
Visscher, Anna 54
Visscher, Maria Tesselschade 53f., 156
Visscher, Roemer 53-55
Voetius, Gisbert 40, 57, 60–66, 68f., 75–77, 81, 112, 115f., 118–122, 136, 138, 144, 151, 156, 159f., 162, 165, 168f., 171–174, 176, 188f., 191, 198, 208, 215
Vondel, Joost van den 53, 156
Vorstius, Adolph 68, 117, 149
Vossius, Johann Gerhard 82
Wayen, Johannes van der 169
Wecker, Johann Jacob 66
Willem II. von Nassau und Oranien 59
Willem III. von Nassau und Oranien 177
Witchcombe, Clement Barksdale of 130
Wladislaw IV., König von Polen 145
Wolzogen, Louis 174, 179f.
Xenophon 66
Yvon, Pierre 59, 117, 156f., 161, 174, 181, 184, 187, 194, 197, 200, 209, 212,
Zesen, Philipp von 150f.

Anmerkungen

Zitate aus Schriften Anna Maria van Schurmans wurden im Text kursiviert, Zitate aus anderen Texten stehen in Anführungszeichen. Übersetzungen fremdsprachiger Texte stammen, wenn nicht anders angegeben, vom Autor. Deutsche Zitate wurden, soweit sinnvoll, lautlich und in der Zeichensetzung an moderne Gepflogenheiten angepasst.
Am Beginn der Anmerkungen zu den Kapiteln wird im Folgenden auf Forschungsliteratur zu einzelnen Themen verwiesen.

Einleitung

[1] Arnold, *Kirchen- und Ketzerhistorie*, S. 1343.

Kapitel 1: Jugend

Kirchengeschichte im Rheinland: Goebel, *Geschichte des christlichen Lebens* – Geschichte Kölns: Dietmar/Jung, *Geschichte der Stadt Köln*.

[1] *Eukleria I*, S. 13 (deutsch: S. 20f.).
[2] *Eukleria I*, S. 13f. (deutsch: S. 21.).
[3] *Eukleria I*, S. 14 (deutsch: S. 21f.).
[4] *Eukleria I*, S. 4 (deutsch: S. 4).
[5] Arnold, *Ketzerhistorie*, S. 1019.
[6] Zit. nach Schama, *Überfluss und schöner Schein*, S. 104f.
[7] Zit. nach Goebel, *Geschichte des christlichen Lebens,* Band 2, S. 275.
[8] Merian, *Topographia*, S. 44.
[9] *Eukleria I*, S. 14 (deutsch: S. 22).
[10] van Beek, *Verbastert Christendom*, S. 69.
[11] *Eukleria I*, S. 15 (deutsch: S. 24f.).
[12] *Eukleria I*, S. 17 (deutsch: S. 30).
[13] *Eukleria I*, S. 15f. (deutsch: S. 25f.).
[14] *Eukleria I*, S. 16 (deutsch: S. 26f.).

Kapitel 2: Frühe Berühmtheit

Wohnungen in Utrecht: Evers, *Dichterswoningen* – Verschiedene Wohnsitze: van der Stighelen, *Anna Maria van Schurman*; van Beek, *De eerste studente* – Universität Franeker: Dibon, *Republik der Vereinigten Niederlande* – Wahlspruch: van

Anmerkungen 233

Beek, *Ardens martyrii desiderium* –Künstlerin van Schurman: vgl. die verschiedenen Arbeiten von van der Stighelen –Jacob Cats: Sneller, *„If she had been a man'*.

[1] Andreas, *Bibliotheca Belgica*, S. 87.
[2] Zit. nach Duker, *Gisbertus Voetius*, Band 3, S. 67.
[3] van der Stighelen, *Anna Maria van Schurman*, S. 15f.
[4] van Beek, *Eerste studente*, S. 21f.
[5] Zit. nach van Beek, *Eerste studente*, S. 25.
[6] *Opuscula* (1652), S. 227.
[7] Douma, *Anna Maria van Schurman,* S. 81.
[8] *Eukleria I*, S. 24f. (deutsch: S. 40f.).
[9] van Beek, *Eerste studente*, S. 12.
[10] *Opsucula* (1652), S. 303f.
[11] *Opuscula* (1652), S. 71-73.
[12] *Eukleria I*, S. 166 (deutsch: S. 235).
[13] *Eukleria I*, S. 14 (deutsch: S. 22).
[14] Buchell, *Res pictoriae*, S. 84.
[15] *Eukleria I*, S. 18 (deutsch: S. 32).
[16] *Eukleria I*, S. 20 (deutsch: S. 33)
[17] *Eukleria I*, S. 19 (deutsch: S. 33).
[18] Zit nach van der Stighelen, *Et ses artistes mains*, S. 59f.
[19] Zit. nach van der Stighelen, *Anna Maria van Schurman*, S. 119.
[20] *Eukleria*, S. 19 (deutsch, S. 33).
[21] *Opuscula* (1652), S. 166f.
[22] *Opuscula* (1652), S. 294f.
[23] Zit. nach Sneller, *„If she had been a man'*, S. 142.
[24] Zit. nach van der Stighelen, *Anna Maria van Schurman*, S. 17.
[25] Zit. nach Schotel, *Anna Maria van Schurman*, S. 112.
[26] Zit. nach van der Stighelen, *Anna Maria van Schurman*, S. 17.
[27] Zit. nach van Beek, *De eerste studente,* S. 28.
[28] van Beek, *De eerste studente*, S. 19.
[29] Zit. nach Vanderauwera, *Maria Tesselschade*, S. 144.
[30] Buchell, *Diarium*, S. LXXV.
[31] *Eukleria I*, S. 26 (deutsch: S. 42f.)
[32] *Eukleria I*, S. 29 (deutsch: S. 47f.).

Kapitel 3: Das Alpha der Frauen

Studium: van Beek, *De eerste studente*, S. 67-93, van Beek, *Het Babel van haar tijd* – Beverwijck, „De vitae termino": Nellen, *De Vitae termino* – Brief über die „Totentaufe": van Beek, *Eerste studente*, S. 84.

[1] Birch, *Anna van Schurman*, S. 24.

² Schotel, *Anna Maria van Schurman*, Supplement, S. 106.
³ Arnold, *Ketzerhistorie*, S. 1341.
⁴ Voetius, *Disputationes selectae*, Band 2, S. ***2rº.
⁵ Zit. nach van der Stighelen, *Anna Maria van Schurman*, S. 287.
⁶ Lehms, *Teutschlands galante Poetinnen*, S. 196.
⁷ Voetius, *De pietate cum scientia coniungenda*, S. H 4 rº.
⁸ *Eukleria I*, S. 30 (deutsch: S. 49).
⁹ *Eukleria I*, S. 53 (deutsch: S. 85).
¹⁰ *Eukleria I*, S. 31 (deutsch: S. 50f.).
¹¹ *Opuscula* (1652), S. 71.
¹² Van Buchell, *Notae quotidianae*, S. 48.
¹³ Huygens, *Gedichte*, CH1649:021.
¹⁴ *Opuscula* (1652), S. 95.
¹⁵ *Opuscula* (1652), S. 65f.
¹⁶ *Opuscula* (1652), S. 251.
¹⁷ *Opuscula* (1652), S. 169.
¹⁸ *Opuscula* (1652), S. 241f.
¹⁹ Mersenne, *Correspondance*, Band 8, S. 530, Anm. 1.
²⁰ Mersenne, *Correspondance*, Band 10, S. 224.
²¹ Schotel, *Anna Maria van Schurman*, Supplement, S. 115.
²² *Dissertatio* (1641), S. 80f.
²³ *Dissertatio* (1641), S. 83-85.
²⁴ *Opuscula* (1652), S. 300f.
²⁵ Barlaeus, *Poemata*, S. 173f.
²⁶ Huygens, *Briefwisseling*, Band 2, S. 164 (Nr. 1382).
²⁷ *Opuscula* (1652), S. 95f.
²⁸ *Opuscula* (1652), S. 96f.
²⁹ *Opuscula* (1652), S. 98.
³⁰ *Opuscula* (1652), S. 101.
³¹ Zit. nach der Übersetzung von Zacharias Hermann, S. 74.
³² *Opuscula*, S. 307.
³³ Huygens, *Briefwisseling*, Band 2, S. 464 (Nr. 2137).
³⁴ *Opuscula* (1749), S. *4r.
³⁵ *Opuscula* (1652), S. 3.
³⁶ *Opuscula* (1652), S. 184f.

Kapitel 4: Also steht unsere These

„Dissertatio": Spang, *Anthropologie und Geschlechterbild* – „Querelle des femmes" in Frankreich: Maclean, *Women triumphant* – Marie de Gournay: Bijvoet, *Marie de Gournay* – Frauennetzwerk: van Beek, *De eerste studente*, S. 177-191; van Beek, *Een vrouwenrepubliek der Letteren?;* van Beek, *Alpha virginum*; de Baar, *God has*

chosen you – Bathsua Makin: van Beek, *One tongue;* Brink, *Bathsua Reginald Makin*
–Voetius und Descartes: van Ruler, *Crisis of Causality.*

[1] Zit. nach Schotel, *Anna Maria van Schurman*, Supplement, S. 96.
[2] Klesch, *Exulanten Wunsch.*
[3] *Eukleria I*, S. 132f. (deutsch: S. 189).
[4] *Eukleria I*, S. 133f. (deutsch: S. 190f.).
[5] *Opuscula* (1652), S. 181.
[6] *Opuscula* (1652), S. 227.
[7] *Opuscula* (1652), S. 27f.
[8] *Opuscula* (1652), S. 57.
[9] *Opuscula* (1652), S. 55f.
[10] *Opuscula* (1652), S. 59f.
[11] *Opuscula* (1652), S. 60.
[12] *Opuscula* (1652), S. 60.
[13] *Opuscula* (1652), S. 62.
[14] *Opuscula* (1652), S. 63.
[15] *Opuscula* (1652), S. 65.
[16] *Opuscula* (1652), S. 65f.
[17] *Opuscula* (1652), S. 68.
[18] *Opuscula* (1652), S. 71.
[19] *Opuscula* (1652), S. 73.
[20] *Opuscula* (1652), S. 74.
[21] *Opuscula* (1652), S. 74f.
[22] *Opuscula* (1652), S. 75.
[23] *Opuscula* (1652), S. 75.
[24] *Opuscula* (1652), S. 76f.
[25] *Opuscula* (1652), S. 77.
[26] *Opuscula* (1652), S. 79.
[27] *Opuscula,* (1652), S. 80.
[28] *Opuscula,* (1652), S. 81f.
[29] *Opuscula,* (1652), S. 82.
[30] *Opuscula,* (1652), S. 83.
[31] *Opuscula,* (1652), S. 84.
[32] *Opuscula,* (1652), S. 83f.
[33] *Opuscula* (1652), S. 84f.
[34] *Amica Dissertatio*, S. 40.
[35] van Schurman, *Correspondance*, ed. Venesoen, S. 162.
[36] *Opuscula,* (1652), S. 85.
[37] Montaigne, *Essais,* S. 329 (II, 17).
[38] 1 Petr 3,7.
[39] *Opuscula,* (1652), S. 80.

[40] *Opuscula*, (1652), S. 85.
[41] van Schurman, *Correspondance*, ed. Venesoen, S. 157f.
[42] van Schurman, *Correspondance*, ed. Venesoen, S. 160.
[43] van Schurman, *Correspondance*, ed. Venesoen, S. 158.
[44] Marie de Gournay, *Oeuvres complètes*, S. 969.
[45] Unedierter Brief, Koninklijke Bibliotheek Den Haag, 133 B 8, n. 23.
[46] *Opuscula* (1652), S. 163f.
[47] *Opuscula* (1652), S. 162.
[48] *Opuscula* (1652), S. 274.
[49] Übersetzung nach de Baar, *God has chosen you*, S. 122.
[50] *Opuscula* (1652), S. 192.
[51] *Eukleria II*, S. 171 und 169 (deutsch, S. 241 und 239).
[52] *Opuscula* (1652), S. 251f.
[53] Zit. nach Oeing-Hanhoff, *Descartes und Elisabeth von der Pfalz*, S. 86.
[54] Descartes, *Oeuvres*, Band 3, S. 70.
[55] Universiteitsbibliotheek Utrecht, *Handschriften en oude drukken*, S. 283 (Foto des Briefes).
[56] Arnold, *Ketzerhistorie*, S. 1341f.
[57] *Opuscula* (1652), S. 267f.
[58] *Opuscula* (1652), S. 208.
[59] Van Buchell, *Notae quotidianae*, S. 65.
[60] Van Buchell, *Notae quotidianae*, S. 102f.
[61] *Opuscula* (1652), S. 29.
[62] *Opuscula* (1652), S. 34.
[63] *Opuscula* (1652), S. 43.
[64] *Opuscula* (1652), S. 43.
[65] *Opuscula* (1652), S. 50.
[66] *Opuscula* (1652), S. 51.
[67] *Opuscula* (1652), S. 81.
[68] *Opuscula* (1652), S. 52.
[69] *Opuscula* (1652), S. 52.
[70] *Opuscula* (1652), S. 54.
[71] *Opuscula* (1652), S. 54.
[72] *Opuscula* (1652), S. 54.
[73] *Opuscula* (1652), S. 32.
[74] *Opuscula* (1652), S. 37.
[75] *Opuscula* (1652), S. 63.
[76] *Opuscula* (1652), S. 38.
[77] *Opuscula* (1652), S. 60.
[78] *Opuscula* (1652), S. 30-32.
[79] *The learned Maid*, S. 34.

Anmerkungen

Kapitel 5: Meine Liebe ist gekreuzigt

Künstlerische Arbeit: van der Stighelen, *Anna Maria van Schurman*, van der Stighelen, *Et ses artistes mains* ... – Ban-Debatte: Walker, *Mersenne's musical competition* – Rückzug aus der Öffentlichkeit: Voisine, *Un astre éclipsé* – Übersetzung von Honoré d'Urfé: van Beek, *Alpha virginum* – Briefwechsel mit Meletios Pantagalos: van Beek, *O engelachtige maagdelijkheid* – Reise nach Köln: van Beek, *Verbastert christendom*, S. 66-78.

[1] *Eukleria I*, S. 19f (deutsch: S. 33f.).
[2] *Opuscula* (1652), S. 341.
[3] *Opuscula* (1652), S. 229.
[4] *Eukleria I*, S. 19 (deutsch: S. 32f.).
[5] *Eukleria I*, S. 133 (deutsch: S. 189f.).
[6] Huygens, *Briefwisseling*, Band 4, S. 111 (Nr. 3862).
[7] *Opuscula* (1652), S. 297.
[8] Huygens, *Gedichte*, CH1650:104.
[9] Huygens, *Gedichte*, CH1650:106.
[10] Huygens, *Gedichte*, CH1651:019.
[11] Arnold, *Kirchen- und Ketzerhistorie*, S. 1344.
[12] Zit. nach Voisine, *Un astre éclipsé*, S. 519.
[13] Unedierter Brief, Den Haag, Koninklijke Bibliotheek, 133 B8, 11, zit. nach van der Stighelen, *Anna Maria van Schurman*, S. 41, Anm. 115
[14] *Eukleria I*, S. (deutsch: S. 56).
[15] Rivet, *Opera theologica*, Band 3, S. 1291.
[16] *Opuscula* (1652), S. 317.
[17] *Opuscula* (1652), S. 223-226.
[18] Zitiert nach van Beek, *De eerste studente*, S. 34.
[19] *Opuscula* (1652), S. 304f.
[20] Huygens, *Gedichte*, CH1635:004.
[21] Huygens, *Briefwisseling*, Band 2, S. 499 (Nr. 2239).
[22] *Opuscula* (1749), *praefatio*, S. *3r° f.
[23] *Opuscula* (1652), S. 213.
[24] *Opuscula* (1652), S. *3r f.
[25] *Opuscula* (1652), S. *4r.
[26] *Opuscula* (1652), S. 337-339.
[27] Zit. nach van Beek, *De eerste studente*, S. 195.
[28] Zit. nach Voisine, *Un astre éclipsé*, S. 515.
[29] ibidem.
[30] *Opuscula* (1652), S. 324.
[31] Zit. nach van Beek, *Verbastert christendom*, S. 65.
[32] Zesen, *Sämtliche Werke*, Band 1, Teil 2, S. 9f.
[33] Zit. nach van Beek, *De eerste studente*, S. 39.

[34] Angelus Silesius, *Sämtliche poetische Werke,* Band 2, S. 121.
[35] *Eukleria I*, S. 134 (deutsch: S. 191).
[36] Huygens, *Briefwisseling,* Band 5, S. 187 (Nr. 5338).
[37] van Beek, *Verbastert christendom,* S. 72.
[38] van Beek, *Verbastert christendom,* S. 73.
[39] Merian, *Topographia,* S. 43.
[40] Huygens, *Gedichte,* CH1654:041.
[41] Huygens, *Briefwisseling,* Band 5, S. 200f.(Nr 5338).
[42] Huygens, *Briefwisseling,* Band 5, S. 201 (Nr. 5338).
[43] Mollerus, *Cimbria literata,* S. 807.
[44] Arnold, *Kirchen- und Ketzerhistorie,* S. 1345.
[45] Voetius, *Disputationes selectae,* Band 2, S. ***2r°.
[46] Arnold, *Kirchen- und Ketzerhistorie,* S. 1345f.

Kapitel 6: Ein außerordentlicher Verkündiger des göttlichen Worts

Fünfkapitelstreit: de Groot, *Gisbert Voetius* – Niederländische Gedichte: van Beek, *Verbastert Christendom*; Gössmann, *Anna Maria van Schurman* – Johan Godschalk: van Lieburg, *Johan Godschalk van Schurman*; Saxby, *The quest for the new Jerusalem,* S. 117-120 – Johan Godschalks Rede in Basel: de Niet, *De ‚Oratio de studio seu praxi pietatis'.*

[1] *Eukleria I*, S. 134f. (deutsch: S. 191-193).
[2] Arnold, *Kirchen- und Ketzerhistorie,* S. 1347.
[3] *Eukleria I*, S. 92 (deutsch: S. 137).
[4] *Eukleria I*, S. 22f. (deutsch: S. 37f.).
[5] Zit. nach Saxby, *The quest for the new Jerusalem,* S. 177.
[6] *Opuscula* (1652), S. 192-194.
[7] van Beek, *Verbastert christendom,* S. 88.
[8] van Beek, *Verbastert christendom,* S. 86.
[9] van Beek, *Verbastert christendom,* S. 91.
[10] van Beek, *Verbastert christendom,* S. 97.
[11] van Beek, *Verbastert christendom,* S. 108.
[12] van Beek, *Verbastert christendom,* S. 120.
[13] *Uitbreiding over de drie eerste capittels,* S. 2.
[14] *Uitbreiding over de drie eerste capittels,* S. 6.
[15] *Uitbreiding over de drie eerste capittels,* S. 17f.
[16] *Uitbreiding over de drie eerste capittels,* S. 36f.
[17] van Beek, *Verbastert christendom,* S. 124.
[18] van Beek, *Verbastert christendom,* S. 128.
[19] van Beek, *Verbastert christendom,* S. 129.
[20] *Eukleria I*, S. 56f. (deutsch: S. 89).
[21] *Pensées d'A. M. de Schurman,* S. 1.

Anmerkungen   239

[22] van Beek, *Verbastert christendom*, S. 142.
[23] *Eukleria I*, S. 135 (deutsch: S. 193).
[24] *Eukleria I*, S. 136 (deutsch: S. 195).
[25] Zit. nach Saxby, *The quest for the new Jerusalem*, S. 119.
[26] Zit. nach Wallmann, *Philipp Jakob Spener*, S. 167.
[27] *Eukleria I*, S. 137 (deutsch: S. 196).
[28] *Eukleria I*, S. 139f (deutsch: S. 199f.).
[29] Zit. nach Goeters, *Die Vorbereitung des Pietismus*, S. 154.
[30] *Eukleria I*, S. 140 (deutsch: S. 200f.).
[31] *Eukleria I*, S. 141f. (deutsch: S. 202).
[32] Zit. nach Goeters, *Die Vorbereitung des Pietismus*, S. 180.
[33] Goeters, *Die Vorbereitung des Pietismus*, S. 215.
[34] Zit. nach Goeters, *Die Vorbereitung des Pietismus*, S. 219.
[35] *Eukleria I*, S. 144 (deutsch: S. 205).
[36] *Eukleria I*, S. 144 (deutsch: S. 206).
[37] *Eukleria I*, S. 146 (deutsch: S. 208f.).
[38] Zit. nach Saxby, *The quest for the new Jerusalem*, S. 174.
[39] *Eukleria I*, S. 147 (deutsch: S. 209).

Kapitel 7: Erwählung des besten Teils

Geschichte der Labadisten: Saxby, *The quest for the new Jerusalem* – Frauen in Labadies Gemeinde: de Baar, *Verleid of verkozen?*; de Baar, *En onder 't hennerot* – Biographische Interpretation der „Eukleria": Becker-Cantarino, *Erwählung des bessern Teils*; van der Linde, *Anna Maria van Schurman en haar Eucleria* – Philosophisches und Theologisches in der „Eukleria": Roothaan, Angela, *Kritiek op het antropocentrisme* – Briefwechsel mit Schütz und von Merlau: Wallmann, *Philipp Jakob Spener*; Wallmann, *Labadismus und Pietismus* – Autobiographien von Pietistinnen: Blackwell, *Herzensgespräche mit Gott.*.

[1] *Eukleria I*, S. 144f. (deutsch: S. 211f.).
[2] *Eukleria I*, S. 156-158 (deutsch: S. 222-224).
[3] *Eukleria I*, S. 159 (deutsch: S. 225).
[4] *Eukleria I*, S. 161 (deutsch: S. 27).
[5] Zit. nach van Beek, *De eerste studente*, S. 216.
[6] *Eukleria I*, S. 149 (deutsch: S. 212).
[7] Huygens, *Gedichte*, CH1670:013.
[8] Duker, *Briefwisseling*, S. 173f.
[9] *Eukleria I*, S. 149f. (deutsch: S. 213).
[10] Zit. nach van Beek, *De eerste studente*, S. 220.
[11] *Eukleria I*, S. 150 (deutsch: S. 214).
[12] Leibniz, *Sämtliche Schriften und Briefe*, 2. Reihe, Band 1, S. 452.
[13] Leibniz, *Sämtliche Schriften und Briefe*, 1. Reihe, Band 1, S. 113.

[14] *Eukleria I*, S. 174 (deutsch: S. 245).
[15] *Eukleria I*, S. 177 (deutsch: S. 249).
[16] *Eukleria I*, S. 180 (deutsch: S. 253).
[17] *Eukleria I*, deutsch, S. X.
[18] *Eukleria I*, deutsch, S. XIf.
[19] *Eukleria I*, deutsch, S. XIV.
[20] *Eukleria I*, deutsch, S. XVI.
[21] *Eukleria I*, deutsch, S. XVII.
[22] *Eukleria I*, deutsch, S. XVIIIf.
[23] Zit. nach de Baar, *Verleid of verkozen?*, S. 31.
[24] *Eukleria I*, S. 181 (deutsch: S. 255).
[25] *Eukleria I*, S. 183 (deutsch: S. 256f.).
[26] *Eukleria I*, S. 184 (deutsch: S. 258).
[27] *Eukleria I*, S. 183f. (deutsch: S. 257f.).
[28] *Eukleria I*, S. 186f. (deutsch: S. 262).
[29] Zit. nach Schotel, *Anna Maria van Schurman*, Supplement, S. 134.
[30] Zit. nach Schotel, *Anna Maria van Schurman*, S. 238.
[31] Huygens, *Briefwisseling*, Band 6, S. 323 (Nr. 6887).
[32] Paullini, *Philosophischer Feyerabend*, S. 209.
[33] *Eukleria I*, S. 3f. (deutsch: S. 3f.).
[34] *Eukleria I*, S. 10 (deutsch: S. 14f.).
[35] *Eukleria I*, S. 11 (deutsch: S. 15).
[36] *Eukleria I*, S. 11 (deutsch: S. 16).
[37] *Eukleria I*, S. 29 (deutsch: S. 48).
[38] *Eukleria I*, S. 34 (deutsch: S. 56).
[39] *Eukleria I*, S. 32 (deutsch: S. 53).
[40] *Eukleria I*, S. 33 (deutsch: S. 55).
[41] *Eukleria I*, S. 35f. (deutsch: S. 58f.).
[42] *Eukleria I*, S. 38 (deutsch: S. 62).
[43] *Eukleria I*, S. 42 (deutsch: S. 67f.).
[44] *Eukleria I*, S. 46 (deutsch: S. 74).
[45] *Eukleria I*, S. 132 (deutsch: S. 189).
[46] *Eukleria I*, S. 204f. (deutsch: S. 284f.).
[47] Zit. nach Schotel, *Anna Maria van Schurman*, S. 116.
[48] *Eukleria II*, S. 64 (deutsch: S. 66).
[49] Penn, *Journal of his travels*, S. 97-99.
[50] van Beek, *Verbastert christendom*, S. 72.
[51] *Eukleria II*, S. 172-175.
[52] *Eukleria II*, S. 176f.
[53] Voetius, *Politica ecclesiastica*, Band 3, S. 514.
[54] *Eukleria II*, S. 178 (deutsch: S. 118f.).